高等院校"十四五"金融专业规划教材

金融学
FINANCE

主编◎辛 清

图书在版编目（CIP）数据

金融学/辛清主编 .—北京：经济管理出版社，2021.4
ISBN 978-7-5096-7924-1

Ⅰ.①金… Ⅱ.①辛… Ⅲ.①金融学—高等学校—教材
Ⅳ.①F830

中国版本图书馆 CIP 数据核字（2021）第 068169 号

组稿编辑：王光艳
责任编辑：康国华
责任印制：黄章平
责任校对：陈　颖

出版发行：经济管理出版社
　　　　　（北京市海淀区北蜂窝 8 号中雅大厦 A 座 11 层　100038）
网　　址：www.E-mp.com.cn
电　　话：（010）51915602
印　　刷：北京晨旭印刷厂
经　　销：新华书店
开　　本：787mm×1092mm/16
印　　张：16
字　　数：341 千字
版　　次：2021 年 6 月第 1 版　2021 年 6 月第 1 次印刷
书　　号：ISBN 978-7-5096-7924-1
定　　价：68.00 元

·版权所有　翻印必究·

凡购本社图书，如有印装错误，由本社读者服务部负责调换。
联系地址：北京阜外月坛北小街 2 号
电话：（010）68022974　邮编：100836

主　编　辛　清
副主编　秦洪军　王　静
　　　　魏海丽　赵　颖

前　言

金融学是研究价值判断和价值规律的学科，以融通货币和货币资金的经济活动为研究对象，具体研究个人、机构和政府如何获取、支出、管理资金以及其他金融资产。它涵盖了货币、信用、金融市场、金融机构、货币供求、货币政策以及金融与经济发展等多方面内容。

本书力求突出以下几个特色：①理论与实践相结合。分别从货币与信用、货币政策基础理论、金融机构、金融市场及金融创新与发展等方面进行系统介绍。②通用性与专业性相结合。重点介绍金融基本原理、基本知识和基本方法，在阐述过程中力求准确规范。③反映前沿理论。立足实际，努力反映金融体制改革的实际进展和理论研究成果。在编写风格上，内容繁简适当，每章配有学习目标和学习要求，并附有小结和习题。

本书由天津外国语大学国际商学院硕士生导师辛清担任主编，金融学主讲教师秦洪军、魏海丽、王静、赵颖共同担任副主编。具体分工为：辛清（第一、第五、第九章），辛清、尹苗苗（第三章），辛清、邹宁（第二章），秦洪军、吴志强（第十章），秦洪军、刘可帆（第十一章），侯逸天（第四章），魏海丽（第十二章、第十三章），王静（第六、第十四章），赵颖（第七、第八章）。辛清和秦洪军对全书的内容进行了修改，最后由辛清进行总纂定稿。在编写过程中，参阅了相关专家的著作并吸收了部分研究成果，在此表示真诚的感谢。由于编者水平有限，本书的内容和结构难免存在诸多不当之处，恳请专家和读者批评指正。

该书是为适应时代发展和培养高素质现代金融人才而编写的，通过学习可以认识金融原理，掌握分析方法，了解金融现状，培养解决金融相关问题的能力。本书可供高校经管类专业教学使用，同时对金融工作者和企业财务管理人员也极具参考价值。

辛　清

2021 年 5 月

目 录

第一章 货币与货币制度

第一节 货币的产生与货币形式的演进 ········ 001
一、货币的起源 ········ 001
二、货币的产生 ········ 003
三、货币形式及其演变 ········ 005

第二节 货币的本质和职能 ········ 007
一、货币的本质 ········ 007
二、货币的职能 ········ 008

第三节 货币制度 ········ 010
一、货币制度构成要素 ········ 010
二、货币制度的类型 ········ 012
三、中国的货币制度 ········ 013

第四节 货币的层次划分 ········ 015
一、货币层次划分的依据及其意义 ········ 015
二、国际货币基金组织和主要国家的货币层次划分 ········ 016

第二章 信用与信用工具

第一节 信用概述 ········ 018
一、信用的含义 ········ 018
二、信用的产生和发展 ········ 019
三、信用在经济中的作用 ········ 020

第二节 信用的形式 ········ 021
一、商业信用 ········ 022
二、银行信用 ········ 023
三、国家信用 ········ 024
四、消费信用 ········ 025

五、国际信用 026
第三节　信用工具 027
　　一、信用工具的概述 027
　　二、典型的信用工具介绍 028
　　三、金融衍生工具 033

第三章　利息与利率

第一节　利息及其计算 035
　　一、利息的本质 035
　　二、利息的计算 037
第二节　利率体系及分类 038
　　一、利率体系 038
　　二、利率的分类 039
第三节　利率决定理论 041
　　一、利率决定理论 041
　　二、决定和影响我国现阶段利率的主要因素 047
第四节　利率的功能 048
　　一、利率在宏观经济中的调节功能 048
　　二、利率在微观经济中的调节功能 049

第四章　外汇与汇率

第一节　外汇与汇率标价 051
　　一、外汇的概述 051
　　二、汇率及汇率的标价方法 053
第二节　汇率的决定理论 055
　　一、古典汇率决定理论 055
　　二、现代汇率决定理论 056
　　三、汇率决定理论的新进展 057
第三节　汇率的决定与变动 058
　　一、汇率的决定基础 058
　　二、影响汇率变动的因素 058
　　三、汇率变动对经济的影响 060
　　四、制约汇率发挥作用的基本条件 061
第四节　外汇风险与防范 062

一、外汇风险的界定 …………………………………………… 062
　　二、外汇风险管理的原则 ……………………………………… 064
　　三、外汇风险管理的方法 ……………………………………… 065
第五节　外汇管理 …………………………………………………… 066
　　一、外汇管理的含义 …………………………………………… 066
　　二、外汇管理的目的和意义 …………………………………… 067
　　三、外汇管理的内容及具体措施 ……………………………… 068

第五章　金融市场

第一节　金融市场概述 ……………………………………………… 072
　　一、金融市场的发展历史 ……………………………………… 072
　　二、金融市场的概念 …………………………………………… 073
　　三、金融市场的分类 …………………………………………… 073
　　四、金融市场的作用 …………………………………………… 075
第二节　货币市场 …………………………………………………… 076
　　一、货币市场工具 ……………………………………………… 076
　　二、同业拆借市场 ……………………………………………… 077
　　三、商业票据市场 ……………………………………………… 078
　　四、银行承兑汇票市场 ………………………………………… 080
　　五、大额可转让定期存单市场 ………………………………… 081
　　六、短期政府债券市场 ………………………………………… 081
　　七、回购协议市场 ……………………………………………… 082
第三节　资本市场 …………………………………………………… 083
　　一、股票市场 …………………………………………………… 083
　　二、债券市场 …………………………………………………… 085
第四节　其他金融市场 ……………………………………………… 086
　　一、外汇市场 …………………………………………………… 086
　　二、黄金市场 …………………………………………………… 088

第六章　现代金融市场理论

第一节　投资组合理论基础 ………………………………………… 090
　　一、背景假设 …………………………………………………… 090
　　二、均值—方差分析 …………………………………………… 091
　　三、投资组合边界：两种风险资产 …………………………… 094

四、投资组合边界：多种风险资产（不含无风险资产） …………………… 098
　　五、投资组合边界：多种风险资产和一种无风险资产 …………………… 099
　　六、最有效资产投资组合的选择 …………………………………………… 101
第二节　资本资产定价模型 ……………………………………………………… 101
　　一、资本资产定价模型的假设前提 ………………………………………… 101
　　二、资产市场的均衡 ………………………………………………………… 102
　　三、特征线和市场模型 ……………………………………………………… 105
　　四、证券市场线 ……………………………………………………………… 106

第七章　金融中介机构

第一节　金融中介的定义与分类 ………………………………………………… 108
　　一、金融中介的定义 ………………………………………………………… 108
　　二、金融中介机构的主要分类 ……………………………………………… 109
　　三、金融中介机构类别的其他划分 ………………………………………… 111
第二节　西方金融中介机构体系 ………………………………………………… 112
　　一、银行类金融中介机构 …………………………………………………… 113
　　二、非银行类金融中介机构 ………………………………………………… 115
第三节　我国现行的金融中介机构体系 ………………………………………… 118
　　一、中国人民银行 …………………………………………………………… 119
　　二、金融监管机构 …………………………………………………………… 120
　　三、商业银行 ………………………………………………………………… 123
　　四、政策性银行 ……………………………………………………………… 123
　　五、非银行金融中介机构 …………………………………………………… 124
第四节　国际金融中介机构 ……………………………………………………… 125
　　一、国际货币基金组织 ……………………………………………………… 125
　　二、世界银行集团 …………………………………………………………… 126
　　三、区域性金融机构 ………………………………………………………… 127

第八章　中央银行

第一节　中央银行的起源 ………………………………………………………… 129
　　一、中央银行的发展历史 …………………………………………………… 129
　　二、设立中央银行的必要性 ………………………………………………… 131
　　三、中央银行的独立性问题 ………………………………………………… 132
第二节　中央银行的性质与职能 ………………………………………………… 133

一、中央银行的性质 ·· 133
　　二、中央银行的职能 ·· 134
　　三、中央银行体制下的支付清算制度 ··· 135
第三节　中央银行的业务 ·· 136
　　一、中央银行的资产负债表 ·· 136
　　二、中央银行的主要业务 ··· 137
　　三、中央银行的业务活动原则 ··· 140
第四节　中央银行的金融监管和存款保险制度 ······································ 141
　　一、信息不对称、逆向选择和道德风险 ··· 141
　　二、《巴塞尔协议》和《有效银行监管的核心原则》 ························ 142
　　三、中央银行监管的主要内容 ··· 143
　　四、存款保险制度 ··· 144

第九章　商业银行

第一节　商业银行概述 ··· 148
　　一、商业银行的产生和发展 ·· 148
　　二、商业银行的性质和职能 ·· 150
　　三、商业银行的组织制度 ··· 152
第二节　商业银行的主要业务 ·· 153
　　一、商业银行的负债业务 ··· 153
　　二、商业银行的资产业务 ··· 156
　　三、商业银行的中间业务与表外业务 ·· 158
第三节　商业银行的经营管理 ·· 161
　　一、商业银行的经营管理原则 ··· 161
　　二、商业银行的资产管理理论 ··· 162
　　三、商业银行的负债管理理论 ··· 163
　　四、商业银行的资产负债管理理论 ··· 164
第四节　商业银行的风险管理 ·· 165
　　一、商业银行风险的特点和主要表现 ·· 165
　　二、商业银行的风险管理 ··· 165
　　三、商业银行的资本管理 ··· 166

第十章　货币供求及其均衡

第一节　货币需求的概念及影响因素 ··· 169

一、货币需求概念的理解 …………………………………………………………… 169
　　二、影响货币需求的因素 …………………………………………………………… 170
第二节　货币需求理论 ………………………………………………………………… 172
　　一、传统的货币数量说 ……………………………………………………………… 172
　　二、凯恩斯的货币需求理论 ………………………………………………………… 173
　　三、弗里德曼的货币需求理论 ……………………………………………………… 174
第三节　货币供给 ……………………………………………………………………… 176
　　一、货币供给的内生性与外生性 …………………………………………………… 176
　　二、商业银行存款货币的创造 ……………………………………………………… 177
第四节　中央银行对货币供给的控制 ………………………………………………… 179
　　一、中央银行创造银行券 …………………………………………………………… 179
　　二、中央银行对基础货币的影响 …………………………………………………… 179
第五节　货币均衡 ……………………………………………………………………… 180
　　一、均衡的类型 ……………………………………………………………………… 180
　　二、均衡的含义 ……………………………………………………………………… 181
　　三、货币均衡的意义 ………………………………………………………………… 182
第六节　货币失衡及调整 ……………………………………………………………… 182
　　一、货币失衡的概念 ………………………………………………………………… 182
　　二、货币失衡的类型 ………………………………………………………………… 182
　　三、货币失衡的调整 ………………………………………………………………… 184

第十一章　通货膨胀与通货紧缩

第一节　通货膨胀概述 ………………………………………………………………… 187
　　一、通货膨胀的定义 ………………………………………………………………… 187
　　二、通货膨胀的衡量尺度 …………………………………………………………… 188
　　三、通货膨胀的类型 ………………………………………………………………… 189
第二节　通货膨胀的成因、影响及治理 ……………………………………………… 189
　　一、通货膨胀的成因 ………………………………………………………………… 189
　　二、通货膨胀对经济的影响 ………………………………………………………… 192
　　三、通货膨胀的治理 ………………………………………………………………… 193
第三节　通货紧缩概述 ………………………………………………………………… 195
　　一、通货紧缩的定义 ………………………………………………………………… 195
　　二、通货紧缩的成因 ………………………………………………………………… 195
第四节　通货紧缩的影响及其治理对策 ……………………………………………… 196
　　一、通货紧缩的影响 ………………………………………………………………… 196
　　二、通货紧缩的治理 ………………………………………………………………… 197

第十二章 货币政策

第一节 货币政策最终目标理论 ……199
一、货币政策最终目标的内容 ……199
二、货币政策最终目标之间的关系 ……201
第二节 货币政策中介指标 ……203
一、货币政策中介指标的选择依据 ……203
二、货币政策的近期中介指标 ……203
三、货币政策的远期中介指标 ……204
第三节 货币政策工具理论 ……205
一、存款准备金政策 ……205
二、再贴现政策 ……207
三、公开市场业务 ……209
第四节 货币政策传导机制理论 ……210
一、货币政策传导机制的内涵 ……210
二、凯恩斯的货币政策传导机制理论 ……210
三、货币学派的货币政策传导机制理论 ……211
四、货币政策时滞 ……211

第十三章 开放经济下的货币政策理论

第一节 IS-LM-BP 模型概述 ……214
一、模型假设前提 ……214
二、开放经济下的 IS 曲线 ……215
三、开放经济下的 LM 曲线 ……215
四、BP 曲线 ……217
第二节 基于 IS-LM-BP 模型的货币政策分析 ……218
一、资金完全流动时浮动汇率制度下的货币政策分析 ……218
二、资金完全不流动时浮动汇率制度下的货币政策分析 ……218
三、资金不完全流动时浮动汇率制度下的货币政策分析 ……220

第十四章 金融创新与发展

第一节 金融创新的概述 ……222
一、金融创新的内涵 ……222

二、金融创新的分类 ··· 223
第二节　金融创新的发展 ··· 224
　　一、金融创新的起步阶段 ··· 224
　　二、金融创新的成长阶段 ··· 225
　　三、金融创新的快速发展阶段 ·· 226
第三节　金融创新的发展动因与发展趋势 ··· 227
　　一、金融创新的发展动因 ··· 227
　　二、金融创新的发展趋势 ··· 229
第四节　金融创新与金融深化 ·· 231
　　一、金融深化相关理论 ·· 231
　　二、金融创新与金融深化 ··· 235

参考文献 ·· 238

第一章
货币与货币制度

【学习目标】

通过学习，要求了解货币的起源及其货币形态的演变，理解货币制度及其发展历史，把握其演变规律。掌握货币的职能、本质及货币制度的基本内容，明确现实中的货币层次划分和相应的意义。

【学习要求】

了解：货币的产生与发展过程；货币形式的演变。
掌握：货币的本质与职能；货币制度的构成要素；货币层次的划分。

在现实的经济生活中，货币已成为人们经济生活中不可或缺的东西。究竟什么是货币，货币是如何产生的，其发展过程又是怎样的，这些都是学习金融市场学的学生应该了解的内容。本章介绍了货币的定义、产生与演变过程，阐述了货币制度的基本内容、货币的主要职能及货币在经济生活中的作用等。

第一节 货币的产生与货币形式的演进

一、货币的起源

对于货币的起源，古今中外的众多思想家、经济学家和学者都进行了各种探讨和研究，形成了不同的货币起源说。

(一) 中国古代的货币起源说

1. 先王制币说

这种观点认为货币是圣王先贤为了解决民间的交换困难而创造出来的。此说法在《管子》一书中被多次提及，最具代表性的表述见于《国蓄》篇："玉起于禺氏，金起于汝汉，珠玉起于赤野，东西南北距周七千八百里，水绝壤断，舟车不能通。先王为其途之远、其至之难,故托用于其重,以珠玉为上币,以黄金为中币,以刀布为下币。三币握之则非有补于暖也,食之则非有补于饱也,先王以守财物,以御民事,而平天下也。"此观点在先秦时代十分盛行。此后,许多思想家继承了这一观点。

2. 产品交换说

司马迁认为货币是用来交换产品的手段。他在《史记》中写道:"农工商交易之路通,而龟贝金钱刀布之币行焉。"货币是为了适应商品交换的需要而产生的,随着农、工、商三业的交换和流通渠道的畅通,货币随之盛行。

(二) 西方的货币起源说

1. 创造发明说

这种观点认为,货币是由国家或先哲发明出来的,代表人为古罗马法学家 J. 鲍鲁斯。他认为,人类最早并无货币,也无所谓的商品与价格,买卖源于物物交换,每个人只是根据自己的机缘与需要以自己无用的东西交换有用的东西。但是,由于你所拥有的正是我所愿意得到的和我所拥有的正是你所愿意接受的这种偶合情况并不是经常出现,于是,一种由国家赋予永久价值的事物被选择出来,作为统一的尺度来解除物物交换的苦难。这种事物经过铸造成为一种公共的形式,可以代表有用性和有效性,不必考虑其内在的价值与其数量的关系。从此,两种东西的交换不再通过财物,而是通过价格。

2. 便于交换说

这种观点认为,货币是为了解决直接物物交换的困难而产生的,其代表人物是英国的经济学家亚当·斯密(1723~1790 年),他认为,货币是随着商品交换的发展逐渐从诸多货币中分离出来的,是为了解决相对价值太多而不易记忆、直接物物交换不便而产生的问题。如果进入交换过程的商品有 100 种,那么每种商品都会有 99 个相对价值。由于相对价值太多、不易记忆,人们自然会想到把其中的一种物品作为共同的衡量标准,并通过它与其他商品进行比较,从而解决直接物物交换的困难。

3. 保存财富说

这种观点认为,货币是为了保存财富而产生的,其代表人物是法国经济学家 J. 西斯蒙第(1773~1842 年),他认为,货币本身不是财富,但随着财富的增加,人们要保存财富、交换财富和计算财富的量,从而产生了对货币的需要,货币因此成为保存财富的一种工具。

(三) 马克思的货币起源说

马克思在讲到货币起源时说,金银天然不是货币,但货币天然是金银。马克思从商品交换关系中分析货币起源,并将货币商品论建立在劳动价值论的基础上,从价值形式的发展要求中揭示货币产生的客观必然性。

1. 商品交换与价值形式

商品是使用价值和价值的对立统一物。商品交换的依据是商品的价值,因为使用价值是不同质的,无法相互比较,只有价值具有质的共同性和量的可比性,所以,等价交换便成为自然的交换法则。使用价值以物质形态直接出现,可为人们的感官直接感知,但价值是寓于商品中的抽象劳动，不能通过商品自己表现出来，而是在商品交换过程中相对表现出来的。也就是说，通过交换使一种商品的价值表现在另一种商品上，这样，后一种商品就成了前一种商品的价值表现形式，它以自身的若干数量衡量了与其交换的前一种商品中所含的劳动量，即商品价值的表现形式。货币正是在这种由商品交换发展所决定的价值形式的发展中产生的。

2. 价值形式发展与货币产生

在人类社会尚未发生大分工以前，商品交换只是偶然现象。极为低下的生产力水平决定了人们不可能经常有剩余的产品拿来交换，更谈不上专门为交换而进行生产。但这种偶然的商品交换已经具有了商品价值表现的简单形式，即商品的价值通过另一种商品相对表现出来。它表明商品已经有了等价物，价值不再是完全抽象的，已经具有了"物的形式"。一种商品一旦作为等价物，便具有使用价值成为价值的表现形式、具体劳动成为抽象劳动的表现形式、私人劳动成为社会劳动的表现形式的特征。等价物的特征说明在商品价值的简单表现形式中已经孕育了货币的胚芽。

随着生产力的发展，尤其是社会分工的出现，商品交换不再是偶然发生的事情，而成为一种经常性的规律现象。这种情况说明，商品价值同它借以表现使用价值的特殊形式没有关系，每一种进入交换的商品都可以充当其他商品的等价物。价值是无差别的人类劳动的凝结，它在这种扩大了的价值表现形式中得到了证明。尽管如此，商品价值的表现仍然是不充分的，尤其是不统一的。用于交换的商品只有在品种、数量和质量等方面都符合交换双方的需求，且价值量相等的情况下才能实现交换，这给商品交换的进一步发展造成了极大的困难。为了换到所需要的商品，往往需要进行若干次迂回曲折的交易。交换中的这种困难，推动了价值形式的进一步发展。

当人们在直接的物物交换中遇到困难时，便开始自发地或本能地在市场上发现一种商品，这种商品交换的次数最多，其使用价值是大家都共同需要的，只要将自己的商品先换成这种商品，再换其他实际所希望的商品就可以了，那么，这种商品实际上就成了所有商品公共的或一般的等价物。人们摆脱了各种不同的使用价值在交换中对他们的束缚，将直接的物物交换变成以一般等价物为媒介的间接交换。显然，一般等价物已经不再是普通的商品，也不再是消费的对象，而成了交换的媒介。一般等价物不是用其自然的使用价值，而是用社会赋予它的使用价值来直接与其他商品交换以表现商品的价值。

一般等价物的出现，使商品交换在一般等价物的媒介作用下获得了新的发展。但充当一般等价物的商品是不固定的，这种情况必然会阻碍商品交换的进一步发展。因此，人们应该在较大的范围内将一般等价物统一起来，使其成为长期固定的一般等价物，这种固定化了的一般等价物就是货币。

二、货币的产生

人类社会起初并无货币存在。货币是商品交换发展过程中分离出来的特殊商品，是商品交换发展的自然结果。在原始社会后期，由于社会生产力的发展，产品在满足生产者自身需要后有了一些剩余，原始公社之间出现了最初的实物交换。随着生产的发展，交换数量日益增多，商品交换逐渐变成经常的行为，范围也日益扩大。由于被交换的商品必须对双方都具有使用价值，且商品价值必须等量，直接的物物交换常会出现商品转让的困难。而且物物交换不可能永远同时满足这两个条件，必然将一个一般等价物作为交换媒介。最初充当一般等价物的商品是不固定的，它只在狭小的范围内暂时由这种或那种商品承担，当一般等价物逐渐固定在特定种类的商品上时，便产生了货币。

（一）货币是商品价值形式不断发展的结果

商品是使用价值与价值的辩证统一，一切商品都具有两种表现形式：一种是商品使用价值的表现形式，即自然形式，如商品的形状、颜色、大小和规格等，它们可以被人们直观感觉到；另一种是商品价值的表现形式，即价值形式，它体现着一定的经济关系，是商品的社会属性，它看不见、摸不着，必须借助人们的抽象力。因此，一种商品的价值不能由其自身来表现，只有在与另一种商品相交换时，才能相对地表现出来。价值的这种相对表现形式，叫作价值形式。在市场经济中，商品的价值是通过商品和货币的交换关系，以商品价格的形式表现出来的。在交换的发展过程中，商品的价值表现经历了四种形式，这四种价值形式的演化过程揭示了货币的起源和本质。

1. 简单的或偶然的价值形式

最初的商品交换产生于原始社会的氏族公社之间，当时，仅仅是以极少量的剩余产品来相互交换，交换具有偶然性。那时，一种商品的价值是偶然地、简单地表现在和它相交换的另一种商品上，从而出现了简单的或偶然的价值形式。简单的或偶然的价值形式是商品交换萌芽时期的价值表现形式，是价值形式发展过程中的最初阶段。在这一阶段中，一种商品的价值偶然地、简单地通过另一种商品表现出来。

2. 扩大的或总和的价值形式

扩大的或总和的价值形式，就是指商品的价值已不再是偶然地表现在另一种商品上，而是扩大了范围，表现在其他一系列商品上，取得了扩大的相对价值形式。作为等价形式的商品，不再是一种商品而是一系列商品。所以，扩大的或总和的价值形式是简单价值表现的扩大或总和。

3. 一般价值形式

一般价值形式就是一切商品的价值都共同表现在从商品世界中分离出来的、充当一般等价物的商品上。正是由于它们的价值形式是简单的和共同的，故而是一般的。一般的价值形式同扩大的或总和的价值形式相比较，发生了根本性的变化。第一，相对价值形式上的一切商品的价值，不仅表现在唯一商品上，而且表现在同一商品上，形成了一般等价物。第二，在一般价值形式上，一切具有相对价值形式的商品，在与另一个具有等价形式的商品发生价值关系时，不仅表现为是同价的，而且表现为是等量的。因为一切商品都通过同一个表现材料来反映自己的价值量，所以它们彼此之间也可以互相反映价值量。

4. 货币价值形式

货币价值形式是指一切商品的价值固定地用一种特殊的商品来表现的价值形式。从一般价值形式过渡到货币价值形式，本质上没有什么变化，不同的只是黄金代替了别的商品来充当一般等价物。金银天然不是货币，但货币天然是金银。一般价值形式过渡到了货币价值形式，使价值形式转化为价格形式。

(二) 货币是商品交换过程中矛盾运动的必然产物

从以上价值形式的演化过程可以看出，货币是在商品交换的长期发展过程中，为了减少交易费用，提高交易效率，适应交换的客观需要，由一般商品自发地、由低级到高级演变而成的。

商品变成货币取决于商品交换过程的矛盾运动，是商品交换过程的二重性及其矛盾的结果。从表象上看商品交换过程，反映的是一个商品与另一个商品相交换的物与物之间的关系；但从本质上看，体现的是商品所有者之间的经济关系，表现为商品所有者相互承认对方商品的私有权并彼此让渡这种权利的法权关系。不仅如此，在商品交换过程中，还体现了交换过程的二重性及其矛盾：一方面对商品所有者个人来说，每个商品所有者都想让渡自己的商品，以换取能够满足自身需要的具有使用价值的其他商品，交换对于所有者而言只是个人的过程；另一方面，商品所有者都想实现自己商品的价值，而不管其使用价值如何，这时，交换对于所有者而言是一般社会的过程。这就是交换过程的二重性。商品内部使用价值与价值的矛盾通过交换表现出来，并随着交换的不断扩大而越来越尖锐，最终从商品世界中分离出一种特殊的商品，作为独立的形式来表现其他商品的价值。可见，随着劳动产品转化为商品，商品就在同一程度上转化为货币。

三、货币形式及其演变

自货币产生以来，其具体形式随着生产力和商品经济的发展不断变化，主要体现在货币材料的变化上。

(一) 实物货币

实物货币是指作为货币用途的价值与其非货币用途的商品价值相等的货币。实物货币是货币形式发展的第一阶段，实物货币可能由植物、动物、矿物等来充当。在世界各国的货币发展史上，除去信用货币、纸币和金属货币，其他担任过货币角色的各种商品都可以称之为"实物货币"。

在原始社会，人们通过以物易物的方式来交换自己所需要的物资，如一头羊换一把石斧。这些以实物形态存在的货币，在交换中具有一定的局限性，许多实物体积笨重且不易分割，存在着量大值小的缺点，不便携带和运输；有些实物货币质量不稳定，易腐烂磨损。充当货币的物体一般要具备普遍接受性、价值稳定性、统一性、可分性、耐久性、轻便性等特点，因此，随着商品经济的发展，实物货币逐渐被金属货币所取代。

(二) 金属货币

金属货币是指以金属为货币材料，充当一般等价物的货币。经过长年的自然淘汰，金属货币在流通使用中逐渐取代了自然物货币和其他商品货币。金属货币的好处是易储存，但它的制造需要人工，无法从自然界大量获取。数量稀少的金、银和冶炼困难的铜逐渐成为主要的金属货币。某些国家和地区还使用过铁质货币。

一般来说，理想的充当货币的商品应具备以下特征：普遍可接受性；价值稳定性；耐久性；价大量小；可分性。随着交易的发展，人们逐步发现金、银等贵金属具备这些特征，所以，贵金属就从商品界中分离出来，固定地充当一般等价物，货币就真正形成并固定下来了。早期的金属货币是块状的，使用时需要先用试金石测试其成色，还要称量重量。随着人类文明的发展，逐渐建立起了更加复杂而先进的货币制度。

(三) 代用货币

代用货币是代表金属货币进行流通的货币，代用货币的特征是其所包含的价值低于货币价值，但可以和所代表的货币自由兑换，并同时与金属货币参加流通。一般来说，代用货币主要是指政府或银行发行的、代替金属货币执行流通手段和支付手段职能的纸质货币。这种纸币之所以能在市场上流通，从形式上发挥交换媒介的作用，是因为它有十足的贵金属准备，而且还可以自由地向发行单位兑换金属或金属货币。与金属货币比较，代用货币的优点在于发行成本低、易于携带，能够节省金银等稀有金属用于他用。

代用货币的基础是银行的信用，货币发行者承诺随时可以兑付黄金或白银货币。但是银行很快发现，在实际操作中，每天兑付的金银币只是实际发行量中非常少的一部分，银行只要储备少量的金银就可以发行出数倍甚至数十倍的银行券或纸币。信用货币的出现表明货币的虚拟化已经开始明显起来。

(四) 信用货币

信用货币广义指执行支付手段和流通手段的各种信用凭证，包括银行券、汇票、期票、银行支票等。狭义指银行信用货币，即银行券和银行支票。信用货币以票据流通为基础，直接产生于货币的支付手段职能。信用货币是商品货币发展的必然产物，尤其是在20世纪30年代，由于世界经济危机的发生，各主要资本主义国家先后被迫放弃金本位和银本位货币制度，纸币不再兑换金属货币，信用货币有了长足发展。随着商品经济的发展，信用制度日益发展，货币作为支付手段的职能日益深化，各种形式的信用货币遂得以产生和发展。

信用货币是由国家法律规定的，强制流通，不以任何贵金属为基础的独立发挥货币职能的货币。信用货币是金属货币制崩溃的直接后果。在金属货币流通的后期，金银的开采难以满足商品流通的需要；同时，由于信用制度的不断发展，商品流通对货币作为支付手段的要求不断提高，于是就出现了信用货币，并促进了信用货币的不断发展。信用货币本身的价值低于货币价值，而且不代表任何金属货币，其作为一种信用凭证，完全依靠政府信用和银行信用。

信用货币的基本特征：①由中央银行发行。信用货币是由中央银行代表国家发行的纸制本位货币，它是一种价值符号，不具有十足的内在价值，黄金基础也已经消失。②信用货币是债务货币。信用货币实际上是银行债务凭证，信用货币的流通也就是银行债务的转移。③具有强制性。它是法定货币，银行发行的强制流通使用。④国家可以通过银行来控制和管理信用货币流通，把货币政策作为实现国家宏观经济目标的重要手段。

(五) 电子货币

电子货币是用一定金额的现金或存款从发行者处兑换并获得代表相同金额的数据，通过使用某些电子化方法将该数据直接转移给支付对象，从而清偿债务。电子货币是信息革命的产物，电子货币的产生和流通使实体货币与观念货币发生分离，真实货币演变为虚拟货币，是新技术革命和网络经济发展的必然结果，它有效地解决了市场全球化大背景下，如何降低信息成本和交易费用的问题。电子货币的种类包括：储值卡、信用卡、存款利用型电子货币、现金模拟型电子货币和电子钱包等。

电子货币广泛应用于生产、交换、分配和消费领域，以电子计算机技术为依托，储蓄、信贷和非现金结算等多种功能融为一体，具有使用简便、安全、迅速、可靠等优点。电子货币在宏观层面上具有刺激消费、扩大需求、促进经济活动更加虚拟化、推动世界经济一体化和金融全球化的作用。

第二节 货币的本质和职能

一、货币的本质

货币是商品交换发展到一定阶段的自发产物，是固定地充当一般等价物的特殊商品，是商品内在矛盾发展的必然结果，商品所有者以货币为媒介进行交换，也就是说，货币的本质也是一种商品。

(一) 马克思货币本质理论观点

马克思货币本质理论认为，货币的本质是一种社会关系。货币的本质是从揭示货币起源之谜中阐述出来的。货币作为一般等价物，集中体现了商品的交换关系，一切商品的价值都通过货币表现出来，货币同其他商品的交换关系反映了商品生产者之间的关系。因此，从表面上看，货币是"物"，货币形式体现的是物与物的关系，但其背后隐藏的是一定的社会生产关系。

马克思认为，货币是固定充当一般等价物的特殊商品。这个定义是建立在金属货币基础之上的，主要包含三个方面的内容：

1. 货币是一种商品，具有商品的属性

马克思在分析货币起源时指出，货币的前身就是普普通通的商品，它是在交换过程中逐渐演变成一般等价物的。马克思正是在各国普遍实行金铸币流通的时代创立的货币理论，因此，马克思将黄金视为货币的最高阶段，而黄金本身就是价值十足的商品。任何在商品交换中充当货币的东西都是商品，与普通商品一样，具有价值和使用价值。没有这种与普通商品的共性，货币就不具备与商品进行交换的基础。

2. 货币是特殊商品

货币不是普通商品，而是特殊商品。其特殊性并不在价值方面，而在使用价值方面。黄金被固定地充当一般等价物，被作为货币，其使用价值便"二重化"了，它既具有由其自然属性所决定的特定的使用价值，又具有由其社会属性所决定的一般的使用价值，即充当一般等价物和交换手段。

3. 货币充当一般等价物

货币有两个基本特征：①货币能够表现一切商品的价值。货币出现后，整个商品世界就分成两类，一类是特殊商品——货币，另一类是所有的普通商品。普通商品是以各种各样的使用价值的形式出现的，而货币则是以价值的体化物或尺度的形式出现的，普通商品只有通过与货币的比较，其价值才能得到体现。②货币对一切商品都具有直接交换的能力。由于货币是价值和社会财富的一般代表，谁占有了货币就等于占有了价值和财富。在实际交换中，货币的交换能力是超越使用价值特殊性限制的，具有直接交换性质。一般等价物是商品交换赋予货币的属性，与货币材料是否有价值和使用价值没有关系。

(二) 西方经济学家的货币本质观点

关于货币的本质，西方货币学说史上曾存在两种不同的观点：一是货币金属论，二是货币名目论。货币金属论者从货币的价值尺度、储藏手段和世界货币的职能出发，认为货币与贵金属等同，货币必须具有金属内容和实质价值，货币的价值取决于贵金属的价值。货币名目论者从货币的流通手段、支付手段等职能出发，否定了货币的实质价值，认为货币只是一种符号，一种名目上的存在。货币金属论是货币金、银本位制的产物，随着20世纪初金本位制度的崩溃，其影响力日益减弱。21世纪，在西方货币理论中占统治地位的是货币名目论，这从西方的经济学教科书对货币的定义中可见一斑。

历史上这两种观点都没有准确地掌握货币的本质，它们都受到了货币形式的干扰，并企图从货币的形式出发来定义货币的本质，因而，无法给出完整统一的货币定义。

二、货币的职能

(一) 价值尺度

货币被用来衡量并计算商品和劳务的价值时，货币便是在执行价值尺度的职能。货币的价值尺度职能，就是把各种商品的价值都表现为一定的货币量，以表示各种商品的价值在质的方面相同，在量的方面可以比较，它是货币最重要、最基本的职能。各种商品的价值并不是因为有了货币才可以互相比较，相反，而是因为各种商品的价值都是人类劳动的凝结，所以它们本身才具有相同的质，才能在量上进行比较。商品价值不能自己直接表现出来，必须通过另一种商品来表现。在商品交换过程中，货币成为一般等价物，可以表现任何商品的价值，衡量一切商品的价值量。货币发挥价值尺度职能的作用体现为可以通过货币与商品的对等关系，使商品生产者的私人劳动获得社会的认可，并通过货币的价值尺度职能来衡量商品的价值量。

货币在执行价值尺度的功能时有以下两个特点：①货币在执行价值尺度职能时，只需要观念上的货币，不需要现实的货币。②执行价值尺度职能的货币本身须具有价值。

（二）流通手段

流通手段就是货币充当商品交换媒介的职能。在商品流通过程中，不断地当作购买手段，实现商品的价格。商品经过一定流通过程以后，必然要离开流通领域进入消费领域。货币作为流通手段，始终留在流通领域中，不断地从购买者手中转移到出卖者手中，这种不断的转手就形成了货币流通。

货币在执行流通手段职能时有两个特点：一是必须是现实的货币；二是可以是不足值的货币符号。在这里货币只是交换的手段，不是交换的目的。作为交易媒介的货币，其本身有无十足的价值并不重要。

（三）支付手段

货币的支付手段是货币作为独立的价值形式进行单方面运动时，如清偿债务、缴纳税款、支付工资和租金等，所执行的职能。货币的支付手段职能是由货币的交易媒介职能派生出来的。由于商品生产和商品流通的时间长短不一，以及商品生产的季节性原因，导致商品让渡和货币让渡在时间上相分离，出现了赊账形式的商品交易。这就产生了货币单方面转移的需要，如清偿债务、缴纳赋税、支付工资等，货币起到了延期支付的功能，即发挥其支付手段的职能。

货币作为支付手段可以发挥两个作用：一是促进商品流通。在商品交易中，人们可以先购买商品后支付货币，使商品生产和流通突破现货交易的限制，促进商品经济的发展。二是节约现金流通。货币借助其拥有的支付手段职能促使信用关系形成。债权债务到期可以相互抵消和清算，债务人只需支付债务余额，这样可以大大减少现金的需要量。

（四）贮藏手段

货币的贮藏手段职能是指货币退出流通领域，处于静止状态时执行的一种职能。货币作为一般等价物，使商品买卖在空间上和时间上可以分离，卖出商品者不必同时买入商品，因为卖者换取货币后，可以保留和储藏货币，直至有需要时或最方便时才购入商品。货币的贮藏手段职能可以自发地调节货币的流通量，起到蓄水池的作用。当市场上商品流通缩小，流通中的货币过多时，一部分货币就会退出流通界被贮藏起来；当市场上商品流通扩大，对货币的需要量增加时，一部分处于贮藏状态的货币又会重新进入流通领域。

作为贮藏手段的货币，必须既是实在的货币，又是足值的金属货币。因此，只有金银铸币或金银条块才能作为贮藏手段。货币在质的方面，是物质财富的一般代表，能直接转化为任何商品，因而是无限的；但在量的方面，每一个具体的货币额都是有限的，只能充当有限的购买手段。货币的这种量的有限性和质的无限性之间的矛盾，迫使货币贮藏者贪婪地积累货币。

(五) 世界货币

由于国际贸易的发生和发展，货币流通超出了一国的范围，在世界市场上发挥作用，于是货币便有了世界货币的职能。在金属货币阶段，只有足值的金和银才能作为世界货币，而且必须以金块、银块的形状出现，而不是在各国国内发挥作用的铸币以及纸币等。在信用货币制度下，部分国家的货币可以执行世界货币职能，但需要满足一定的条件。

世界货币除了具有价值尺度的职能外，还有以下职能：①充当一般购买手段，直接通过金银向另一个国家购买商品。②作为一般支付手段来平衡国际贸易的差额，如偿付国际债务、支付利息和其他非生产性支付等。③充当国际间财富转移的手段。货币作为社会财富的代表，可以由一个国家转移到另一个国家。在当代，世界货币的主要职能是国际支付手段，用以平衡国际收支间的差额。

第三节 货币制度

货币制度又称币制，是国家法律规定的货币流通的规则、结构和组织机构体系的总称。货币制度是随着商品经济的发展而逐步产生和发展起来的，完善的货币制度能够保证货币和货币流通的稳定，保障货币正常发挥各项职能。典型的货币制度包括货币材料、货币单位、货币法定支付偿还能力、货币的铸造发行与流通及货币准备制度等内容。

货币制度也指国际货币体系，即国际间货币流通的组织形式。各国为了解决在国际贸易、国际结算中出现的国际支付手段、国际储备资产等国际货币问题，对于涉及国际货币流通的各个方面，包括货币的兑换与汇率制定、国际收支调节、国际结算制度、国际储备体系、国际货币关系和国际金融市场等，在国际范围内自发地或经过协商谈判确定一整套系统的原则、规制、办法和机构，形成国际货币体系。

一、货币制度构成要素

(一) 规定货币材料

确定货币材料是确定货币制度的基础性行为。货币材料是指一个国家确定以何种货币材料作为本国货币。货币材料虽然是由国家规定的，但实际上是由当时的客观经济条件决定的。规定货币材料就是规定币材的性质，就是在法律上加以肯定已经形成的客观现实。

(二) 规定货币单位

货币单位是货币本身的计量单位，货币单位包括货币单位的名称和货币单位的"值"。在金属货币制度下，货币单位的值是每个货币单位包含的货币金属重量和成色；在信用货币尚未脱离金属货币制度的条件下，货币单位的值是每个货币单位的含金量；在黄金非货币化后，确定货币单位的值表现为确定或维持本币的汇率。按照国际习惯，一国货币单位的名称，往往就是该国货币的名称。

(三) 规定货币法定支付偿还能力

规定流通中货币的种类主要指规定主币和辅币，主币是一国的基本通货和法定价格标准；辅币是主币的等分，是小面额货币，主要用于小额交易支付。金属货币制度下的主币是用国家规定的货币材料按照国家规定的货币单位铸造的货币，辅币以贱金属为货币材料并由国家垄断铸造；在信用货币制度下，主币和辅币的发行权都集中于中央银行或政府指定机构。

货币法定支付偿还能力分为无限法偿和有限法偿。无限法偿指不论用于何种支付，不论支付数额有多大，对方均不得拒绝接受；有限法偿，即在一次支付中有法定支付限额，若超过限额，对方可以拒绝接受。在金属货币制度下，一般而言，主币具有无限法偿能力，辅币则是有限法偿；在信用货币制度下，国家对各种货币形式的支付能力的规定不是十分的明确和绝对。

(四) 规定货币铸造发行的流通程序

货币铸造发行的流通程序主要分为金属货币的自由铸造与限制铸造、信用货币的分散发行与集中垄断发行。自由铸造指公民有权用国家规定的货币材料，按照国家规定的货币单位在国家造币厂铸造铸币，一般而言，主币可以自由铸造；限制铸造指只能由国家铸造，辅币为限制铸造。信用货币的分散发行指各商业银行可以自主发行，早期的信用货币是分散发行；目前，各国信用货币的发行权都集中于中央银行或指定机构。

(五) 规定货币发行准备制度

货币发行准备制度是为约束货币发行规模、维护货币信用而制定的，要求货币发行者在发行货币时必须以某种金属或资产作为发行准备。为了稳定货币，各国的货币制度中都包含有准备金的内容。在实行金本位制的条件下，准备金制度主要是建立国家的黄金储备，以作为国际支付或用来调节流通中的数量或作为支付存款和兑现银行券。在现代信用货币制度下，各国货币发行准备制度的内容都比较复杂，发行准备一般分为两种：一种是现金准备，包括有十足货币价值的金银条块、金银币和可直接用于国外货币清算的外汇结存。另一种是保证准备，又称信用担保，即以政府债券、财政短期库券、短期商业票据及其他有高度变现能力的资产为发行担保。

二、货币制度的类型

(一) 金属货币制度

1. 银本位制

银本位制是最早的金属货币制度,其基本内容包括:以白银为货币材料,以银币为本位币,可自由铸造、无限法偿,银行券可自由兑换白银,白银可自由输出输入。19世纪后期,白银的重要性才被黄金所代替。银本位制最大的缺点是白银价格不稳定。1870~1935年,白银价格涨跌频繁,使采用银本位制的国家饱受银价剧烈波动的影响,纷纷放弃了银本位制。1935年11月4日,我国实行"法币改革",宣布禁止使用银元,从银本位制改为金汇兑本位制。

2. 金银复本位制

金银复本位制是将白银和黄金同时作为货币材料,金银铸币都是本位币,可以自由铸造、无限法偿,自由输出输入,金银铸币之间、金银铸币与货币符号之间可以自由兑换。

金银复本位制又分为平行本位制和双本位制。平行本位制是指金币和银币按其实际价值流通,两种通货的兑换比率完全由市场比价决定,国家不规定金币与银币的法定比价。但由于金币与银币的市场比价经常波动,从而导致使用不同货币表示的商品价格随之经常发生变化,造成交易紊乱。为了克服这一缺点,一些国家以法律形式规定了金银比价,即双本位制。但是,用法律规定金银比价与价值规律的自发作用相矛盾,于是出现了"劣币驱逐良币"的现象,这是一种不稳定的货币制度。

3. 金本位制

金本位制主要包括金币本位制、金块本位制和金汇兑本位制三种形态。金币本位制是典型的金本位制,其基本特点是:金币可以自由铸造、无限法偿;辅币和银行券可按其面值自由兑换金币;黄金可以自由输出输入;货币发行准备为黄金。金币本位制是一种稳定的货币制度,对资本主义经济发展和国际贸易发展具有积极的促进作用。金块本位制是指不铸造、不流通金币,银行券只有达到一定数量后才能兑换金块的货币制度。金汇兑本位制则是指本国货币有含金量,但国内不铸造也不使用金币,流通中只使用银币或银行券,银币或银行券不能在国内兑换黄金,要先兑换指定国家的外汇,再用外汇兑换黄金。

金汇兑本位制实际上是一种殖民地性质的货币制度。英国于1816年制定了《金本位制法》,1821年,在世界上首次实行金币本位制。之后,许多国家相继实行,形成国际金本位制。1914年,金币本位制崩溃,一些国家转而采用金汇兑本位制。英国、法国、比利时、荷兰等国则实行金块本位制。第二次世界大战后,实行以美元为中心的货币制度。1971年8月15日,美国宣布停止美元兑换黄金,其他资本主义国家的货币先后实行浮动汇率,金汇兑本位制崩溃,实行不兑现的纸币制度。

（二）不兑现的信用货币制度

不兑现的信用货币制度又称不兑现本位制和不兑现的纸币流通制度。它是取消黄金保证、不能兑换黄金的一种货币制度。在这种货币制度下，黄金被排除在国内流通之外，失去了自发调节货币流通的作用，如计划不周，货币会因发行过多而贬值，进而导致通货膨胀。不兑现的信用货币制度是20世纪70年代中期各国实行的货币制度，其特点是：①流通中的货币都是信用货币，主要由现金和银行存款构成，它们都体现着某种信用关系。②现实中的货币都通过金融机构的业务投入到流通中去，与金属货币通过自由铸造进入流通有本质区别。③国家对信用货币的管理调控成为经济正常发展的必要条件，这种调控主要通过中央银行实施货币政策来实现。

不兑现的信用货币制度的优势在于纸币发行不受黄金供给的限制，可以根据经济发展的实际需要调整货币的供应量。纸的价值含量很低，即使有了磨损，也不会造成社会财富的巨大浪费。另外，纸币还具有易于携带、方便保管、支付准确等优势，这些都是金属货币所不具备的。

三、中国的货币制度

中华人民共和国的货币制度建立于1948年，是中华人民共和国有关货币的发行和管理的法律制度。其目的是加强国家对货币的管理，调节货币的流通，以保证货币的统一和币制的稳定。另外，货币制度还涉及现金管理、金银管理、违规处罚等内容。

1948年12月1日，华北银行、北海银行和西北农民银行合并成立了中国人民银行，同时，正式发行人民币作为全国统一的货币。人民币发行后，在逐步收兑、统一解放区货币的基础上，迅速收兑了原国民党政府发行的伪法币、金圆券及银行券，并排除了当时尚在流通的金银外币等，从而建立了以人民币为唯一合法货币的、统一的货币制度。人民币制度伴随着我国经济和金融的不断发展而逐步趋于完善。

我国人民币制度主要包括五个方面的内容：①我国法定货币是人民币。人民币单位为"元"，元是本位币，即主币，辅币名称为"角"和"分"。②人民币是一种不兑现的信用纸币，是代表一定价值的货币符号。没有含金量的规定，不能兑换金银。③人民币的发行坚持高度集中统一和经济发行（也称信用发行）的原则。④人民币是一种管理通货。⑤人民币是独立自主的货币。人民币只准在我国境内流通，禁止人民币出入国境，禁止外币在国内自由流通。金银及外汇储备等是国际支付的准备金，由中国人民银行集中掌管、统一调度。

目前，在中国境内共有人民币、港元、澳门元和新台币四个货币区，货币及其流通的基本情况如下：

（一）人民币

人民币是中华人民共和国的法定货币，其正式的简称为CNY（China Yuan），标志为￥。

人民币由中国人民银行发行，人民币的基本单位为元。一元分为十角，一角再分为十分。现时发行的纸币包括了 100 元、50 元、20 元、10 元、5 元、1 元。

自 20 世纪 90 年代起，人民币与美元非正式挂钩，汇率只能在 1 美元兑 8.27~8.28 元人民币这个非常窄的范围内浮动。2005 年 7 月 21 日，人民银行宣布，经国务院批准，人民币改与一篮子货币挂钩，汇率改为 1 美元兑 8.11 元人民币，并且不再与美元挂钩。中国人民银行于每个工作日闭市后，公布当日银行间外汇市场美元等交易货币对人民币汇率的收盘价，作为下一个工作日该货币对人民币交易的中间价格。每日银行间外汇市场美元对人民币的交易价仍在人民银行公布的美元交易中间价上下千分之三的幅度内浮动，非美元货币对人民币的交易价在人民银行公布的该货币交易中间价上下一定幅度内浮动。

（二）港元

港元或称港币，是中华人民共和国香港特别行政区的法定流通货币。按照《香港基本法》和《中英联合声明》，香港的自治权包括自行发行货币的权力。其正式的简称为 HKD（Hong Kong Dollar），标志为 HK$。

港元的纸币绝大部分是由香港金融管理局（以下简称"金管局"）监管下的三家发钞银行发行。三家发钞银行包括中国银行、渣打银行和汇丰银行，另外少部分新款十元钞票由香港金融管理局自行发行，硬币则由金融管理局负责发行。自 1983 年起，香港建立了港元发行与美元挂钩的联系汇率制度。发钞行在发行任何数量的港币时，必须按 7.80 港元兑 1 美元的兑换汇率向金管局交出美元，记入外汇基金账目，领取了负债证明书后才可印钞。这样，外汇基金所持的美元就为港元纸币的稳定提供了支持。港元只在香港有法定地位。

（三）澳门元

澳门币或称澳门元，是中华人民共和国澳门特别行政区的法定流通货币，其正式的简称为 MOP（Macau Pataca）。

澳门的货币政策由澳门金融管理局管理。现在，澳门币的纸币由澳门金融管理局授权大西洋银行与中国银行澳门分行发行，硬币则由澳门金融管理局负责发行。澳门币与港元之间实行联系汇率制度，1.03 澳门币兑换 1 港元。由于港元与美元实行联系汇率制度，所以，澳门币也间接与美元挂钩。

（四）新台币

新台币的前身为台币，又称为旧台币，在 1945 年 5 月 22 日开始发行。当初，旧台币被定位为一种过渡时期的货币，日据政府的台币与国民政府的台币一比一兑换。1949 年 6 月 15 日，台湾发行新台币，明确规定 40000 元旧台币兑换 1 元新台币，成为今日台湾的法定货币。新台币在 2000 年发行 1000 圆之前，都是中央银行委托台湾银行发行的；2000 年后，改由中央银行发行。

第四节　货币的层次划分

一、货币层次划分的依据及其意义

在现代信用货币制度下,信用货币的构成十分复杂,货币的范围很广,如现钞、活期存款、定期存款和短期国库券等都属于货币或准货币的范畴。但显然,它们的购买力不同,现钞和活期存款是现实购买力,而定期存款和短期国库券在正常情况下都需要经过一定的手续才能转变为现实购买力。根据货币的流动性差异,从20世纪60年代起,以弗里德曼为代表的现代货币主义开始对货币划分层次,以便更深入地研究和管理货币供给,这一理论已被其他国家广泛采用。

不同形式的信用货币对经济的影响不同,中央银行对它们的控制和影响能力也不同,为准确把握和调控货币运行,需要对信用货币划分层次。信用货币划分层次的目的是把握流通中各类货币的特定性质、运动规律以及它们在整个货币体系中的地位,进而探索货币流通和商品流通在结构上的依存关系和适应程度,以便中央银行拟定有效的货币政策。

货币的层次划分有益于中央银行的宏观金融决策,有助于中央银行分析整个经济的动态变化,有利于中央银行进行宏观经济运行监测和货币政策操作。货币政策的制定与执行,在客观上促进了金融机构的金融创新。中央银行在分析经济动态变化的基础上,加强对某一层次货币的控制能力,通过增加或减少货币供应量来控制金融市场,实现对经济的干预。货币供应量的变动会影响利率,中央银行可以通过对货币供应量的管理来调节信贷供给和利率,从而影响货币需求,使其与货币供给相一致,以进一步影响宏观经济活动水平。

尽管各国在货币层次划分的具体统计口径上有差异,但在货币层次划分的标准上是一致的,各国都是将各种金融资产的流动性,即金融资产能够及时转变为现实购买力,使持有人不蒙受损失的能力,作为划分货币层次的主要依据。这种做法便于科学地分析货币流通状况、正确地制定并实施货币政策和及时有效地进行宏观调控。各国划分货币层次的标准和依据是货币的流动性,根据流动性的不同,货币被划分为不同的层次。

流动性是指金融资产能够及时转变为现实购买力,使持有人不蒙受损失的能力。货币的流动性在大部分西方经济学家的眼里实质上就是货币的变现能力。根据大部分西方经济学家对货币层次的归纳,货币一般情况下可分为以下几个层次:

$M1 = $ 现金 + 活期存款;

$M2 = M1 + $ 银行的储蓄存款 + 银行的定期存款;

$M3 = M2 + $ 各种非银行金融机构的存款;

$M4 = M3 + $ 金融机构以外的所有短期金融工具。

以上只是一般情况，具体到每个国家都是不完全相同的。目前，世界各国银行业务的名称不尽相同，同一名称的业务内容也不一定相同。因此，各国都是根据自身的特点和需要划分货币层次的。各国中央银行在划分货币层次时，一般都以流动性的大小为依据。

二、国际货币基金组织和主要国家的货币层次划分

（一）国际货币基金组织

国际货币基金组织的货币划分情况如下：
M0＝流通于银行体系外的现金通货；
M1＝M0+商业银行活期存款+邮政汇划资金+国库接受的私人活期存款；
M2＝M1+储蓄存款+定期存款+政府短期债券。

（二）美国

美国对货币层次的划分大致如下：
M1＝通货+活期存款+其他支票存款；
M2＝M1+小额定期存款+储蓄存款+货币市场存款账户+货币市场基金份额（非机构所有）+隔日回购协议+隔日欧洲美元+合并调整；
M3＝M2+大面额定期存款+货币市场基金份额（机构所有）+定期回购协议+定期欧洲美元+合并调整；
L＝M3+短期财政部证券+商业票据+储蓄债券+银行承兑票据。

（三）欧盟

欧盟在货币层次划分方面与美国有很大的差别。欧洲中央银行将货币分为狭义货币、中间货币和广义货币三个层次，具体划分如下：
狭义货币：M1＝流通中的现金+隔夜存款；
中间货币：M2＝M1+期限在两年以内的定期存款+通知期限在三个月以内的通知存款；
广义货币：M3＝M2+回购协议+货币市场基金（MMF）+货币市场票据+期限在两年以内的债券。

（四）日本

日本现行的货币层次划分为：
M1＝现金+活期存款；
M2+CD＝M1+准货币+可转让存单；
M3+CD＝M2+CD+邮政、农协、渔协、信用合作和劳动金库的存款+货币信托和贷方信托存款。

此外，还有广义流动性等于"M3+CD"加回购协议债券、金融债券、国家债券、投资信托和外国债券。

(五) 中国

我国的货币层次划分如下：

中国人民银行于1994年第三季度开始正式确定并按季公布货币供应量指标，根据当时的实际情况，货币层次的划分具体如下：

M0＝流通中的现金；

M1＝M0+企业活期存款+机关、团体、部队存款+农村存款+个人持有的信用卡存款；

M2＝M1+城乡居民储蓄存款+企业存款中具有定期性质的存款+信托类存款+其他存款；

M3＝M2+金融债券+商业票据+大额可转让定期存单等。

在我国，M1是通常所说的狭义货币供应量，M2是广义货币供应量，M3是为金融创新而增设的。

本章小结

马克思和西方经济学家从不同角度对货币进行了不同的定义。货币经历了四种价值形式，即简单的或偶然的价值形式、扩大的或总和的价值形式、一般价值形式和货币形式，经历了实物货币、金属货币、代用货币、信用货币和电子货币阶段，现代经济中使用的货币是信用货币。货币的本质是一般等价物，具有价值尺度、流通手段和贮藏手段和支付手段等职能。从货币制度的演变来看，货币经历了金属货币制度和不兑现的信用货币制度的发展过程。人民币是我国现行的唯一合法货币。货币层次划分是把流通中的货币量按照其流动性的大小进行划分。

本章习题

1. 货币的职能是什么？
2. 货币的形式是如何发展变化的？
3. 如何理解"金银天然不是货币，但货币天然是金银"？
4. 货币制度包括哪些具体内容？
5. 简述货币层次划分的依据和意义。

第二章
信用与信用工具

【学习目标】

通过学习信用的产生和本质、信用形式、信用工具等相关的基本知识。正确认识信用在现代经济中的重要地位和作用。运用知识分析生活中所见到的和使用过的信用形式。

【学习要求】

了解：信用的基本概念及内涵；信用的产生及发展过程。

掌握：信用的基本特征；信用的形式及其特点；信用工具的种类。

信用是为了适应商品经济发展的需要，从商品交换和货币流通中产生的，以偿还支付利息为条件的借贷关系。无论在何种社会制度下，只要存在着较为发达的商品货币关系，就必然存在信用关系。

第一节 信用概述

一、信用的含义

信用是以偿还和付息为条件的价值运动的特殊形式。例如，赊销商品、贷出货币，买方和借方要按约定日期偿还货款并支付利息。

信用的本质是一种借贷行为。在商品经济条件下，这种借贷行为一般表现为以偿还为条件的商品或货币的让渡形式。这种转让从社会本质上讲是一种分配行为。

(一) 信用是使用权和所有权相分离的特殊价值运动形式

在信用活动过程中，价值运动是通过一系列借贷、支付和偿还过程来实现的。当货币或商品被贷出时，其所有权并没有发生转移，只有使用权发生了变化。信用正是利用使用权和所有权相分离的特点，通过对社会资金各组成部分的重新组合来实现资金的临时再分配的。因此，信用在一定时期之内改变了不同经济主体对社会资源占有的比例关系。

（二）信用是以偿还和付息为基本特征的借贷行为

信用是一种借贷行为，是以偿还和付息为条件的价值运动的特殊形式。在一般的商品交换中，交换双方一手交钱，一手交货，买卖同时进行，交换行为完成后，双方不存在任何经济上的权利与义务。而在信用关系中，商品或货币的出让方在让渡自己的商品或货币时，得到的不是货币，而是一种要求受让方付款的权利。贷方成为债权人，借方必须承诺按要求付款，成为债务人。

（三）信用是价值运动的特殊形式

在信用关系所引起的价值运动中，当借贷行为发生时，贷者贷出货币或商品，并没有取得任何等价物，既不表示买也不表示卖。贷者只是在一定时间内出让货币作为资本所有的特殊使用价值的使用权，并没有放弃对货币的所有权，只是获得了在一定时期后对本金和利息的索取权。在这里，价值是一种独立的形态，可以进行单方面的转移，没有发生对等的交换，所以，信用是一种以偿还和付息为条件的价值单方面的转移活动。

（四）信用代表的是一种具有偿还性和增殖性的社会价值量的再分配关系

信用最初是从商品流通中产生的，通过商品的赊购赊销表现出来的一种经济活动，但其本身并不是流通范畴，而是一个分配范畴。因为商品流通实现的是价值的形态变化，通过这种变化解决商品价值和使用价值的矛盾。信用和货币支付手段相联系，代表着价值单方面的转移，通过这种转移对社会资金各组成部分进行重新组合，以实现社会价值量的临时再分配。这种以等价交换为原则的价值再分配必须约定归还期限，并考虑借贷期间商品或货币资金的时间价值，因此，信用涉及的价值运动是一种具有偿还性和增殖性的社会价值量的再分配关系。

二、信用的产生和发展

商品经济的产生和发展是信用产生的基础。原始形态的信用产生于原始社会的末期和奴隶社会初期，生产力的发展以及商品生产和商品交换的发展使原始公社解体，产生了私有制家庭和阶级，出现了贫富差别。私有制出现以后，社会分工不断发展，大量剩余产品不断出现。私有制和社会分工使劳动者各自占有不同的劳动产品，剩余产品的出现则使交换行为成为可能。随着商品生产和交换的发展，商品流通出现了矛盾，"一手交钱、一手交货"的方式由于受到客观条件的限制经常发生困难。例如，一些商品生产者在出售商品时，购买者可能因自己的商品尚未卖出而无钱购买，于是，赊销，即延期支付的方式应运而生。赊销意味着卖方对买方未来付款承诺的信任，意味着商品的让渡和价值实现发生了时间上的分离。这样，买卖双方除了商品交换关系之外，又形成了一种债权债务关系，即信用关系。当赊销到期、支付货款时，货币不再发挥其流通手段的职能，只充当支付手段，这种支付是价值的单方面转移，即信用交易。当信用交易超出了商品买卖的范围，作为支付手段的货币本身也加入了交易过程，出现了借贷活动。从此，货币的运动和信用关系就连接在一起。

原始形态的信用大多是实物的借贷，随着商品货币关系的发展，出现了货币借贷。高利贷是古老的生息资本，借贷的对象主要是广大的小商品生产者。高利贷使生产者无力进行扩大再生产，甚至难以维持简单再生产，它对社会生产力具有破坏作用。封建制度被资本主义制度代替之后，货币借贷关系有了新的发展变化，资本主义的借贷资本取代高利贷资本。随着借贷资本关系的发展，直接货币借贷又逐渐被以银行为中介的借贷关系所代替。随着资本主义社会化大生产的发展，企业生产规模不断扩大，经营的必要资本限额增大，需要集中大量的资本才能进行经营生产。货币借贷关系为了适应这种要求进一步发展，出现了通过发行股票的方式进行资金筹集的活动，现代金融业正是信用关系发展的产物。

在市场经济发展初期，市场行为的主体大多以延期付款的形式相互提供信用，即商业信用。在市场经济较发达的时期，随着现代银行的出现和发展，银行信用逐步取代了商业信用，成为现代经济活动中最重要的信用形式。总之，信用交易和信用制度是随着商品货币经济的不断发展而建立起来的，信用交易的产生和信用制度的建立促进了商品交换和金融工具的发展，最终，现代市场经济发展成为建立在错综复杂的信用关系之上的信用经济，信用经济是商品经济发展到一定阶段后所产生的一种经济现象。

三、信用在经济中的作用

（一）促进经济的发展

1. 促进资金再分配，提高资金使用效率

信用是一种单方面的价值转移，是在不改变所有权的条件下实现的。信用通过改变对资源的实际占有权和使用权，可以改变资源的分配布局，以实现资源的重新组合，达到合理运用的目的。借助信用可以把闲置的资金和社会分散的货币集中起来，转化为借贷资本，在市场规律的作用下，使资金得到充分利用。信用是促进资金再分配的最灵活的方式。

在信用活动中，价值规律的作用能得到充分发挥，那些具有发展和增长潜力的产业往往容易获得信用的支持。同时，通过竞争机制，信用还会使资金从利润率较低的部门向利润率较高的部门转移，在促使各部门实现利润平均化的过程中，提高了整个国民经济的资金效率。

2. 有利于资本的积聚和集中

信用活动可以把社会经济运行中企业或居民等经济主体闲置的资金聚集起来，投入到需要补充资金的经济实体，使国民经济更有效地运行，从而促进发展。

信用是资本集中的有力杠杆。规模经济的发展需要巨额资金的支持，靠企业自身积累是难以实现的,而银行信用、国家信用等信用形式可以广泛聚集社会上分散的、期限长短不齐的各种闲置资金,满足规模经济发展对资金的需要。资本的积聚与集中有利于大工业的发展和生产社会化程度的提高,推动经济增长。

3. 节约流通费用

信用在经济中发挥着提供和创造流通工具的职能。一方面,通过创造信用流通工具,节约了现金的流通,促进了货币形式的发展。另一方面,通过转账结算,方便了商品流通,节省了大量流通费用。在发达的信用制度下,将资金集中于银行和其他金融机构,可以减少整个社会的现金保管、现金出纳以及簿记登录等流通费用。另外,信用能加速商品价值的实现,有助于减少商品储存和保管费用的支出。

商业信用与银行信用使非现金结算发展起来,既节省了流通中的现金货币量,又加速了货币投放和回笼的速度。

4. 调节经济结构

信用调节经济的功能主要表现为信用调节国民经济运行的两种形式,一种是自发的,另一种是自觉的。信用的自发调节功能表现在:经济繁荣时,资金需求上升,提高了市场利率,自动抑制了信用规模,抑制了过热的投资和需求;经济萧条时,资金需求减少,市场利率下降,信用规模扩张,促进了经济复苏。信用的自觉调节功能表现在:人们可以利用信用自觉地调节国民经济,这种调节既表现在总量上,又表现在结构上。国家利用货币和信用制度来制定各项金融政策和金融法规,利用各种信用杠杆来改变信用的规模及其运动趋势。通过变动信贷规模,可以调节货币供给量,使货币供给量与货币需求量一致,保证社会总供求的平衡。通过变动利率和调整信贷投向,可以调节需求结构,实现产品结构、产业结构和经济结构的调整。

(二)加深经济社会的矛盾

信用的发展有可能造成虚假繁荣,加深生产与消费的矛盾,加速生产过剩危机的爆发,还会引发货币信用危机。当信用造成生产与消费的矛盾尖锐化并发生生产过剩危机时,因为生产过剩、商品销售困难,导致商业信用引发的债务得不到偿还,商业信用急剧减缩,银行贷款难以收回,致使货币流通和信用严重混乱,造成货币信用危机。

第二节　信用的形式

信用形式是信用关系的类型。信用按不同的标准,可划分为多种形式:按行为的时间划分,信用有短期信用、中期信用和长期信用三种形式;按行为目的划分,信用有生产信用、流通信用和消费信用等形式。在社会化生产和商品经济发展中,信用形式不断发展,主要形式有商业信用、银行信用、国家信用和消费信用等,其中,商业信用和银行信用是最基本的信用形式。

一、商业信用

（一）商业信用的定义

商业信用是指企业之间以赊销商品和预付货款等形式提供的信用。商业信用的具体形式有赊销商品、委托代销、分期付款、预付定金、按工程进度付工程款和补偿贸易等。商业信用直接与商品生产和商品流通相联系，在简单商品经济条件下就已存在。在现代市场经济条件下，商业票据是实现商业信用的主要工具。商业票据的多样化、规范化和广泛流通以及票据清算的电算化发展，为商业信用的发展提供了极其便利的条件和基础。

（二）商业信用的特征

1. 授信企业与受信企业之间，既是买卖关系又是借贷关系

商业信用活动的完成，实际是两种不同性质的经济行为的转换，即由商品买卖活动转化为货币借贷活动。买卖商品时，商品卖者允许买者延期支付货款，从而形成借贷关系。因为，在赊销商品时，卖者转让商品并没有取得货币，只是获得了一张延期支付货款的票据。可见，把商品赊销出去，就是把商品资本贷放出去，从而把买卖关系变成借贷关系，即债权债务关系。

2. 商业信用是一种直接信用，具有较大的灵活性、适应性和便捷性

商业信用的债权人和债务人都是生产经营者，信用交易的达成，不必通过金融中介机构，而是买卖双方分散独立的决策所进行的活动，所以，它是一种直接信用。作为买方企业，如果缺乏货币或其他必要的流通手段，为了购买维持生产所必需的生产资料，在卖方企业可以接受买方企业的债务时，采用商业信用解决流通手段不足的困难，是最便利、可行的。

3. 商业信用在产业周期的各阶段的动态与产业资本的动态相平行

商业信用的发展程度直接依赖于商品生产和商品流通的状况和信用制度的完善程度。在经济复苏和繁荣阶段，生产增长，流通范围扩大，需要以信用形式出售的商品增加，商业信用随之扩大。在经济危机阶段，生产下降，流通呆滞，需要以信用形式出售的商品减少，商业信用随之缩减。

（三）商业信用的局限性

商业信用的特征决定了它在提高资金使用效益、调节企业之间资金余缺和加速商品流通等方面具有重要作用。但同时商业信用也具有一定的局限性。

1. 商业信用的授信规模有限

由于单个企业所拥有的资本量的限制，企业所能提供的商业信用只能在企业自身所能支配的资本数量范围内进行。企业所能提供的商业信用规模受资本数量的限制和资本周转速度的限制。

2. 商业信用受商品使用价值流转方向的限制

商业信用只向需要购进商品的一方提供，但因为不是生产所需要的材料，所以，后者不能向前者赊销自己的产品。一般情况下，商业信用适用于有上下游供销关系的企业双方。

3. 商业票据的接受性有限

作为商业信用工具的商业票据，仅在一定范围内使用，并不具有普遍的可接受性。商业票据只有通过贴现转换为货币，才具有广泛的可接受性。

4. 商业信用具有连锁效应

各个企业在经济关系上是相互依存、环环相扣的。如果社会经济中大量采用商业信用这种形式，就会把许多原本并不相关的债权债务关系联结起来，形成债权债务的链条，如果其中某个环节出现了问题，就会影响到其他相关企业。

二、银行信用

（一）银行信用的定义

银行信用是银行或货币资本所有者向职能资本家提供贷款而形成的借贷关系。银行信用是在商业信用的基础上产生和发展起来的一种更高层次的信用，它和商业信用一起构成了经济社会信用体系的主体。在再生产过程中，各个企业之间会出现货币资本余缺不均的状况。为了保证社会再生产的正常进行，需要企业之间进行货币余缺的调剂。银行通过借贷关系，将再生产中游离出来的闲置货币资本和社会上的闲置货币集中起来，把它们贷给需要货币的企业。银行信用是为了满足产业资本循环周转或再生产运动的需要而产生的。

（二）银行信用的特征

1. 银行信用是一种间接信用

银行利用自己的中介职能，一方面把社会闲散资金集聚起来；另一方面又以贷款的方式把资金贷放出去，从而调剂资金的余缺。

2. 银行信用的对象是货币资本

货币资本是集社会各方面而形成的可贷资金，规模大，期限较长，可以克服商业信用受个别企业资金数量限制的局限性，能满足大额资金的借贷需求，同时，可以把短期借贷资金转换为长期借贷资本。

3. 银行信用具有广泛的接受性和活动范围

金融机构由于信誉较高，所以它的债务凭证被视为货币可以用于流通和支付，较商业票据有更大的流通空间，具有广泛的接受性。银行信用的活动对象除了生产经营企业外，还涉及国家政府部门、各种经济单位以及居民个人等各个社会阶层，影响极其广泛。

4. 银行信用的动态和产业资本的动态不一致

银行信用的货币资本是处于个别资本的循环周转以外的独立借贷资本,因此,在产业周期的各个阶段,无论是繁荣阶段还是危机阶段,银行信用都与产业资本的动态不尽相同。

三、国家信用

(一) 国家信用的定义

国家信用是以国家为主体,按照信用原则,筹集和运用财政资金的一种再分配形式。它包括两个方面的内容,一是国家运用信用手段筹集资金,如发行国库券、地方政府债券、财政统借统还外债等;二是国家运用信用手段供应资金,如以有偿的方式安排某些财政支出。国家信用又称公共信用,是一种古老的信用形式。

国家信用发生的前提条件是国家财政需要、社会闲置资金存在和货币信用制度发展。国家信用在国内的基本形式是国债,它通常以发行公债券和国库券的形式实现。公债券是由政府发行的一种长期债券,发行公债筹措的资金,主要用于弥补财政赤字和其他非生产性开支。国库券是由国库直接发行的一种短期公债,主要是为了解决短期的国库开支急需。国债是政府筹资的重要手段,日益成为居民、企业和政府等各经济主体进行投资的重要工具,发挥着"准货币"的作用。

国家信用与商业信用和银行信用的作用不同,它与社会生产及流通过程没有什么联系。利用这种形式所动员的资金被国家掌握和利用,成为调剂政府收支不平衡、弥补财政赤字的重要手段,缓解了货币流通,保持了物价稳定。

(二) 国家信用的特征

1. 国家信用的主体是国家

国家作为债务人向国内或国外的居民、企事业单位和金融机构等筹集资金,因此,国家信用又分为国内信用和国外信用。

2. 国家信用的目的是弥补财政收支不平衡

国家为弥补财政收支不平衡,为重点建设项目筹集资金,主要通过发行国债、公债,向银行借款或透支等方式筹集资金。

3. 国家信用是宏观调控的重要手段

国家作为债务人在向社会筹集资金时,能够广泛调动社会资金,引导社会资金的流向,因此,国家可以利用该手段调节经济,进行宏观调控,促进经济稳定发展。

4. 国家信用的信用等级较高

国家信用的债务人是国家,其偿债能力显而易见,而且以一个国家的信誉和国家的法律为后盾,因此,安全性较高。

四、消费信用

(一) 消费信用的定义

消费信用是指工商企业、银行和其他金融机构提供给消费者用于消费支出的信用。随着生产力的发展和人民生活水平的提高，市场消费总的供给结构不断发生变化。消费信用具有刺激经济发展、扩大需求、缓解消费者有限的购买力及不断提高生活需求矛盾的作用，同时也是开拓销售市场、促进商品生产和流通的手段之一。

(二) 消费信用的形式

1. 赊销

企业以消费品赊销的方式向消费者提供信用，即以延期付款的方式销售商品，这是零售商向销售者提供的一种短期消费信用。

2. 分期付款

消费者购买消费品时先支付一部分货款，然后按合同分期支付剩余货款。分期付款是工商企业向消费者提供的一种信用，属于中长期消费信用，多用于购买高档耐用品、房屋、汽车等。

3. 消费贷款

银行或其他金融机构利用信用放款或抵押放款的方式对消费者发放贷款，用于购买耐用消费品、住房以及支付旅游费用等。

(三) 消费信用的特征

1. 非生产性

商业信用与再生产过程直接相联系，其生产性显而易见。银行信用提供的贷款大多数也是用于生产和流通的，而消费信用提供的贷款是用于生活消费的。

2. 风险高

消费信用是完全消费性的，还款是以借款人的收入为保证的，因此，具有较大的风险性。

3. 期限长

消费信用大多通过分期付款支付，所需时间较长。

(四) 制约消费信用的因素

在现代经济生活中，消费信用在一定条件下可以促进消费商品的生产和销售，从而促进经济的增长。另外，企业通过赊销的方式向顾客提供信用，这一信用形式对促进新技术的应用、新产品的推销以及产品的更新换代有不可低估的作用。但是，若消费需求过高，生产扩张能力有限，消费信用就会加剧市场供求的紧张状态，促使物价上涨，带来虚假繁荣等消极影响。因此，消费信贷应控制在适度范围内。

消费信用的制约因素有以下几个方面：一是总供给的能力与水平。总供给的水平越高，消费信用的规模一般越大。二是居民的实际收入和生活水平。若居民的实际收入较低，偿还能力不高，消费信用的发展就会导致风险加大。三是资金供求关系。它与消费信用的规模是此消彼长的关系，若资金供求紧张，消费信用的规模就会扩大。四是消费观念和文化程度。它制约着消费信用这种信用方式的普及程度和消费总量。

五、国际信用

（一）国际信用的定义

国际信用是国与国之间的企业、政府、经济组织以及金融机构等相互提供的信用形式。国际信用是国际货币资金的借贷行为。最早的票据结算就是国际上货币资金借贷行为的开始，经过几个世纪的发展，现代国际金融领域内的各种活动几乎都同国际信用有着紧密联系。没有国际借贷资金不息的周转运动，国际经济、贸易往来就无法顺利进行。在全球经济一体化的条件下，国际贸易与国际经济交往日益频繁，国际信用已成为国际结算和扩大进出口贸易的重要工具。

（二）国际信用的类型

1. 出口信贷

出口信贷是指出口国银行向本国出口商提供信贷担保，或直接向外国进口商或其银行提供贷款。出口信贷一般与出口贸易相结合，是出口国政府为了加强本国的出口竞争力，以信贷担保和政府补贴的方式提供的贷款。

2. 政府贷款

政府贷款是指一国政府运用财政资金向另一国政府提供的贷款。一般表现为发达国家对发展中国家提供的长期优惠贷款。政府贷款利率较低，期限较长，通常与出口信贷搭配使用，具有援助的性质。

3. 国际商业银行信贷

国际商业银行信贷是以国际商业银行为主体的国际信用形式。授信主体可以是一家商业银行，也可以是由一家或几家大银行牵头，联合多家银行组成的银团，向外国借款人提供贷款。

4. 国际金融机构贷款

国际金融机构贷款是以国际金融机构为授信主体，向其会员国提供贷款的国际信用形式。其贷款期限较长、利率低，但是贷款项目和用途一般由国际金融机构事先确定，贷款申请条件比较严格。

5. 国际商业信用

国际商业信用是指不同国家的企业之间相互提供的信用。通常发生在国家之间的商业活动中，凭借信用来进口或者出口商品，主要有国际租赁、补偿贸易和延期付款等方式。

第三节 信用工具

一、信用工具的概述

(一) 信用工具的定义

信用工具是指以书面形式发行和流通、借以保证债权人或投资人权利的凭证，是资金供应者和需求者之间继续进行资金融通时，用来证明债权的各种合法凭证。信用工具也叫金融工具，它是金融市场上重要的交易对象。

信用工具是随着信用交易方式的演变而逐步形成的。早期的信用交易采用口头协定和账面信用的方式，但其条件并没有正式文件确定，也不能在市场上转让，因此，流通范围有限。随着信用的发展，信用交易方式主要以书面信用为主，它不仅载明支付或偿还条件，还可向他人转让，构成了真正意义上的信用工具。信用工具由五大要素构成，即面值、到期日、期限、利率和利息的支付方式。

(二) 信用工具的类型

1. 按融资的性质划分，可分为直接信用工具和间接信用工具

直接信用工具就是没有信用中介机构参与，借贷双方直接在金融市场进行融资而签发的信用工具。间接信用工具就是借贷双方通过信用中介机构进行融资而签发的信用工具。

2. 按信用的形式划分，可分为商业信用工具、银行信用工具、国家信用工具、证券投资信用工具

商业信用工具主要包括各种商业票据等。银行信用工具包含银行券和银行票据等。国家信用工具主要指国库券等各种政府债券。证券投资信用工具包括债券、股票等。

3. 按期限划分，可分为长期、短期和不定期信用工具

长期与短期的划分没有一个绝对的标准，一般以一年为界，一年以上的为长期，一年以内的为短期。短期信用工具主要是指国库券和各种商业票据（包括汇票、本票及支票等）。长期信用工具通常是指有价证券，主要包括债券和股票。不定期信用工具是指银行券和多数民间借贷凭证。

(三) 信用工具的特征

1. 偿还期

偿还期是指借款人从拿到借款开始，到借款全部偿还清为止所经历的时间。各种金融工具在发行时一般都有不同的偿还期。从长期来说，有 10 年、20 年、50 年。另外，

还有一种永久性债务，这种公债借款人同意以后无限期地支付利息，但始终不偿还本金，这是长期的一个极端。在另一个极端，银行活期存款随时可以兑现，其偿还期实际等于零。

2. 流动性

流动性是指金融资产在转换成货币时，其价值不会蒙受损失的能力。金融工具可以买卖和交易，可以换得货币，具有变现力或流通性。短期内，在不遭受损失的情况下，能够迅速卖出并换回货币的则流动性强；反之，则流动性差。除货币以外，各种金融资产都存在着不同程度的不完全流动性。一般来说，金融工具如果具备以下两个特点，就可能具有较高的流动性：一是发行金融资产的债务人信誉高，在已往的债务偿还中能及时履行其义务。二是债务的期限短。这样它受市场利率的影响就小，变现时所遭受亏损的可能性就小。

3. 收益性

收益性是指金融工具能定期或不定期给持有人带来收益的特性。金融工具收益性的大小是通过收益率来衡量的。信用工具的收益有三种：①固定收益，即投资者按事先规定好的利息率获得的收益，如债券和存单到期时，投资者即可领取约定利息。固定收益在一定程度上就是名义收益，是信用工具票面收益与本金的比例。②即期收益，又叫当期收益，就是按市场价格出卖时所获得的收益，如股票买卖价格之差即为一种即期收益。③实际收益，即名义收益或当期收益扣除因物价变动而引起的货币购买力下降后的真实收益。在现实生活中，实际收益并不真实存在，必须通过再计算。

4. 风险性

风险性是指投资于金融工具的本金是否会遭受损失的风险。任何信用工具都具有风险，只是程度不同。信用工具风险主要可分为两类：一是债务人不履行债务的风险。这种风险的大小主要取决于债务人的信誉以及债务人的社会地位。二是市场的风险，这是金融资产的市场价格随市场利率上升而跌落的风险。当利率上升时，金融证券的市场价格下跌；当利率下跌时，金融证券的市场价格上涨。证券的偿还期越长，其价格受利率变动的影响越大。风险是相对于安全而言的，所以，风险性从另一个角度讲就是安全性。一般来说，本金的安全性与偿还期成反比，即偿还期越长，其风险越大，安全性越小。本金的安全性与流动性成正比，与债务人的信誉也成正比。

二、典型的信用工具介绍

（一）票据

票据是指出票人依法签发的、由自己或指定人无条件支付一定金额给收款人或持票人的有价证券，即某些可以代替现金流通的有价证券。票据的概念有广义和狭义之分。广义的票据泛指各种有价证券和凭证，如债券、股票、提单、国库券和发票等。狭义的票据仅指以支付金钱为目的的有价证券，即出票人根据票据法签发的、由自己或委托他人无条件支付确定金额给收款人或持票人的有价证券。我国《票据法》中规定的"票据"是指狭义上的票据，票据，即汇票、支票及本票的统称。

票据行为是以票据权利和义务的设立及变更为目的的法律行为。票据行为有广义和狭义两种。广义的票据行为是指以发生、变更或消灭票据的权利义务关系为目的的法律行为，包括出票、背书、涂改、禁止背书、付款、保证、承兑、参加承兑、划线和保付等。狭义的票据行为是指票据当事人以负担票据债务为目的的法律行为，包括以下六种：

出票是指出票人依照法定款式作成票据并交付于受款人的行为，包括作成和交付两种行为。作成是出票人按照法定款式制作票据，在票据上记载法定内容并签名。交付是根据出票人本人的意愿将其交给受款人的行为。

背书是指持票人转让票据权利给他人。背书转让是持票人的票据行为，只有持票人才能进行票据的背书。背书是转让票据权利的行为，票据一经背书转让，票据上的权利也随之转让给被背书人。

承兑是指汇票的付款人承诺负担票据债务的行为。承兑为汇票所独有。汇票的发票人和付款人之间是一种委托关系，发票人签发汇票并不等于付款人一定付款，持票人为确定汇票到期时能得到付款，在汇票到期前会向付款人进行承兑提示。

参加承兑是指票据的预备付款人或第三人为了特定票据债务人的利益，代替承兑人进行承兑，以阻止持票人于汇票到期日前行使追索权的一种票据行为。它一般是在汇票得不到承兑、付款人或承兑人死亡或逃亡、付款人或承兑人被宣告破产的情况下发生。

保证是指除票据债务人以外的人为担保票据债务的履行、以负担同一内容的票据债务为目的的一种附属票据行为。保证适用于汇票和本票，不适用于支票。票据保证的目的是担保其他票据债务的履行。

保付是指支票的付款人向持票人承诺负绝对付款责任的一种附属票据行为。保付是支票付款人的一种票据行为。支票一旦经付款人保付，在支票上注明"照付"或"保付"字样，并经签名后，付款人便负绝对付款责任。

票据行为与一般的法律行为相比，具有以下特点：①要式性。要式性是指票据行为是一种严格的书面行为，应当依据《票据法》的规定，在票据上载明法定事项，票据行为人必须在票据上签章，其票据行为才能产生法律效力。②文义性。文义性是指票据行为的内容均依票据上所载的文义而定。这是票据要式性的具体表现。票据文义直接决定票据权利和票据义务的范围和最高限度。③无因性。无因性是指票据行为只要具备法定形式要件，便产生法律效力，即使其基础关系因有缺陷而无效，票据行为的效力仍不受影响。④独立性。独立性是指在同一票据上所作的各种票据行为互不影响，各自独立产生其法律效力。⑤连带性。连带性是指同一票据上的各种票据行为人均对持票人承担连带责任。由于票据行为具有独立性和无因性，这就使持票人的权利实现受到影响，因此，《票据法》规定了连带原则，以保护持票人的票据债权。

1. 汇票

汇票是由出票人签发的、要求付款人在见票时或在一定期限内向收款人或持票人无条件支付一定款项的票据。汇票是一种无条件支付的委托，有三个当事人，即出票人、受票人和收款人。汇票是国际结算中使用最广泛的一种信用工具。

汇票的种类划分：①按出票人不同，汇票可分为商业汇票和银行汇票。银行汇票是签发人为银行、付款人为其他银行的汇票。商业汇票是签发人为商号或者个人，付款人为其他商号、个人或银行的汇票。②按有无附属单据，汇票可分为光票汇票和跟单汇票。光票汇票本身不附带货运单据，银行汇票多为光票。跟单汇票又称信用汇票或押汇汇票，是需要附带提单、仓单、保险单、装箱单和商业发票等单据，才能进行付款的汇票，商业汇票多为跟单汇票。③按付款时间不同，汇票可分为即期汇票和远期汇票。即期汇票指持票人向付款人提示后对方立即付款的汇票，又称见票或即付汇票。远期汇票是在出票一定期限后或特定日期付款的汇票。

由于汇票是由债权人开出的，必须经付款人承认并兑付后才能生效。经过承兑的汇票叫承兑汇票，由企业承兑的称商业承兑汇票，由银行承兑的称银行承兑汇票。只有远期汇票才需承兑，即期汇票无须承兑。商业汇票经持票人背书后，未到期的也可以转让或向银行贴现。

贴现是指远期汇票经承兑后，汇票持有人在汇票尚未到期前在贴现市场上转让或在银行购买未到期票据，受让人扣除贴现息后将票款付给出让人的行为。一般而言，票据贴现可以分为三种，分别是贴现、转贴现和再贴现。贴现的计算公式为：

$$贴现利息 = 票据到期值 \times 贴现利率 \times 贴现期限$$
$$贴现所得额 = 票据到期值 - 贴现利息$$

2. 本票

本票是指出票人自己于到期日无条件支付一定金额给收款人的票据。这种票据只涉及出票人和收款人两方，出票人签发本票并自负付款义务。根据我国《票据法》对本票的定义，银行本票是指出票人签发的、承诺自己在见票时无条件支付确定金额给收款人或者持票人的票据。国外票据法允许企业和个人签发本票，称为一般本票。但在国际贸易中使用的本票均为银行本票。银行本票都是即期的。一般本票可以是即期的，也可以是远期的。

本票具有一切票据所共有的性质。本票是自付证券，它是由出票人自己对收款人支付款项并承担绝对付款责任的票据，这也是本票与汇票和支票最重要的区别。在本票法律关系中，基本当事人只有出票人和收款人，债权债务关系相对简单。本票在很多方面可以适用汇票法律制度。但是由于本票是由出票人本人承担付款责任，无须委托他人付款，所以，本票无须承兑就能保证。

本票的划分方法多种多样，根据签发人的不同，可分为商业本票和银行本票；根据付款时间的不同，可分为即期本票和远期本票；根据有无收款人的记载，可分为记名本票和不记名本票；根据其金额记载方式的不同，可分为定额本票和不定额本票等。

3. 支票

支票是出票人签发的、委托办理支票存款业务的银行或者其他金融机构在见票时无条件支付确定的金额给收款人或持票人的票据。其使用方便，手续简便灵活。

支票是委付证券，但支票的付款人比较特殊，必须是有支票存款业务资格的银行或非银行金融机构。支票的提示付款期限一般为自出票日起十天以内。支票可以背书转让，但用于支取现金的支票不得背书转让。

支票是活期存款的支付凭证。支票按其支付方式分为现金支票和转账支票。前者可用于支取现金，后者只能用来转账。在转账支票上往往划两条红色平行线来表示，故也称为画线支票、平行线支票或横线支票。支票按是否记名可分为记名支票和不记名支票。前者是银行只对票面上指定的人付款；后者是银行可以对支票的任何持有人付款，故又称为来人支票。此外，还有保付支票、旅行支票等。

（二）股票

股票是股份公司为筹集资金而发行给股东作为持股凭证并借以取得股息和红利的一种有价证券。股票是股份公司资本的构成部分，可以转让买卖或作价抵押，是资本市场的主要长期信用工具。股票具有收益性、风险性、流动性、永久性和参与性的特征。股份有限公司的资本划分为股份，每一股股份的金额相等。公司的股份采取股票的形式，每股股票都代表股东对公司拥有一个基本单位的所有权，这种所有权是一种综合权利，如参加股东大会、投票表决、参与公司的重大决策、收取股息红利等。股东与公司之间的关系不是债权债务关系，股东是公司的所有者，以其出资的份额为限对公司负有限责任、承担风险、分享收益。

股票依据不同的标准，有多种分类方法：①记名股票和无记名股票。这主要是根据股票是否记载股东姓名来划分的。记名股票是在股票上记载股东的姓名，如果转让必须经公司办理过户手续。无记名股票是在股票上不记载股东的姓名，如果转让，交付即可生效。②有票面值股票和无票面值股票。这主要是根据股票是否记明每股金额来划分的。有票面值股票是在股票上记载每股的金额。无票面值股票只记明股票和公司的资本总额或每股占公司资本总额的比例。③普通股票和优先股票。这主要是根据股票所代表的权利大小来划分的。普通股票的股息随公司利润的大小而增减。优先股票一般按规定利率优先取得固定股息，但其股东的表决权有所限制，无表决权的股东不能参与公司决策。

目前，股份有限公司已经成为最基本的企业组织形式之一，股票已经成为企业筹资的重要渠道和方式，也是投资者投资的基本选择方式。股票筹资的方式和股票市场的调节机制，对国家的经济发展具有积极的推动作用。股票市场与债券市场是证券市场的重要基本内容。

我国上市公司的股票有A股、B股、H股、N股、S股等。这一区分主要依据股票的上市地点和所面对的投资者而定。A股又称人民币普通股票，是指那些在中国大陆注册、在中国大陆上市的普通股票，以人民币认购和交易。B股又称人民币特种股票，是指那些在中国大陆注册、在中国大陆上市的特种股票，以人民币标明面值，只能以外币认购和交易。H股又称国企股，是指国有企业在香港上市的股票，也就是指那些在中国大陆注册、在香港上市的外资股。S股是指那些主要生产或者经营等核心业务在中国大陆，而企业的注册地在新加坡或者其他国家和地区，但是在新加坡交易所上市挂牌的企业股票。N股是指那些在中国大陆注册、在纽约上市的外资股。

(三) 债券

债券是政府、金融机构和工商企业等直接向社会筹借资金时，向投资者发行，同时承诺按一定利率支付利息并按约定条件偿还本金的债权债务凭证。债券一般可分为政府债券、企业债券和金融债券。政府债券主要包括国家公债和国库券。企业债券包括中央及地方企业债券、住宅建设债券、投资公司债券等。金融债券主要有银行金融债券、政策性金融债券和信托受益债券。债券虽有不同的种类，但基本要素是相同的，主要包括债券面值、债券价格、债券还本期限与方式和债券利率四个要素。

债券的本质是债的证明书，具有法律效力。债券购买者或投资者与发行者之间是一种债权债务关系，债券发行人即债务人，投资者即债权人。债券属于有价证券。由于债券的利息通常是事先确定的，所以，债券属于固定利息证券的一种。在金融市场发达的国家和地区，债券可以上市流通。债券也是一种虚拟资本。债券有面值，代表了一定的财产价值，但它只是一种虚拟资本，而非真实资本。债券是实际运用的真实资本的证书，在债权债务关系建立时所投入的资金已被债务人占用。债券的流动并不意味着它所代表的实际资本也同样流动，债券独立于实际资本之外。债券作为一种重要的信用工具和融资手段，具有偿还性、流通性、安全性和收益性的特征。

(四) 信用证

信用证是指开证银行应申请人的要求按其指示向受益人开立的载有一定金额、在一定期限内凭符合规定的单据付款的书面保证文件。信用证按其是否跟随单据，分为光票信用证和跟单信用证两大类。信用证是国际贸易中最主要、最常用的支付方式。

信用证的结算方式具有三个特点：①信用证是银行的担保文件，开证行负第一付款责任，是一种银行信用。②信用证是独立文件，不依附于贸易合同。银行在审单时强调的是信用证与基础贸易相分离的书面形式上的认证。③信用证业务只是处理单据，凭单付款，不以货物为准。只要单据相符，开证行就应无条件付款。

银行信用证的作用包括三个方面：一是担保付款的作用。信用证把支付方式由进口商履行支付责任的商业信用，转换为由银行履行付款责任的银行信用，保证出口商安全迅速地收到货款，进口商按时收到单据。二是融资作用。如果卖方在信用证到期前急需用款，可以将该信用证质押，从第三人处或者银行取得贷款，买方也可以申请银行垫款。信用证在一定程度上解决了买卖双方之间互不信任的矛盾，同时也为买卖双方提供了资金融通的便利。三是便利作用。信用证除了有担保付款、融资服务的作用之外，还能为买卖双方提供一定的贸易便利，如双方的资信调查、担保登记或质押办理、付款的安排等都被信用证简化了。

(五) 信用卡

信用卡又称贷记卡，是由商业银行或信用卡公司对信用合格的消费者发行的信用证明。其形式是一张正面印有发卡银行名称、有效期、号码及持卡人姓名等内容，背面有磁条和签名条的卡片。持有信用卡的消费者可以到特约商业服务部门购物或消费，再由银行同商户和持卡人进行结算，持卡人可以在规定额度内透支。信用卡消费是一种非现金交易付款的方式，消费时无须支付现金，待账单日时再进行还款。

信用卡是当今发展较快的一项金融业务之一，它是一种可在一定范围内替代传统现金流通的电子货币，信用卡同时具有支付和信贷两种功能，持卡人可用其购买商品或享受服务，还可通过使用信用卡从发卡机构获得一定的贷款。信用卡能提供结算服务，减少现金货币的使用，方便购物消费，增强安全感。信用卡是集金融业务与电脑技术于一体的高科技产物。

三、金融衍生工具

(一) 金融衍生工具的定义

金融衍生工具是在货币、债券和股票等传统金融工具的基础上衍化和派生的，以杠杆和信用交易为特征的金融工具。金融衍生工具是与金融相关的派生物，通常是指从原生资产派生出来的金融工具。其共同特征是保证金交易，即只要支付一定比例的保证金就可进行全额交易，不需要实际上的本金转移，合约的了结一般也采用现金差价结算的方式进行，只有在满期日以实物交割的方式履约的合约才需要买方交足贷款。金融衍生工具的产生和发展是金融创新的重要组成部分，自20世纪70年代以来，金融工具的衍生和发展为整个资本配置市场注入了活力。

(二) 金融衍生工具的特点

1. 杠杆性

金融衍生工具交易一般只需要支付少量的保证金或权利金就可签订远期大额合约或互换不同的金融工具。

2. 跨期性

金融衍生工具是交易双方通过对利率、汇率和股价等因素的变动趋势的预测，约定在未来某一时间按照一定的条件进行交易或者选择是否交易的合约，跨期交易特点突出。

3. 联动性

金融衍生工具的价值与基础产品或基础变量联系紧密。金融衍生工具与基础变量相联系的支付特征由衍生工具合约规定，其联动关系既可以是简单的线性关系，又可以表达为非线性函数或者分段函数。

4. 高风险性

金融衍生工具的交易后果取决于交易者对基础工具未来价格的预测和判断的准确度。基础工具价格的变幻莫测决定了金融衍生工具交易盈亏的不稳定性。

金融衍生工具从设计初衷和原理上看是一种避险工具，但在实践中，金融衍生工具因其价值衍生性、交易杠杆性和形式虚拟性等特点而具有高风险性。如果操作失误，就可能形成巨大的经济损失。金融衍生工具犹如一把双刃剑，既有避险功能，又蕴含着巨大的风险，能对国际金融体系的安全和稳定产生严重的冲击。如何认识金融衍生工具的风险并有效地进行监管，既利用它规避风险和财务杠杆的作用，又有效控制风险，是金融领域研究的重要课题。

(三) 常见的金融衍生工具

1. 金融远期

金融远期是指合约双方同意在未来日期内按照固定的价格交接金融资产的合约。金融远期合约规定了将来交换的资产、价格、日期和数量。金融远期合约主要有远期利率协议、远期股票合约和远期外汇合约。

2. 金融期货

金融期货是指买卖双方在交易所内以公开竞价的形式达成的，在将来某一特定时间交割标准数量特定金融工具的合同。期货交易的最大特点是期货合约是一种标准化、可转让的延期交割合同。金融期货主要包括利率期货、外汇期货和股票指数期货。

3. 金融期权

金融期权是指合约双方按照约定的价格，在约定的期限内就是否买卖某种金融产品达成的契约，包括现货期权和期货期权。

4. 金融互换

金融互换是指两个或两个以上的当事人按照共同商定的条件，在约定期限内交换一定支付款项的金融交易，主要有货币互换和利率互换两类。

本章小结

信用是指以偿还本金和支付利息为条件的暂时让渡商品或货币的借贷行为。信用本质上是以还本和付息为基本特征的借贷行为，是商品经济发展到一定阶段的产物。按照不同的标准，信用可划分为多种形式，其中，商业信用和银行信用是最基本的信用形式。信用工具又称金融工具，是资金供应者和需求者之间以书面形式发行和流通，借以保证债权人和债务人权利义务关系的具有法律效力的凭证。信用工具存在多种形式，具有收益性、风险性和流动性等特征。信用促进了商品经济的发展。

本章习题

1. 信用是怎样产生和发展起来的，信用的基本特征是什么？
2. 简述信用的经济职能。
3. 简述商业信用的特点和作用，其局限性有哪些？
4. 信用工具的基本特征是什么？
5. 试从我国企业融资难的角度论述信用形式多样化的重要性。

第三章
利息与利率

【学习目标】

通过学习利息与利率的基础知识，充分掌握与利息和利率相关的基本概念。熟悉利率体系及分类，理解各种利率决定理论。

【学习要求】

了解：利息的本质；利率体系；利率的功能与作用。
掌握：利率的分类；利息的计算方法；利率决定理论。

利息和利率是与信用相伴而生的一对概念。利率与许多经济变量息息相关，广泛地影响着人们的经济决策与经济行为。同时，利率作为一种经济杠杆，在资源配置上发挥着重要的调节作用，能够实现一国政府对宏观和微观经济的调节。

第一节 利息及其计算

一、利息的本质

利息是在信用关系中债务人支付给债权人的（或债权人向债务人索取的）报酬。利息是借贷资本的增值额，只要信用关系存在，利息就必然存在。在一定意义上，利息还是信用存在和发展的必要条件。

（一）西方学者对利息本质的看法

关于利息的本质问题，西方经济学家有多种看法。例如，威廉·配第提出了使用权报酬说，他认为，既然出租土地能够收取地租，那么，出租货币也应收取货币出租金，即利息。利息是因为暂时放弃货币的使用权而获得的报酬。亚当·斯密提出了双重来源说，他认为，利息不仅是使用货币的报酬，还是使用货币所获利润的一部分，而且代表了剩余价值，始终是从利润中派生出来的。庞巴雄克提出了时差论，他把利息看成是人们在不同时期对商品的不同评价所产生的价值差异。他将剩余价值的各种形态都称为利息，并认为一切利息都来自不同时期因人们对商品的评价不同而产生的价值差异，即价值时差。西尼尔提出了节欲论，西尼尔把利息看成是货币所有者为积累资本放弃当前消费而节欲的报酬。他认为，商品价值是由生产成本决定的，而生产成本由生产所必需的劳动和资本构成。劳动是工人放弃自己的安乐和休息所做的牺牲，用工资作为报酬；而资本是资本家节制消费所做的牺牲，利润是节制的报酬。由于资本来自储蓄，要进行储蓄就必须节制当前的消费和享受，利息就来源于对未来享受的等待，是对为积累资本而牺牲现在享受的消费者的一种报酬。马歇尔提出了等待说，剑桥学派创始人马歇尔认为，绝大多数人喜欢现在的满足，而不喜欢延期的满足，或者说，他们不愿意等待，因此，资本的供给是由人们的延期消费或等待（即储蓄）决定的，而利息则是对人们延期消费或等待的一种报酬。费雪提出了人性不耐说（时间偏好说），他认为，利息是对人性不耐的报酬。人性不耐，即人们一般都有对现在财货优于将来财货的边际偏好。这种偏好也叫时间偏好。在费雪看来，人们总有一种宁愿现在获得财富而不愿将来获得财富的不耐心情，也就是说，人们对现在财货的主观评价高于对将来财货的主观评价。因此，利息便是人们牺牲现在财货以换取将来财货而得到的补偿。凯恩斯提出了流动性偏好说，他认为，所谓利息，乃是在一特定时期内，放弃周转灵活性之报酬，即人们放弃流动性的报酬。在他看来，只有将自己所持货币转借于他人，人们才是真正放弃了货币的流动性。他认为，利息并非储蓄本身或等待本身的报酬，而是对人们放弃货币流动性的补偿。

(二) 马克思对利息本质的科学论述

马克思在科学地考察了货币借贷过程及其结果后指出，利息是使用借贷资金的报酬，是货币资金所有者凭借对货币资金的所有权向这部分资金使用者索取的报酬。马克思的利息理论主要可以概括为以下几点：

1. 利息是剩余价值的转化形式

马克思从利息的来源考察，认为利息是剩余价值的转化形式，利润和剩余价值实质上是同一物。所不同的是，剩余价值是相对于可变资本而言的，而利润则是相对于全部预付资本而言的。剩余价值是利润的本质，利润则是剩余价值的表现形式。利息对利润的分割也就是对剩余价值的分割。很明显，这里体现出了一种剥削关系。

把利息的性质确认为剩余价值的转化形式具有重要的意义。它肯定了利息的来源是劳动者创造的价值，明确了利息与利润之间的量的关系，即利润是利息的最高界限，揭示出了资本家与劳动者的对立关系。

2. 资本所有权与资本使用权的分离是利息产生的经济基础

借贷资本法律上的所有权与经济上的所有权相分离，反映了货币资本家与职能资本家的对立。马克思认为，利息是与借贷资本相联系的一个范畴，借贷资本是一种所有权与使用权相分离的货币资本，货币资本家拥有借贷资本法律上的所有权，贷出的只是借贷资本的使用权，但借贷资本一经贷出，就被职能资本家占有，职能资本家实际上拥有借贷资本经济上的所有权。在这种经济关系下，作为贷者的货币资本家不能不要求补偿，因为他让渡出去的是借贷资本而不是单纯的货币；同时，作为借者的职能资本家也能够予以补偿，因为他得到的是借贷资本而不是单纯的货币。所以，收付利息是协调货币资本家和职能资本家之间对立关系的不可缺少的条件。

3. 利息是借贷资本的"价格"

马克思指出，如果价格表示商品的价值，那么，利息表示货币资本的增殖，因而表现为一个为货币资本而支付给贷款人的价格。生息资本虽然是和商品绝对不同的范畴，但却变成特种商品，因而利息就变成了它的价格。马克思还指出，生息资本的借贷是特殊商品的买卖，生息资本的借者支付给贷者的是本金和利息，因而，把利息称作借贷资本的价格是不合理的，它违背了价格是商品价值的货币表现的规定。

二、利息的计算

（一）利息率

利息率简称利率，是以百分比表示的借款成本（或贷款的收益），即在一定时期内（如一年、一个月）所获得的利息额和所贷金额之比，即利息额与本金的比率。

用公式表示为：

$$i = I/P \times 100\%$$

式中，i 为利率；I 为一定时期的利息；P 为贷出的资本量，即本金。例如，贷放的资本量为 10000 元，一年的利息收入为 600 元，则年利率为 $600/10000 \times 100\% = 6\%$。

（二）利息的计算

利息有两种基本计算方法：单利计算法与复利计算法。

1. 单利计算法

单利计算法就是不管贷款期限的长短，仅按本金计算利息，当期本金所产生的利息不计入下期本金重复计算利息。因此，单利计算的特点是对利息不再付息。

其计算公式是：

$$I = P \times r \times n$$
$$S = P \times (1 + r \times n)$$

式中，I 为利息额，P 为本金，r 为利息率，n 为借贷期限，S 为本金和利息之和（简称本利和）。例如，一笔为期 5 年、年利率为 6% 的 10 万元贷款，利息总额为 $100000 \times 6\% \times 5 = 30000$（元），本利和为 $100000(1+6\% \times 5) = 130000$（元）。

2. 复利计算法

复利计算法是在贷款额一定的情况下，在整个贷款期限内每隔一定时期（通常为一年、半年、三个月、一个月）计算一次利息，并将此利息转入本金，以后一并计算利息。由于利息逐期流入本金，所以贷款额实际在逐期增大。

在已知贷款额、贷款利率和贷款期限的条件下，按复利计算法进行计算：

本利和 S 的公式为：

$$S = P(1 + r)^n$$

利息额 I 的公式为：

$$I = S - P = P(1 + r)^n - P = P[(1 + r)^n - 1]$$

在运用复利计算法进行计算时，利息转换时间的长短具有重要意义。利息转换期限的间隔越长，则本利和及利息额相对越小，借款人的利息负担相对越轻；利息转换期限的间隔越短，则本利和及利息额相对越大，借款人的利息负担相对越重。

例如，一笔贷款为 10000 元，贷款利率为 8%，期限为 5 年，按复利计息，每年计息一次，则：

$$S = 10000 \times (1 + 8\%)^5 = 14693 \text{ 元}$$
$$I = 14693 - 10000 = 4693 \text{ 元}$$

复利和单利相比，本利和与利息额均相对较大，借款人的利息负担较重，贷款人的利息收入较高。但复利更能体现价值增值规律，能促进和加快投资效益的实现，节约资金的使用。

第二节 利率体系及分类

一、利率体系

利率体系是指一个经济运行机体中存在的各种利率是由各种内在因素联结成的有机体，主要包括利率结构和各种利率间的传导机制。由于各国的经济体制和经济条件不同，利率体系也各有特色。利率体系是指一个国家在一定时期内各种利率按一定规则构成的复杂系统。在一个经济体系中，任何时候都不会只存在一种利率，而是存在多种利率，并且这些利率的相互作用对一般利率水平的影响极大。

一般来说，利率体系主要包括以下几个方面的内容：

（一）中央银行再贴现率与商业银行存贷利率

中央银行利率对商业银行利率和市场利率具有调节作用，特别是中央银行的再贴现（或再贷款）利率，是中央银行重要的货币政策工具，在整个利率体系中起主导作用，因而称为基准利率。依据不同的分类标准，利率有多种划分方法。中央银行再贴现率是中央银行对商业银行和其他金融机构短期融通资金的基准利率。它是中央银行对商业银行的贴现票据进行再贴现时所使用的利率，其水平由中央银行决定。它在利率体系中占有重要的中心地位，发挥着核心和主导作用，反映了全社会的一般利率水平，体现了一个国家在一定时期内的经济政策目标和货币政策方向。

商业银行利率，又称市场利率，是商业银行及其他存款机构吸收存款和发放贷款时所使用的利率。它在利率体系中发挥基础性作用，一方面反映货币市场上的资金供求状况；另一方面对资金的融通和流向起导向作用。它一般分为存款利率（或负债利率）与贷款利率。为了避免银行和其他存款机构在吸收存款时出现恶性竞争，几乎所有的市场经济国家都对银行存款利率做出了明确的规定和限制，但对贷款利率一般限制较少。

（二）一级市场利率与二级市场利率

利率作为借贷资金的价格或成本，可视为金融投资所获得的回报，所以，经济学中利率与收益率一般可以通用。

一级市场利率是指债券发行时的收益率或利率，它是衡量债券收益的基础，同时也是计算债券发行价格的依据。

二级市场利率是指债券流通转让时的收益率，它真实反映了市场中金融资产的损益状况。一般来说，二级市场的高收益率，会使债券需求增加，从而使发行利率降低；反之，会使发行利率提高。

（三）拆借利率与国债利率

拆借利率是银行及金融机构之间的短期资金借贷利率，主要用于弥补临时头寸不足，通常是隔夜拆借，期限一般不超过半年。拆借利率由拆借市场的资金供求关系决定，它能比较灵敏地反映资金供求的变化情况，是短期金融市场中具有代表性的利率，其他短期借贷利率通常是比照同业拆借利率加一定的幅度来确定的。

国债利率通常是指一年期以上的政府债券利率，它是长期金融市场中具有代表性的利率。国债的安全性、流动性较高，收益性较好，所以，国债的利率水平通常较低，是长期金融市场中的基础利率，其他利率参考它来确定。

二、利率的分类

利率是一个庞大的体系，按照不同标准可划分为不同类型的利率。

（一）年利率、月利率和日利率

按照计算利息的时间不同，可将利率分为年利率、月利率和日利率。在中国，利率通常用厘来表示。因此，年利率又称年息几厘，一般用本金的百分比来表示；月利率又称月息几厘，一般用本金的千分比来表示；日利率又称日息几厘，一般用本金的万分比来表示。此外，还可以用"分"作为利率单位。由于分是厘的10倍，所以，如果是年息5分，则表示年利率为50%；如果是月息5分，则表示月利率为5%。年利率与月利率及日利率之间的换算公式为：

$$年利率 = 月利率 \times 12 = 日利率 \times 360$$

（二）实际利率和名义利率

在通货膨胀的情况下，要对利率状况进行具体分析，有时利率看起来很高，但实际却很低，甚至是负利率，这样就有了实际利率和名义利率之分。

实际利率指在物价不变、货币购买力不变条件下的利率，在通货膨胀的情况下，是剔除通货膨胀因素后的利率；而名义利率是没有剔除通货膨胀因素的利率，报刊公布的利率和银行公布的利率都是名义利率。实际利率是将名义利率和通货膨胀率加以对比后求得的。其计算公式为：

假设名义利率为 R，实际利率为 r，通货膨胀率为 i，则实际利率的计算公式为：

$$R = (1 + r)/(1 + i) \times 100\% - 1$$

上式整理后得：

$$R = r + i + (r \times i)$$

如果通货膨胀只是温和性的，则（r×i）是一个很小的值，小到可以忽略不计。于是，可以得到实际利率的近似计算公式：

$$r = R - i$$

由此可见，名义利率不应低于通货膨胀率，否则，实际利率为负值，会有损债权人的利益。名义利率和实际利率只是通货膨胀下的利率现象，它是和货币贬值、货币实际购买力下降联系在一起的。在通货膨胀时，虽然名义上提高了利率，但从实际购买力考察，利率并没有增加，或没有名义上增加的那么多。所以，只有扣除通货膨胀率后，才能得知有无实际利益可得和所得多少。

(三) 市场利率和官方利率

按利率的决定主体不同，可将利率划分为市场利率和官方利率。

市场利率是指由资金供求关系和风险收益等因素决定的利率。市场利率是利率的市场化。它是以市场资金供求为基础而生成的利率。市场利率的决定和波动，不受政府的直接行政管制。一般来说，当资金供给大于需求时，市场利率会下降；当资金供给小于需求时，市场利率会上升。并且，当资金的收益较高，资金运用的风险较大时，市场利率会上升；反之亦然。因此，市场利率能够较真实地反映市场资金的供求与运用状况。在不同的国家和地区，利率的生成机制是不一样的，这主要取决于该国或地区经济与金融的发达程度，即市场机制的完善和健全程度。市场利率主要适合于经济发达、金融市场完善、法制健全的国家或地区；而经济相对欠发达的国家或地区，由于金融市场发展滞后、法制不完善，利率尚缺乏市场化的基本条件，其生成不能交由市场，只能采用官定利率。

官方利率是由货币管理当局根据宏观经济运行的状况和国际收支状况及其他状况来决定的利率，它可作为调节宏观经济的手段。官方利率往往在利率体系中发挥主导性作用，因而被称为基准利率。官方利率不因市场资金供求的变动而变动，它是由中央银行或中央政府指定的金融管理部门出于政策上的考虑而制定的，该利率一经确定，所有单位或个人都必须遵从。这种利率的生成机制带有极强的行政性色彩。

(四) 固定利率和浮动利率

根据借贷期内利率是否调整，可将其分为固定利率和浮动利率。

固定利率是指在贷款期内利率保持不变，这是传统的计息方式，有利于保持经济稳定及计算的准确和方便。但在通货膨胀普遍存在且日益严重的情况下，这容易造成债权人的损失。因此，近几十年来，越来越多的借贷开始采取浮动利率方式。

浮动利率是指在借贷关系存续期内，利率水平随市场变化而定期变动的利率。浮动利率水平变动的依据和变动的时间长短都由借贷双方在建立借贷关系时议定。在国际金融市场上，多数浮动利率都以 LIBOR（伦敦银行间同业拆借利率）为参照指标来规定其上下浮动的幅度。这种浮动幅度是按若干个基点来计算的，通常每隔三个月或六个月调整一次。对借贷双方来说，浮动利率的计算成本要高一些，收益难度要大一些，并且对借贷双方利率管理的技术要求也比较高。但是，实行浮动利率的借贷双方所承担的利率风险比较小。浮动利率适合于市场变动较大且借贷期限较长的融资活动。

（五）长期利率和短期利率

按借贷期限的长短，可将利率分为长期利率与短期利率，通常以一年为标准。借贷期限满一年的利率为长期利率，不满一年的则为短期利率。长期又有各种不同的期限，因此，利率又有差别。一般来说，长期利率高于短期利率，有的短期信用如企业活期存款，期限越长利率越高。由于种类、优惠条件等不同，有些期限长的贷款利率比期限相对较短的贷款利率低。

第三节　利率决定理论

利率理论有着十分悠久的历史。在西方经济学界，利率理论是一个完整的理论体系，它包括利率决定理论、利率结构理论、利率作用理论及利率政策理论等。其中，利率决定理论是最主要的利率理论，它主要研究利率水平的决定与变动。利率决定理论大致可分为三种基本类型：实物利率理论、货币利率理论和一般均衡利率理论。

一、利率决定理论

（一）马克思的利率决定理论

马克思的利率决定理论从利息的来源和实质的角度，考虑了制度因素在利率决定中的作用，其理论核心是利率是由平均利润率决定的。马克思认为，在资本主义制度下，利息是利润的一部分，是剩余价值的一种转换形式。利息的独立化对资金使用者在再生产过程中所起的能动作用有积极意义。马克思进一步指出，在平均利润率与零之间，利息率的高低取决于两个因素：一是利润率；二是总利润在贷款人和借款人之间进行分配的比例。这一比例主要取决于借贷双方的供求关系及其竞争状况，一般来说，供大于求时利率下降；供不应求时利率上升。此外，法律、习惯等也有较大作用。马克思的理论对于说明社会化大生产条件下的利率决定问题具有指导意义。

(二) 经济学派的利率决定理论

在 19 世纪八九十年代，奥地利经济学家庞巴维克、英国经济学家马歇尔、瑞典经济学家维克塞尔和美国经济学家费雪等对支配和影响资本供给与需求的因素进行了深入的探讨，提出资本的供给来源于储蓄，资本的需求来源于投资，从而建立了储蓄与投资决定利率的理论。由于这些理论严格遵循着古典经济学重视实物因素的传统，强调非货币的实际因素在利率决定中的作用，因此，被西方经济学者称为古典利率决定理论，也被后人称为实际利率理论。

古典利率决定理论认为，利率取决于储蓄与投资的均衡点。投资是利率的递减函数，即利率提高，投资额下降；利率降低，投资额上升。储蓄是利率的递增函数，即储蓄额与利率呈正相关关系。利率由储蓄曲线 S 和投资曲线 I 共同决定（见图 3-1）。

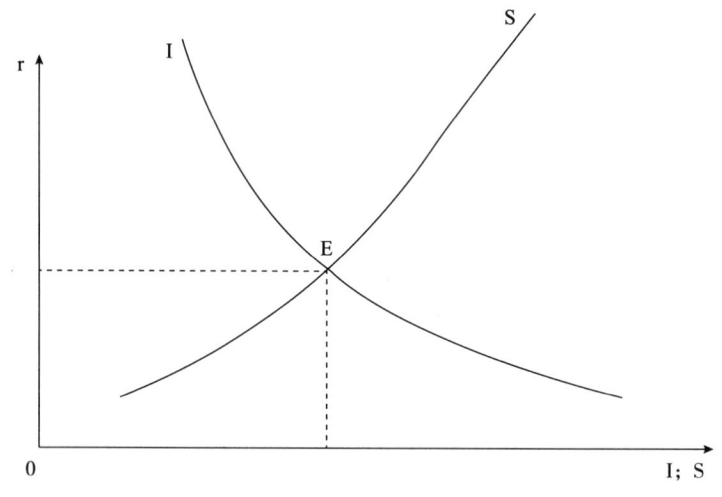

图 3-1　古典利率理论图示

(三) 凯恩斯学派的流动性偏好利率决定理论

凯恩斯指出，利率是一种价格，而且这种价格是由货币数量（即货币供给）与流动性偏好（即货币需求）两方面因素决定的。凯恩斯的货币供求论认为，决定利率的是货币因素，而非实际因素。货币供应是由中央银行决定的外生变量，货币需求取决于人们的流动性偏好，是一个内生变量，其变化主要取决于人们持有货币的三种动机。当人们的流动性偏好增强，则倾向于增加货币的持有数量，因此，利率是由货币需求和货币供给共同决定的。

凯恩斯认为，人们持有现金从而满足其交易和谨慎货币需求的量与利率无关，与收入正相关。用 L_1 代表交易和谨慎货币需求，y 代表总收入，则：

$$L_1 = L_1(y)$$

满足投机需要的投机性货币需求是利率的递减函数，与收入无关。用 L_2 代表投机性货币需求，r 代表利率，则：

$$L_2 = L_2(r)$$

因此，货币总需求 $L = L_1 + L_2 = L_1(y) + L_2(r)$。

货币供给量为 M_d，其中，M_{s1} 满足 L_1，M_{s2} 满足 L_2。利率取决于货币的供求关系，是人们保持货币的欲望与现有货币数量间的均衡价格。即：

$$M_d = M_{s1} + M_{s2} = L_1(y) + L_2(r)$$

这样，利率就由流动性偏好与货币供给共同决定。

设 L 与 M 分别表示货币总需求和货币总供给。由于货币供给是外生变量，因此，货币供给曲线是一条垂直于横轴的直线。它在与货币需求曲线的交点处生成的利率，即为均衡利率（见图3-2）。在货币需求一定时，当货币供给由 M_{s1} 增加到 M_{s3} 时，利率就由 r_e 下降到 r_0。当货币供给从 M_{s2} 增加至 M_{s3} 时，利率不再继续下降。因为这时，人们普遍都预期利率将上升，债券行市下跌，所有人都希望持有货币而不是债券。在这种极端情况下，投机动机的货币需求将趋于无穷大，若中央银行继续增加货币供给，人们无穷大的投机动机将如数吸收它，从而使利率不再下降，这种现象被称为"流动性陷阱"。

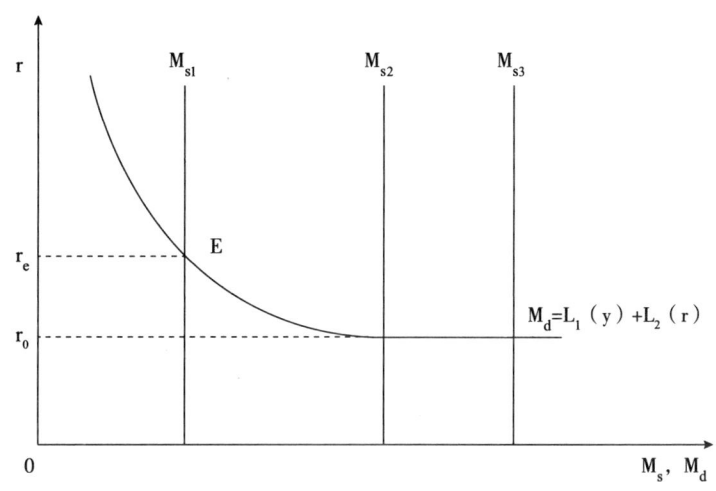

图 3-2　凯恩斯流动性偏好理论图示

（四）新古典学派的可贷资金利率决定理论

可贷资金利率理论是新古典学派的利率理论，是为修正凯恩斯的流动性偏好利率理论而提出的。新古典学派的利率理论，也被称为借贷资金学说，于1939年由新古典利率理论的首倡者、剑桥学派的代表人物罗伯逊（D. H. Robertson）提出，他认为，利率是由可贷资金的供给与需求决定的。后来，由其他经济学家完善与发展，最后，由勒纳（A. P. Lerner）进一步公式化。

可贷资金理论综合了前两种利率决定理论，认为利率是由可贷资金的供求决定的，供给包括总储蓄和银行新增的货币量，需求包括总投资和新增的货币需求量，利率的决定取决于商品市场和货币市场的共同均衡。

现代利率理论将可贷资金的总供给与总需求归纳为两个构成要素。其中，可贷资金总供给（LF_s）取决于储蓄（S）和银行新创造的货币（ΔM）；而可贷资金总需求（LF_d）则取决于投资（I）和货币的净窖藏（ΔH）。由此得到：

$$LF_s = S + \Delta M$$
$$LF_d = I + \Delta H$$

式中，储蓄和投资是古典利率理论中决定利率的两个因素，两者显然是商品市场因素。可贷资金理论新补充的只是两个货币因素，而且是两个增量。

由于较高的利率会吸引更多的可贷资金供给，较低的利率将减少可贷资金的供给，因此，可贷资金总供给与利率同方向变动。同样，由于投资需求的强弱程度与利率高低呈负相关，窖藏需求与利率高低反方向变动，可贷资金总需求与利率反方向变动。

根据可贷资金理论，利率就是由可贷资金的总供给与总需求的均衡点决定的。可贷资金的总供给与总需求的均衡取决于商品市场和货币市场的均衡，而商品市场均衡的决定因素是 I 和 S，货币市场均衡的决定因素是 ΔM 和 ΔH，因此，两市场同时均衡是很不容易的。在图 3-3 中，I 与 S、ΔM 和 ΔH 的交点往往不在一条线上，两者之间经常存在差额，但在两者的差额间总可以找到一个点，使两者的差额恰好相等，这个点就是使可贷资金总供给与总需求相等的均衡点 E，此点决定的利率是可贷资金供求均衡状态下的市场利率。这一利率有两个特点：其一，市场利率仅表示可贷资金的供求平衡，不一定表示 I=S 或 $\Delta M = \Delta H$；其二，市场利率与自然利率经常是不一致的，但通过对商品市场与货币市场的调节能使自然利率接近或等于市场利率。

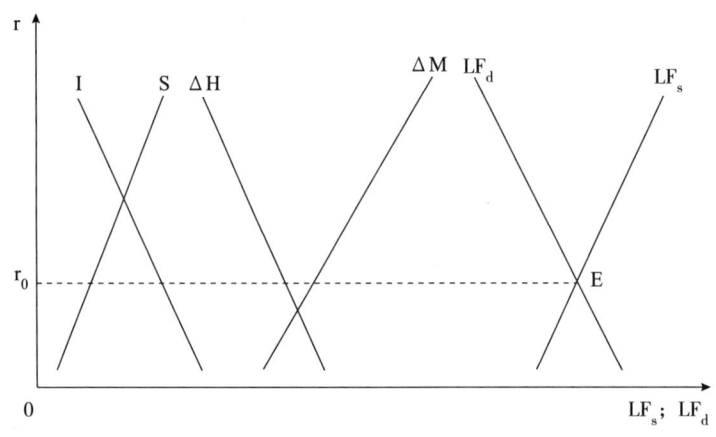

图 3-3 可贷资金理论图示

（五）IS-LM 框架下的利率决定理论

英国著名经济学家希克斯等认为，以上理论没有考虑收入的因素，因而无法确定利率水平，于是，1937 年提出了基于一般均衡理论的 IS-LM 模型。从而建立了一种由储蓄和投资、货币供应和货币需求这四个因素相互作用下的利率与收入同时决定的理论。

根据此模型，利率的决定取决于储蓄供给、投资需要、货币供给和货币需求四个因素，导致储蓄投资、货币供求变动的因素都将影响到利率水平。这种理论的特点是一般均衡分析。该理论在比较严密的理论框架下，把古典理论的商品市场均衡和凯恩斯理论的货币市场均衡有机地统一在一起。该模型的理论基础有以下几点：

第一，整个社会经济活动可分为两个市场，商品市场和货币市场。在商品市场中，要研究的主要对象是投资 I 和储蓄 S；在货币市场中，要研究的主要对象是货币需求量 L 和货币供给量 M。

第二，商品市场均衡的条件是投资＝储蓄，即 I＝S，货币市场均衡的条件是货币需求＝货币供给，即 L＝M，整个社会的经济均衡必须在商品市场和货币市场同时达到均衡时才能实现。

第三，投资是利率 i 的反函数，即 I（i）；储蓄是收入 y 的增函数，即 S（y）。货币需求可按不同的需求动机分为 L_1 和 L_2 两个组成部分，其中，L_1 是满足交易与谨慎动机的货币需求，是收入的增函数，即 L_1（y）；而 L_2 是满足投机动机的货币需求，它是利率的反函数，即 L_2（i），货币需求 L＝L_1＋L_2。货币供给 M 在一定时期由货币当局确定，因而，是经济的外生变量。

根据以上条件，必须在商品市场找出 I 和 S 相等的均衡点的轨迹，即 IS 曲线；在货币市场找到 L 和 M 相等的均衡点的轨迹，即 LM 曲线。然后，由这两条曲线所代表的两个领域同时达到均衡的点来决定利率和收入水平，即 IS-LM 模型。

其中，IS 曲线是商品市场均衡时利率与收入组合点的轨迹，I＝S 是产品市场均衡的条件。IS 曲线向右下方倾斜，其斜率取决于两条曲线 S（y）与 I（r）的位置，即储蓄的收入弹性和投资的利率弹性。

LM 曲线是在货币市场均衡时反映利率与收入的组合点的轨迹。L＝M 是货币市场均衡的条件。LM 是一条向右上方倾斜的曲线。之所以向右上方倾斜，是因为在货币供给 M 一定的条件下，当收入增加时，L_1 将增加，于是 L_2 必将减少，由于利率 r 与 L_2 是递减函数关系，因此，r 将上升。

市场均衡利率是在商品市场与货币市场同时达到均衡时决定的，即由 IS 曲线与 LM 曲线的相交点 E 决定。

IS 曲线和 LM 曲线的交点代表产品市场和货币市场同时达到均衡时利率与收入的组合点，即那些不在 IS 曲线和 LM 曲线上的利率与收入的组合点，表明产品市场和货币市场都处于一种非均衡的状态。从图中可以看出，IS 曲线和 LM 曲线将整个坐标平面划分为四个区域，依次标记为 1、2、3、4 四个序号。这四个区域内的点都是非均衡的点。

区域 1、4 位于 IS 曲线的右上方，表示在产品市场上存在着产品的过度供给。区域 2、3 位于 IS 曲线的左下方，表示在产品市场上存在着产品的过度需求。

区域 1、2 位于 LM 曲线的左上方，表示在货币市场上存在着货币的过度供给，区域 3、4 位于 LM 曲线的右上方，表示在货币市场上存在着货币的过度需求。

在 1、2、3、4 四个区域存在着产品市场与货币市场失衡的不同组合。在区域 1，产品供给大于产品需求，货币供给大于货币需求；在区域 2，产品供给小于产品需求，货币供给大于货币需求；在区域 3，产品供给小于产品需求，货币供给小于货币需求；在区域 4，产品供给大于产品需求，货币供给小于货币需求。

经济失衡是一种不稳定的状态，只要 IS 曲线和 LM 曲线不移动，市场力量最终会使经济从失衡状态调整到均衡状态。产品市场的失衡会导致国民收入的变动，货币市场的失衡会导致利率的变动。在产品市场与货币市场的相互作用下，国民收入和利率会进行不断的调整，最终，国民收入和利率都将达到均衡水平，经济也会实现均衡，下面将说明经济由失衡状态达到均衡状态的调整过程（见图3-4）。

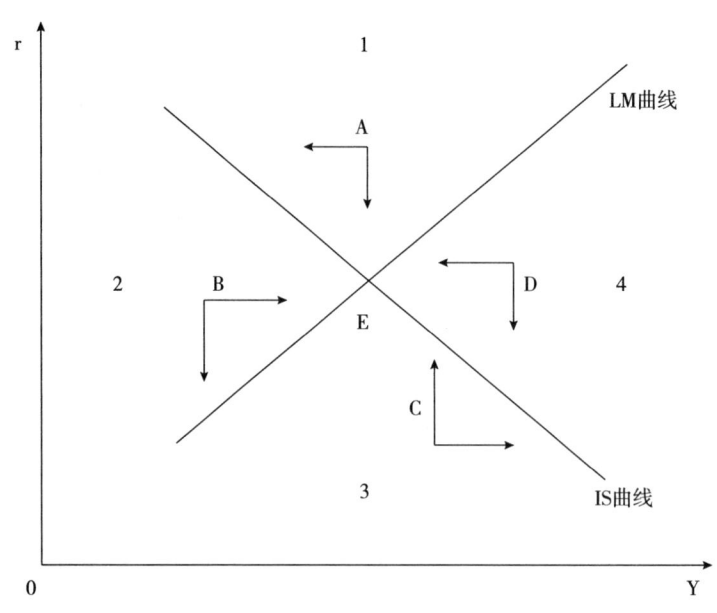

图3-4　IS-LM曲线利率决定理论图示

假定经济社会处于区域1中的A点，A点表示国民收入和利率组合的失衡状态，此时，产品市场存在着超额的产品供给，货币市场存在着超额的货币供给。产品市场上超额产品供给的存在，会引起国民收入减少，导致A点向左水平移动。货币市场上超额货币供给的存在，会引起利率下降，导致A点向下垂直运动。在以上两股力量的共同作用下，A点将沿对角线向左下方移动。

假定A点逐渐移动到区域2中的B点，此时，产品市场存在着超额的产品需求，货币市场存在着超额的货币供给。产品市场上超额产品需求的存在，会引起国民收入增加，促进B点向右水平移动；货币市场上超额货币供给的存在，会引起利率下降，促使B点向下垂直运动。在以上两股力量的共同作用下，B点将沿对角线向右下方移动。

假定B点逐渐移动到区域3中的C点，此时，产品市场存在着超额的产品需求，货币市场存在着超额的货币需求。产品市场上超额产品需求的存在，会引起国民收入增加，促进C点向右水平移动；货币市场上超额货币需求的存在，会引起利率上升，促使C点向上垂直运动。在以上两股力量的共同作用下，C点将沿对角线向右上方移动。

假定C点逐渐移动到区域4中的D点，此时，产品市场存在着超额的产品供给，货币市场存在着超额的货币需求。产品市场上超额产品供给的存在，会引起国民收入减少，促进D点向左水平移动；货币市场上超额货币需求的存在，会引起利率上升，促使D点向下垂直运动。在以上两股力量的共同作用下，D点将沿对角线向左下方移动。

这个过程将一直持续下去，最终，国民收入和利率会趋向于两条曲线的交点E，从而使产品市场和货币市场同时实现均衡。

二、决定和影响我国现阶段利率的主要因素

(一) 利润率的平均水平

在社会主义市场经济中，利息作为平均利润的一部分，利息率由平均利润率决定，这种制约作用可以概括为：利率的总水平要适应大多数企业的负担能力。也就是说，利率总水平不能太高，太高了大多数企业承受不了；相反，利率总水平也不能太低，太低了不能发挥利率的杠杆作用。

(二) 资金的供求状况

在平均利润率既定时，利息率的变动取决于平均利润所分割的利息与企业利润的比例。这个比例是由借贷资本的供求双方通过竞争确定的。一般来说，当借贷资本供不应求时，借贷双方的竞争结果将促进利率上升；相反，当借贷资本供过于求时，竞争的结果将导致利率下降。在我国市场经济条件下，金融市场上商品的价格——利率，与其他商品的价格一样受供求规律的制约，因而，资金的供求状况对利率水平的高低仍然有决定性作用。

(三) 物价变动的幅度

由于价格具有刚性，变动的趋势一般是上涨的，因而，怎样使自己持有的货币不贬值，或遭受贬值后如何取得补偿，是人们普遍关心的问题。这种关心要求从事货币资金经营的银行必须使吸收存款的名义利率适应物价上涨的幅度，否则，难以吸收存款；同时也必须使贷款的名义利率适应物价上涨的幅度，否则，难以获得投资收益。所以，名义利率水平与物价水平具有同步发展的特征，物价变动的幅度制约着名义利率水平的高低。

(四) 政策性因素

自 1949 年以来，我国的利率基本上属于管制利率类型，利率由国务院统一制定，由中国人民银行统一管理，利率水平的制定与执行受到了政策性因素的影响。自 1978 年以来，我国对一些部门和企业实行了差别利率，体现出了政策性的引导或政策性的限制。可见，在我国社会主义市场经济中，利率不是完全随着信贷资金的供求状况自由波动的，它还取决于国家调节经济的需要，并受国家的控制和调节。

(五) 国际经济环境

利率不可避免地会受国际经济因素的影响，表现在以下几个方面：①国际间资金的流动，通过改变资金供给量来影响利率水平；②利率水平受国际间商品竞争的影响；③利率水平受国家外汇储备量和外资政策的影响。

第四节 利率的功能

利率是一个重要的经济杠杆,对宏观经济运行与微观经济运行都有极其重要的调节作用。利率杠杆的功能可以从宏观与微观两个方面去考察。

一、利率在宏观经济中的调节功能

利率在宏观经济中的调节功能体现在以下几个方面:

(一) 积累资金

在市场经济条件下,制约一国经济发展的一个重要因素就是资金短缺。由于市场经济条件下资金闲置者和资金短缺者的经济利益不一致,导致对闲置资金的运用不能无偿进行,必须有偿进行。这种有偿的手段就是利率。有了利息,就可以迫使资金闲置者主动让渡闲置资金,从而使社会聚集更多的资金。利率越高,存款人获得的利息收入越多,社会聚集的资金规模就越大。个人储蓄存款的迅速增长也与利率的调高息息相关。通过利率杠杆来聚集资金,就可以在中央银行不扩大货币供给的条件下,获得全社会的可用货币资金总量增加的效应。

(二) 调度资源配置

在商品经济条件下,资源的配置是通过货币进行的。调整利率水平,就可以调节货币的总供给与总需求,实现资源的最优配置,进而调节整个国民经济。这种调节从结构上说,主要是采取差别利率和优惠利率。对于国家要重点发展的产业、企业、项目或产品,采用低利率予以支持;对于国家要压缩的产业、企业、项目或产品,采取高利率予以限制。由于利率的高低直接影响企业的收益,在利益机制的驱动下,企业投资会纷纷转向低利率、高收益的产业、部门或产品。这样就实现了资源配置的调度,调节了产业结构、企业结构和产品结构。

(三) 调节信用规模

信用与利息是相辅相成的。首先,信用一定要在有利息的条件下发挥作用,同时,利息又反作用于信用规模。中央银行的贷款利率和再贴现率作用于中央银行对商业银行和其他金融机构的信用规模。中央银行贷款利率和再贴现率的提高,有利于缩小信用规模;反之,则有利于扩大信用规模。其次,商业银行的贷款利率和贴现率作用于商业银行对顾客的信用规模,商业银行贷款利率和贴现率的降低,有利于扩大信用规模;反之,则有利于缩小信用规模。

(四) 利率杠杆可以优化产业结构

利率调高使闲置货币资金的所有者受利益诱导将其存入银行等金融机构,增加全社会的资金来源,但同时借款人也因此需多付利息,成本也相应增加。而成本对于利润来说总是一个抵消因素,由此产生的利益约束将迫使那些经济效益较差的借款人减少借款,使有限的资金流向效益高的行业、企业和产品,从而促使全社会的生产要素得到优化配置。因此,利率作为资金的价格,会自发地引导资金流向利润率较高的部门,实现社会资源的优化配置。同时,国家还可以自觉地运用差别利率、优惠利率等政策,对国家急需发展的行业、领域以及有关企业和产品,适当降低贷款利率,大力支持它们的发展;对需要限制的某些加工行业以及有关企业和产品,适当提高利率,限制其发展,从而优化产业结构,实现经济结构合理化。

二、利率在微观经济中的调节功能

利率在微观经济中的功能体现在以下几个方面:

(一) 激励企业提高资金使用效益

利息对存款人来说,是一种增加收入的渠道,高的存款利率往往是吸收社会资金的诱惑。但是,利息对于借款人来说,始终是一个减利因素,是一种经济负担。企业借款的金额愈大,借款的时间愈长,利率水平愈高,需要支付的利息愈多,征税或业务经营的成本就愈高,利润就愈少。因此,为减轻利息负担,增加利润,企业应尽可能地减少借款,通过加快资金周转、提高资金使用效益等途径,按期或提前归还借款。

(二) 约束企业谨慎使用资金

利率调高会使企业成本增大,使那些处于盈亏边沿的企业走进亏损行列,这样,企业可能会做出不再借款的选择,另一些企业也会压缩资金需求,减少借款规模,从而更谨慎地使用资金。

(三) 增加企业筹资能力

利率是企业筹资的重要手段,利息构成了企业的经营成本。以较低的利率取得银行贷款或发行债权,有利于降低企业的经营成本,增加利润;反之,则会加重企业的经营成本。合理的利率有利于企业的经营。

(四) 引导人们选择金融资产

出于货币增值的要求,人们必须将货币收入转化为金融资产来保存。现阶段,金融资产的主要形式有银行存款、国库券、金融债券、股票和企业债券等。选择什么样的资产投资,主要从该资产的安全性、收益性和流动性三个方面考虑。在我国目前安全性较高、流动性较差的情况下,金融资产的选择主要考虑收益,各种资产的收益无不与利率有着密切的联系。存款收益取决于存款利率，股票与债券的价格取决于其预期收益与利率的对比关系。在预期收益既定的情况下，调整利率会直接影响股票与债券的价格变化，进而影响购买者的收益。因此，调整利率可引导人们选择不同的金融资产。

本章小结

利息是在信用关系中债务人支付给债权人的（或债权人向债务人索取的）报酬，是借贷资本的增值额。利息率简称为利率，即在一定时期内（如一年、一个月）所获得的利息额和所贷金额的比率。它有单利和复利两种计算法。利率体系是指一个经济运行机体中存在的各种利率是由各种内在因素联结成的有机体，主要包括利率结构和各种利率间的传导机制。利率理论中最主要的是利率决定理论，它主要研究利率水平的决定与变动。利率决定理论大致可分为三种基本类型：实物利率理论、货币利率理论和一般均衡利率理论。在现代市场经济中，利率作为一种经济杠杆，对宏观经济与微观经济具有重要的调节作用。

本章习题

1. 简述西方学者与马克思对利息本质看法的不同。
2. 介绍利率体系所包含的主要内容。
3. 分析影响我国利率变动的主要因素。
4. 论述利率在国民经济中的功能与作用。
5. 现有一笔500000元贷款，贷款名义利率为8%，通货膨胀率为3%，期限为10年，试用单利法和复利法计算其名义利息，并用复利法计算其实际利息。

第四章

外汇与汇率

【学习目标】

通过学习，要求在掌握外汇、汇率和外汇风险知识的基础上，理解汇率的决定因素及其对经济的影响，并且能够运用所学的汇率理论分析现实生活中的汇率问题。

【学习要求】

了解：外汇与汇率的概念及种类；汇率的标价方法；汇率的决定基础及理论。

掌握：影响汇率变动的因素及其对经济的影响；外汇风险防范的方法。

第一节 外汇与汇率标价

一、外汇的概述

(一) 外汇的含义

外汇是货币行政当局以银行存款、财政部库券、长短期政府证券等形式所持有的在国际收支逆差时可以使用的债权。它是国际贸易的产物，是国际贸易清偿的支付手段。外汇具有静态和动态两层含义。外汇的动态含义是指将一国的货币兑换成另一国的货币，它是清偿国际间债务债权关系的专门性货币经营活动，是国际间汇兑的简称。外汇的静态含义是指以外国货币表示的、用于国际间结算的支付手段和信用工具。这种支付手段包括以外币表示的信用工具和有价证券，如银行存款、商业汇票、银行汇票、银行支票、外国政府库券及其长短期证券等。人们通常所说的外汇，一般都是就其静态意义而言的。根据各国货币在国际清偿中的不同特点，外汇又分为自由外汇和记账外汇。自由兑换外汇是指在国际结算和国际金融市场上，不需要货币发行国的批准，就可以自由兑换其他国家货币的货币。记账外汇是指在两国政府间签订的贸易协议或支付协议中使用的外汇，只能用于支付对方国的债务。

根据《中华人民共和国外汇管理条例》的规定，外汇是指下列以外币表示的，可以用于国际清偿的支付手段和资产：①外汇货币，包括纸币、铸币；②外币支付凭证，包括票据、银行存款凭证、邮政储蓄凭证等；③外币有价证券，包括政府债券、公司债券、股票等；④特别提款权；⑤其他外汇资产。

(二) 外汇的特征

1. 普遍接受性

普遍接受性就是外币在国际经济往来中被广泛接受和使用。这一特点决定了一个国家的货币要成为外汇，必须以国际通用和被他国居民接受为前提条件。只有能够自由地在本国银行账户上和外国银行账户上转入或转出的外币和外币所代表的有价金融资产，才能承担国际支付手段，在国际结算中广泛被运用。

2. 自由兑换性

外汇的自由兑换性是指能够自由兑换成其他国家的货币或购买其他信用工具以进行多边支付的性质。由于各国或地区的货币制度不同，外汇管理制度存在差异，一国的货币一般不能在另一国流通。为了清偿由于对外经济交易而产生的国际债权债务关系，为了在国与国之间进行某种形式的单方面转移，被各国普遍接受为外汇的货币必须能够不受限制地按照一定的比例兑换成别国的货币。外汇的这一特点使得它的购买力可以在国际间转移，实现其支付手段，从而使国际间的债务得以清偿。

3. 可偿还性

可偿还性是指外币资产可以保证得到偿付。一个国家的货币偿付能力能够得到保证，这实际上反映了该国具有相当规模的生产能力和出口能力，或者该国丰富的自然资源正是其他国家所缺乏的；反之，如果一国的经济规模较小，效率较低，自然资源贫乏，其出口的产品在国际市场上缺乏竞争力，那么该国货币的偿付能力往往得不到保证。

(三) 外汇的作用

外币是国民经济建设中不可缺少的重要资源。同时，它作为国际结算的支付手段，也是国际经济往来中不可缺少的工具。随着国际经济、政治、文化的发展，外汇在促进国际贸易和国际经济合作方面发挥着重大作用。

1. 促进世界经济的发展

用外汇清偿国际间的债权债务，不仅能节省运送现金的费用，降低风险，缩短支付时间，加速资金周转，更重要的是运用这种信用工具，还可以扩大国际间的信用交往，拓宽融资渠道，促进国际经贸的发展。外汇的各种凭证在国际贸易中的运用，使国际贸易中的进出口商之间的信用接受成为可能，一旦出口商同意进口商延期付款，就可以开出远期汇票融资，从而扩展资金融通的范围，加速资金的周转，促进经济的发展。

2. 调剂国际间资金余缺

世界经济发展不平衡导致了资金配置不平衡。有的国家资金相对过剩，有的国家资金严重短缺，客观上存在着调剂资金余缺的必要。外汇作为国际间的支付手段，通过国际信贷和投资，可以调剂资金余缺，促进各国经济的均衡发展。外汇既能有效地填补外汇短缺国家的资金缺口，又能使外汇盈余的国家向其他国家进行投资，这样就解决了国际间资金供求不平衡的问题。

3. 衡量国际经济地位的标准

外汇代表一国的国际购买力和所拥有的债权，外汇越多意味着该国越有实力干预国际金融市场，增加本国商品在国际市场中流通的速度、规模和范围，提高该国的国际经济地位。外汇与国际收支的关系十分密切，当一国的国际收支出现持续顺差时，外国对本国的债务增多，将产生供过于求的现象，本国储备的外汇也相应地增加，本国货币对外国货币的比值将随之提高；反之亦然。

4. 平衡国际收支

外汇是一国国际储备的重要组成部分，其作用之一就是动用外汇储备矫正国际收支的暂时性失衡。同时，外汇作为一国对外的债权，能够购买外国商品和劳务，国家可以运用相应的外汇政策干预本国的经济活动，进行宏观调控。此外，外汇跟国家黄金储备一样，是国家的储备资产，一旦国际收支发生逆差，就可以用来清偿债务。

二、汇率及汇率的标价方法

汇率又称为外汇利率、外汇汇率或外汇行市，指的是两种货币之间兑换的比率，亦可视为一个国家的货币对另一种货币的价值。具体是指一国货币与另一国货币的比率或比价，或者说是用一国货币表示的另一国货币的价格。

当一种商品参与国际交换时，就需将该种商品以本国货币所表示的价格折算成以外国货币所表示的价格，这样就产生了两种货币之间的折算。外汇作为可以在国际上自由兑换、自由买卖的资产，也是一种特殊的商品。在国际汇兑中，两种货币之间是可以相互表示对方价格的，这种用一种货币所表示的另一种货币的价格就是汇率，或者说汇率就是外汇这种特殊商品的特殊价格。确定两种不同货币之间的比价，应先确定用哪个国家的货币作为标准，因为不同的确定标准，会产生不同的汇率标价方法。

（一）汇率的标价方法

1. 直接标价法

直接标价法又称价格标价法，是指以一定单位的外国货币作为标准，折算为一定数额的本国货币来表示其汇率。例如在中国的外汇市场上：

1 美元 = 6.5836 元人民币。

在直接标价法下，外国货币的数额固定不变，即外国货币的量总是保持不变，所折算出来的本国货币量的增减情况反映了汇率的变化情况，汇率的高低或涨跌都以相对的本国货币数额的变化来表示。一定单位的外币所折算的本国货币越多，说明本国货币的币值越低，而外国货币的币值越高；反之，则本国货币的币值越高，而外国货币的币值越低。在直接标价法下，外国货币为基准货币，本国货币为报价货币。目前，国际上绝大多数国家都采取直接标价法。美国长期以来也一直采用直接标价法，但在第二次世界大战后，美元在国际支付和国际储备中逐渐占据统治地位，为了使国际外汇市场上对美元的标价一致，美国从1978年9月1日起，除了对英镑继续使用直接标价法外，对其他货币一律改用间接标价法公布汇价。我国的国家外汇管理局和各大银行也都采用直接标价法。

2. 间接标价法

间接标价法又称数量标价法，是指以一定单位的本国货币为标准，折算为一定数额的外国货币来表示其汇率。例如在伦敦的外汇市场上：

1英镑=1.3590美元。

在间接标价法下，本国货币的数额固定不变，汇率的高低或涨跌都以相对的外国货币数额的变化来表示。此种关系正好与直接标价法的情形相反。一定单位的本国货币折算所得的外国货币量越多，说明本国货币的币值越高，而外国货币的币值越低；反之，则本国货币的币值越低，而外国货币的币值越高。英国一直使用间接标价法。

（二）汇率的种类

1. 按银行买卖外汇的角度划分

按银行买卖外汇的角度，可划分为买入汇率、卖出汇率、中间汇率和现钞汇率。

买入汇率也称买入价，即银行向同业或客户买入外汇时所使用的汇率。采用直接标价法时，外币折合本币数较少的汇率是买入价；采用间接标价法时，则相反。

卖出汇率也称卖出价，即银行向同业或客户卖出外汇时所使用的汇率。采用直接标价法时，外币折合本币数较多的汇率是卖出价；采用间接标价法时，则相反。

中间汇率是买入价与卖出价的平均数。西方明刊报导汇率消息时常用中间汇率。

现钞汇率，即买卖外汇现钞的兑换率。银行在收兑外币现钞时使用的汇率通常要低于外汇买入汇率，而银行在卖出外币现钞时使用的汇率则高于其他外汇卖出汇率。

2. 按银行外汇付汇方式划分

按银行外汇付汇方式，汇率可划分为电汇汇率、信汇汇率和票汇汇率。

电汇汇率是经营外汇业务的本国银行在卖出外汇后，以电报委托其国外分支机构或代理行付款给收款人所使用的一种汇率。电汇汇率比一般汇率高。

信汇汇率是银行开具付款委托书，用信函的方式通过邮局寄给付款地银行并转付收款人所使用的一种汇率。由于在付款委托书的邮寄时间内，银行可以占用客户的资金，因此，信汇汇率比电汇汇率低。

票汇汇率是指银行在卖出外汇时，开立一张由其国外分支机构或代理行付款的汇票给汇款人，由其自带或寄往国外取款所使用的汇率。票汇汇率一般与信汇汇率相同，比电汇汇率低。

3. 按制订汇率的方法划分

按制订汇率的方法，汇率可划分为基本汇率和套算汇率。

各国在制定汇率时必须选择某一国的货币作为主要的对比对象，这种货币称为关键货币。根据本国货币与关键货币实际价值的对比，制定出对它的汇率，这个汇率就是基本汇率。

套算汇率是在基本汇率的基础上套算出来的本币与非关键货币之间的汇率。

4. 按外汇交易交割期限划分

按外汇交易的交割期限，汇率可划分为即期汇率和远期汇率。

即期汇率也叫现汇汇率，是指买卖外汇双方在成交当天或两天以内进行交割的汇率。

远期汇率是指在未来一定时期进行交割，而事先由买卖双方签订合同、达成协议的汇率。到了交割日期，协议双方按预订的汇率、金额进行钱汇两清。

5. 按国际货币制度的演变划分

按国际货币制度的演变，汇率可划分为固定汇率和浮动汇率。

固定汇率制度是国家间的货币采用固定兑换比率进行交换的制度。固定汇率是指由政府制定和公布，并且只能在一定幅度内波动的汇率。

浮动汇率是指一国货币对另一国货币在外汇市场上根据供求关系自由波动的汇率。

6. 按对外汇管理的宽严划分

按对外汇管理的严格程度，汇率可划分为官方汇率和市场汇率。

官方汇率是指由一个国家的货币当局规定并且维持的汇率。

市场汇率是指在自由市场上买卖外汇，币值取决于供求关系的实际汇率。

7. 按银行营业时间划分

按银行营业时间，汇率可划分为开盘汇率和收盘汇率。

开盘汇率又叫开盘价，是外汇银行在一个营业日刚开始营业时进行外汇买卖使用的汇率。

收盘汇率又称收盘价，是外汇银行在一个营业日的外汇交易终了时使用的汇率。

第二节　汇率的决定理论

一、古典汇率决定理论

（一）购买力平价理论

购买力平价，又分为绝对购买力平价和相对购买力平价，是瑞典经济学家卡塞尔于1922年提出的。该学说认为，一国货币的对外汇率主要由两国货币在其本国所具备的购买力决定，两种货币的购买力之比决定了两国货币的兑换比率。购买力平价有两种形式，即绝对购买力平价和相对购买力平价。绝对购买力平价是指本国货币与外国货币之间的均衡汇率等于本国货币购买力与外国货币购买力或物价水平之间的比率。绝对购买力平价是购买力平价的早期理论。相对购买力平价是指不同国家的货币购买力之间的相对变化，是汇率变动的决定因素。

（二）利率平价理论

利率平价理论是由英国著名经济学家凯恩斯于 1923 年提出的。该理论认为，汇率的远期升贴水率等于两国货币的利率之差，利率高的货币远期会贴水，利率低的货币远期会升水。这是因为当两个国家的利率存在差异时，市场上的投资者会通过套利行为获取收益。汇率的变动也会反映在套利行为之中。利率平价理论可以分为套补的利率平价和非套补的利率平价。

（三）国际收支理论

国际收支说最早的理论基础是国际借贷说。第二次世界大战之后，逐渐形成国际收支说的现代形式。国际收支理论认为，在外汇市场上，国际收支顺差表现为外汇的供给大于外汇的需求，此时，外币贬值，本币升值；国际收支逆差表现为外汇的供给小于外汇的需求，此时外币升值，本币贬值。但国际收支状况是否会影响汇率，要看国际收支顺差（逆差）的性质。短期、临时和小规模的国际收支差额，可以轻易地被国际资金的流动、相对利率和通货膨胀率、政府在外汇市场的干预及其他因素所抵消；长期巨额的国际收支顺差（或逆差），会导致本币对外币汇率的大幅变动。例如，当前美元贬值，就是美国贸易逆差不断积累，并达到不可持续状态的结果。

二、现代汇率决定理论

自 20 世纪 70 年代以来，国际资金流动的变化对汇率的变动产生了越来越重要的影响。据统计，外汇市场上 90% 以上的交易都与国际资金流动有关。在资金流动主宰了汇率的变动之后，外汇市场上的汇率呈现出了与股票市场等资产市场相似的特点，汇率变动极为频繁，而且波动幅度很大，同时受预期因素的影响也极为明显。在这种情况下，许多经济学家从货币数量、货币供求和资产市场均衡等角度分析了汇率的决定问题，创建了颇具影响力的资产市场说，其主要的代表人物有罗伯特·蒙代尔、多恩布什和弗兰克尔等。

从定义上看，汇率是一国货币用另一国货币表示的价格，即一种相对资产价格。这一价格是在资产市场上确定的，启发人们使用与资产价格决定理论相同的理论来分析汇率的决定。与传统汇率理论相比，资产市场说在分析方法上有所不同，它认为，决定汇率的是存量因素而非流量因素，一种资产价格的变动是因为市场改变了对这种资产价值的评价，而不是因为供求关系发生了变化，所以资产市场说又被称为汇率决定的存量模型。此外，该学说还认为，预期对汇率决定具有重要作用，未来资产价值评价的改变在相当程度上是因为预期的变化，即在现实经济没有明显变化的情况下，汇率也可能会剧烈变动。资产市场说有三个假定前提：外汇市场有效，即市场价格可以反映所有可知信息；一国的资产市场包括货币市场、本币和外币的资本市场；资金可以在国际间自由流动。汇率决定的资产市场说包括粘性价格模型、弹性价格模型和资产组合模型。

三、汇率决定理论的新进展

20世纪70年代末至80年代初，汇率决定理论主要依托于两个新的重要思想，一是资产市场分析法，它把外汇市场看作是一种资产市场，汇率即为一种资产价格；二是理性预期假说，它假定经济代理人会利用所有其能够获取的信息来作出预期和判断。在汇率决定理论中，这两种思想是彼此紧密联系的，根据资产市场分析法，汇率的决定和汇率未来变化的预期紧密相关，任何关于未来汇率预期的变化，都会引起即期汇率的变化。其代表性理论主要包括新闻模型、混沌理论和跨时分析法等。

此外，博弈论也是汇率理论新兴的发展方向，经济学家对汇率的研究不再局限于价格制度领域，转而研究人与人之间（如相同或不同的投资者之间，主导者与跟随者之间，风险中性者之间，风险偏好者与风险厌恶者之间）、政府与政府之间、政府与居民之间的相互反应和相互影响的关系。博弈论被用于关于货币危机理论、中央银行外汇市场的干预和国际汇率政策协调等的研究中，国内和国际货币领域中的博弈均衡是政策制定者和经济学家共同追求的目标。

随着统计学的发展，数据的可得性和准确性得到了提高，计量经济学和计算机技术的发展为汇率的研究提供了先进快捷的数据处理手段。例如，在汇率问题的实证研究中，人们采用协整和自回归条件异方差模型、普通最小二乘法和广义最小二乘法等计量方法来验证理论的真实性与准确性。

由于影响汇率的因素相当多，既有一国本身的内在经济因素，又有外在的非经济因素，如政治因素、心理预期因素、中央银行的直接干预以及国际炒家的投机操作等。这些因素之间又相互影响、相互作用，因此，对汇率的内在规律进行准确的把握是很困难的。尤其是布雷顿森林体系崩溃后，世界主要的发达国家实行浮动汇率，世界汇率频繁波动，且幅度很大，使以前的汇率理论受到挑战。鉴于汇率这一重要的经济指标对国家经济的影响，世界各国无论实行的是固定汇率制、货币局制度，还是浮动汇率制，政府都会对本国汇率进行或多或少的干预。只有合理的汇率理论才能给政府的政策制定提供好的指导和建议，因此，经济学家们不断地致力于完善已有的理论和提出新的理论。虽然到目前为止，还没有哪一种理论是完美的，经济学界和政策制定者也还没有就汇率理论、汇率政策及其有效性达成一致的意见。但是，随着研究的不断深入，以及相关学科的不断发展，汇率理论会不断发展和完善。

第三节　汇率的决定与变动

一、汇率的决定基础

汇率作为两种货币之间的交换比率，其本质是两国货币各自所代表或所具有的价值的比率，因此，各国货币所具有或所代表的价值是汇率决定的基础。由于在不同货币制度下，货币发行的基础、货币的种类和形态各异，因此，汇率的决定基础，即各国货币价值的具体表现形式也有所不同。

在金本位制下，流通中的货币是由一定重量和成色的黄金铸造而成的金币，各国货币的单位价值就是铸造该金币所耗用的黄金的实际重量，各国货币的单位含金量称为该国货币的铸币平价。两国货币的汇率就是由两国货币的铸币平价决定的，即汇率决定的基础是铸币平价，表现为含金量之比。第一次世界大战后，银行券的自由兑换和黄金的自由流动遭到破坏，传统的金本位制陷于崩溃。各国分别采用金块本位制和金汇兑本位制。在这两种货币制度下，国家用法律规定货币的含金量，货币的发行以黄金或外汇为准备金，并允许与黄金和外汇兑换。各国货币的单位价值由法律所规定的含金量来决定。此时，我们称各国单位货币所代表的含金量为该货币的黄金平价。这一时期，汇率是由各自货币的黄金平价确定的，即汇率决定的基础是各国货币的黄金平价。

20世纪70年代，资本主义各国纷纷放弃了与美元的固定比价，普遍实行浮动汇率制度。在这种汇率制度下，货币在法律上不再规定法定含金量，汇率应该由各国纸币所代表的实际价值来决定。单位纸币所代表的价值通常表现为一定量的商品，单位纸币所代表的一定量的商品称为该纸币的购买力平价，它实际是商品价格的倒数。在这种情况下，通过比较两国纸币的购买力平价，就能得出两国纸币交换的比例，即汇率。也就是说，在浮动汇率制下，两国货币汇率决定的基础是购买力平价。

在实际经济生活中，由于各国劳动生产率的差异、国际经济往来的日益密切和金融市场的一体化，以及信息传递技术的现代化等因素，纸币本位制下的货币汇率决定受到了显著影响。

二、影响汇率变动的因素

影响汇率变动的因素是多方面的，这些因素的关系错综复杂。总的来说，一国经济实力的变化与宏观经济政策的选择是决定汇率长期发展趋势的根本原因。汇率变化的规律受国际收支状况和通货膨胀的制约，因而，是决定汇率变化的基本因素。利率因素和汇率政策只能起从属作用，即助长或削弱基本因素所起的作用。投机活动只是在其他因素所决定的汇价基本趋势的基础上起推波助澜的作用。

（一）长期因素

1. 国际收支状况

国际收支状况是决定汇率趋势的主导因素。国际收支是一国对外经济活动中各种收支的总和。当一国对外经常项目的收支处于顺差时，在外汇市场上则表现为外汇的供应大于需求，因而，本国货币的汇率上升，外国货币的汇率下降；反之，当一国国际支出大于收入时，该国出现国际收支逆差，在外汇市场上则表示为外汇的供应小于需求，因而，本国货币的汇率下降，外国货币的汇率上升。

2. 通货膨胀率

通货膨胀率的高低是影响汇率变化的基础。通货膨胀会导致国内物价上涨，在汇率不变的情况下，出口亏损，进口有利。在外汇市场上，外国货币需求增加，本国货币需要减少，从而引起外汇汇率上升，本国货币对外贬值。相反，如果一国通货膨胀率降低，外汇汇率一般会下跌。

3. 经济增长率

当经济增长率提高时，收入增加会促使进口增加，本国外汇支出增加，本国货币趋于贬值。高增长率促使劳动生产率提高，生产成本降低，本国产品竞争力提高，出口增加，本国外汇收入增加，本国货币呈现出升值趋势。

（二）短期因素

1. 宏观经济政策

各国的宏观经济政策，特别是财政金融政策对汇率的影响较大。一般来说，扩张性的财政和货币政策造成的巨额财政收支逆差和通货膨胀，会使本国货币对外贬值。紧缩性的财政和货币政策会减少财政支出，稳定通货，从而使本国货币对外升值。

2. 利率

一国利率的提高能促使外资的流入，使该国货币需求增加，汇率上升；反之，利率调低，导致资金流出，汇率可能下跌。利率对汇率的影响是通过不同国家的利率差异所引起的资金特别是短期资金的流动而引起作用的。

3. 政府干预

在开放的市场经济下，中央银行为了维护经济稳定，介入外汇市场直接进行货币买卖，其对汇率的影响是最直接的，效果也是极明显的。中央银行干预外汇市场的措施包括直接在市场上买卖外汇、调整国内财政政策和货币政策等。

4. 投机活动及心理预期

投机者如果预期某种货币将升值，就会大量购进该货币，从而造成货币汇价上升；反之，投机者若预期某种货币将贬值，就会大量抛售货币，从而造成该种货币的汇价即刻下跌。投机因素是外汇市场汇价短期波动的重要力量。人们对某个国家的经济状况、收支状况、通货膨胀和利率前景的看法，会引起该国货币被大量买进，造成汇率上升；反之，则汇率下跌。

三、汇率变动对经济的影响

(一) 对贸易和非贸易的影响

汇率变动对进出口贸易的影响主要表现为两个方面：一方面，当一国货币对外贬值后，以本币表示的出口商品在国际市场上会折合比贬值前更少的外币，国外的销售价格下降，竞争力增强，有利于本国商品的出口。而以外币计价的进口商品在国内销售时折合的本币价格比贬值前高，进口成本增加，利润减少，不利于本国商品的进口，进口减少会增加贸易顺差，改善一国的贸易收支状况。另一方面，当一国货币对外升值后，以外币计价的进口商品在国内销售时折合的本币价格比贬值前少，进口利润增加，有利于本国商品的进口，进口增加。

在其他条件不变的情况下，一国货币汇率下跌或该国货币贬值，以本币所表现的外币价格上涨，而国内物价水平未变，外国货币的购买力相对增强，贬值国的商品、劳务和交通等费用就变得相对便宜，因此，促进了本国旅游和其他非贸易收入的增加。相反，该国货币贬值后，国外的旅游和其他劳务开支相对提高，抑制了本国的对外劳务支出。

(二) 汇率变化对资本流动的影响

在本币对外贬值的趋势下，本国投资者和外国投资者都不愿意持有以本币计值的各种金融资产，会将其转兑成外汇，从而发生资本外流现象。另外，外汇的大量转兑，加剧了外汇的供不应求，使本币汇率进一步下跌。反之，在本币对外升值的趋势下，本国投资者和外国投资者都力求持有以本币计值的各种金融资产，引发了资本内流。同时，由于外汇纷纷转兑本币，外汇供过于求，促使本币汇率进一步上升。

汇率稳定有利于长期资本的输出和输入，使资金的供求能在世界范围内得到调节，从而提高资金的使用效率，促进世界经济的增长；反之，如果汇率不稳定，则会阻碍生产性资本的国际流动，投机性的短期资金因此在国际间频繁流动，给有关国家的国际收支带来了外来冲击。

(三) 汇率变化对外汇储备的影响

储备货币汇率的变化会影响一国外汇储备的实际价值。如果储备货币汇率上升，就会使该种储备货币的实际价值增加，使有该种储备货币的国家的外汇储备相应增加；反之，如果储备货币汇率下降，就会使该种储备货币的实际价值减少，使有该种储备货币的国家的外汇储备相应减少。

从长期来看，储备货币汇率的变动可以改变外汇储备资产的规模结构。汇率看涨的币种，在外汇储备中的比重会提高；而汇率看跌的币种，在外汇储备中的比重会下降。另外，汇率的频繁波动会影响储备货币的地位。

(四)汇率变动对国内物价水平的影响

汇率变动对国内经济的直接影响集中表现在对物价的影响上,而物价变动又会对国内其他经济方面产生影响。

一国货币汇率下跌或本国货币贬值会引起进口商品以本国货币表示的价格上涨,其中,进口消费品的价格上升会直接引起国内消费物价的一定程度的上升。进口原材料、中间品和机器设备等的价格上升,还会导致国内生产使用这些进口投入品的非贸易品的生产成本上升,从而使非贸易品的价格上升。一国货币汇率的下跌会引起出口扩大、进口缩减,加剧国内供需矛盾,使国内整个物价水平提高,加剧通货膨胀,最终导致经济恶化。与之相反,一国货币汇率的上升或货币升值会降低国内的物价水平,减缓本国的通货膨胀。

(五)汇率变动对国民收入和国内就业的影响

一国本币汇率的下降和外汇汇率的上升,有利于增加出口、抑制进口,使其出口工业和进口替代工业得以大力发展,从而使整个国民经济的发展速度加快,国内就业机会因此增加,国民收入也随之增加。

如果一国货币汇率下跌或货币贬值,则出口扩大,进口减少,贸易收支得到改善。如果国内还存在闲置的生产要素,则该国的生产量扩大,将带动国内经济实现充分就业。出口部门和与进口相竞争部门的就业都会随出口的扩大和进口的减少而增加。

(六)汇率变动对资源配置的影响

当一国货币汇率下跌或该国货币贬值,出口数量就会增加,出口品的本币价格就会上升。同时,进口品的本币价格上升会带动进口替代品的本币价格上升,使整个贸易商品部门的价格相对于非贸易商品部门的价格有所上升,由此会诱发生产资源从非贸易品部门转移到贸易品部门。这样,与该国商品相竞争的产业就倒向贸易部门,从而提高本国的对外开放程度。

对发展中国家而言,该国货币的贬值有利于进口替代行业的生产效率的提高,使与国外相竞争的贸易商品部门扩大,原先因定值过高而受到歧视性损害的农业部门获得正常发展,发展中国家的农产品出口得到发展,资源配置效率得到提高。

四、制约汇率发挥作用的基本条件

(一)商品生产的多样化程度

生产结构单一的国家,供求弹性小。而生产结构多样化的国家,供求弹性大。因此,汇率变动对生产结构单一的国家的影响较大,对生产结构多样化的国家的影响较小。

（二）与国际金融市场的联系程度

与国际金融市场联系越密切的国家，汇率波动对其经济的影响越大。

（三）通货的兑换性

一个国家的货币的可兑换性越强，该货币在国际支付中的使用频率越高，汇率波动对其影响越大。

（四）对外开放程度

国家对外开放程度越高，汇率变动对该国经济的影响越大；反之，越小。

第四节　外汇风险与防范

一、外汇风险的界定

（一）外汇风险的定义

外汇风险又称汇率风险，是指经济实体以外币定值或衡量的资产与负债、收入与支出，因货币汇率在一定时间内发生不可预测的变动而产生损失的可能性。外汇风险还有广义与狭义之分。狭义的外汇风险是指汇率风险和利率风险。广义的外汇风险不仅包括利率风险和汇率风险，还包括信用风险、会计风险和国家风险等。

外汇风险的构成要素包含本币、外币和时间，这三个因素必须同时具备才能形成外汇风险。在国际经济交易中，如果只以本币计价结算，不发生本币与外币之间的兑换关系，就不存在由于汇率变动带来的损失，从而不存在汇率风险。反之，如果只以某种外币计价结算，不形成不同货币之间的兑换关系，就不会存在外汇风险。但是这些情况几乎是不存在的，因为不管以哪一种外币计价结算，最终都必须进行本币与外币之间的兑换，才能保证企业的正常运转。中国现在实行结售汇制度，在禁止外币在国内流通的情况下更是如此。同时，国际经济交易应收账款的最后收进，应付账款的最后付出，借贷本息的偿付，都会有一个期限，正是这个期限构成了外汇风险的时间因素。因为汇率变动是在一定时间间隔的历史条件下形成的，没有时间间隔就不会有汇率的变化，更不会产生外汇风险。一般来说，未清偿的外币债权债务金额越大，间隔的时间越长，外汇风险也就越大。在浮动汇率制度下，由于汇率的波动更频繁、更剧烈，波动幅度的限制较少，因此，企业所面临的外汇风险比在固定汇率制度下更经常、更明显、更难以预料。所以，外汇风险的大小与时间和汇率波动因素呈同比例变化。应收或应付外币账款的时间越长，汇率波动的可能性就越大，外汇风险也就越大。

(二) 外汇风险的种类

1. 企业的外汇风险

(1) 交易风险。交易风险是指在以外币计价的交易中,由于汇率波动,导致该项交易的价值发生变动,使交易者的外汇头寸的实际本币价值发生变化,从而导致损失的可能性。这种风险的最大特点是交易者的外汇债权债务在汇率变动前已经产生,在汇率变动后实际收付。

交易风险是一种最常见、最容易理解的外汇风险。交易风险又可分为外汇买卖风险和交易结算风险。外汇买卖风险是因一度买进(或卖出)外汇而将来又必须反过来卖出(或买进)外汇而形成的风险。这种外汇风险主要是由外汇交易的双向性导致的。交易结算风险是进出口商以外币计价开展贸易或非贸易的进出口业务,并用外币进行货款结算时所发生的外汇风险。

(2) 会计风险。会计风险是指企业将资产负债表中的某些外汇项目转换成本币时,由汇率变化所引起的金额变动的风险。在汇率变动时,即使外币资产或负债的数额没有发生变化,但在以本币表示的会计账目中,数目会发生相应的变动,因此,会给企业账目带来一定的损失或收益。

会计风险是涉外企业中最明显的一种外汇风险,对有跨国经营业务的企业的影响最为明显。当发生会计风险时,用外币计量的资产、负债项目的发生额必须按本国货币重新表述,且必须按母公司所在国的会计规定进行。公司在报告时,为了把原来用外币计量的资产、负债项目合并到本国货币账户内,必须把上述用外币计量的项目的发生额按本国货币重新表述,它必须按母公司所在国家的政府或公司自己确立的规定进行。

(3) 经济风险。经济风险是指预测不到的汇率变动对企业的未来预期收益产生不可确定的影响的可能性。经济风险会造成企业未来现金流量的下降。因为汇率的变动可能会影响企业海外的销售量、价格及成本,从而影响企业以本币衡量的未来收益,这直接关系着企业的经营效果和投资效益。

从总体上看,由于国际经营中诸多不确定因素的存在,平价条件难以实现,对外贸易企业面临的经济风险总是难以避免,但企业可以从整体上预测分析经济风险。可以预期的汇率变动将反映在国际金融市场以及通货膨胀和利率差异中,企业会将预期的汇率变动影响反映在公司的预期现金流量及市场价值中,因此,在理论上,经济风险仅仅产生于无法预期或未预期的汇率变动。

2. 银行的外汇风险

(1) 外汇买卖风险。外汇买卖风险是指外汇银行在进行外汇买卖业务时,因汇率变动而蒙受损失的可能性。外汇银行所持有的各种外币账户的余额状况称为外汇头寸。

外汇银行每天都要从事外汇买卖业务,外汇经常处于不平衡之中,当某种外币头寸的卖大于买时,称为空头或超卖;当买大于卖时,称为多头或超买;银行保有的多头或空头统称为敞口头寸。当买卖外汇不平衡程度较小时,银行可用手头资金来抵补。当差额过大时,如对一种货币买进过多,就要卖出相同金额的即期或远期该种货币,以避免出现"多头";如果卖出过多,就要买进相同金额的即期或远期该种货币,以避免出现

"空头"。但是，汇率的频繁变动，会使这些抵补措施的成本加大，使银行蒙受损失。

（2）外汇信用风险。外汇信用风险是指外汇银行在经营外汇业务时因对方信用问题而产生的外汇风险。换言之，就是因当事人违约而给外汇银行带来的风险。例如，外汇银行在与国外同业进行有关外汇业务时，交易对方在到期日破产或资力不足不能履约。再有，外汇银行在与企业进行期汇买卖时，企业出于某种原因不能或不愿履行期汇合约的交割。

对外汇银行来说，外汇信用风险比外汇买卖风险更为重要，因为其外汇业务的基础在于交易对方的资信程度。外汇信用风险在很大程度上取决于银行本身对交易对方资信情况的考察及分析能力。所以，从某种意义上讲，外汇信用风险比外汇买卖风险更具危险性。

（3）外汇借贷风险。外汇借贷风险是指外汇银行在以外币进行外汇投资和外汇借贷时产生的风险。外汇借贷风险包括对外筹资以及外汇投资中的外汇风险。例如，银行在以一种外币兑换另一种外币进行外汇投资时，若投资本息收入的外币汇率下降，投资的实际收益就会下降，银行就会因此蒙受损失。

二、外汇风险管理的原则

外汇风险是开放经济中客观存在的不可避免的一种风险。无论是政府、企业还是个人，都在不同程度上受外汇风险的影响。所以，我们必须高度重视外汇风险管理问题，将之列为日常经济管理中一个不容忽视的内容，以充分利用有效的信息，减少汇率波动带来的不利影响。为此，应该遵循外汇风险管理上一些共同的指导思想和原则。

（一）全面重视原则

全面重视原则要求对涉外经济交易中出现的外汇风险的所有受险部分给予高度重视，对风险进行准确的测量，及时把握风险的动态变化情况，避免顾此失彼而造成人为的更大损失。

我国的涉外业务企业特别是跨国公司，在外汇交易、国际信贷、国际投资以及国际结算等许多经济活动中都面临着外汇风险。企业要尽可能地通过抵消不同项目下过多的头寸来降低或消除外汇风险。这就要求企业有外汇风险管理的意识。在国际市场上，外汇风险无处不在，这些风险与国内的一般商业风险有着一定的差别，企业的管理者不能忽视外汇风险管理，应看清形势，掌握全面的外汇风险处理能力。

（二）管理多样化原则

管理多样化原则要求能够针对外汇风险的不同形成原因、风险头寸和结构以及自身的风险管理能力，在充分考虑国家外汇管理政策、金融市场发达程度和避险工具的成熟程度等外部制约条件的前提下，选择不同的外汇风险管理方法，以进行灵活多样的外汇风险管理。

针对外汇风险多样化的特点，不仅要选择外汇风险管理方法中最符合其特点的那种，还要综合考虑来自内部和外部的各种因素，并要随着这些因素的变化而相应改变外汇管理策略。因为任何一种风险管理方法都不可能完全消除外汇风险。

（三）收益最大化原则

收益最大化原则要求对外汇风险管理的成本和收益进行精确的核算。在确保实现风险管理预期目标的前提下，以综合收益最大化为出发点，制定具体的风险管理战术。在外汇市场上，运用远期外汇交易、互换、期货和期权等风险管理工具进行风险规避需要支付一定的成本和代价。规避外汇风险所支付的成本越小，外汇风险管理的收益就越大，效果就越好，企业对外汇风险管理的积极性也就越高。因此，外汇风险管理必须注意投入与产出问题。

三、外汇风险管理的方法

（一）外汇风险管理的策略

1. 完全抵补策略

完全抵补策略，即采取各种措施消除外汇敞口、固定预期收益或固定成本，以达到避险的目的。对银行来说，就是对持有的外汇头寸进行全部抛补。对企业来说，就是在涉外业务经营中采取一切手段避免外汇风险的形成，或者通过各种套期保值手段使头寸消除，从而避免因汇率变动而带来的外汇风险。对于实力单薄、涉外经验不足、市场信息不灵敏和汇率波动幅度大等情况，采用这种策略是比较稳妥的。

2. 部分抵补策略

部分抵补策略，即采取措施清除部分敞口，保留部分受险金额，试图留下部分赚钱的机会，当然也留下了部分赔钱的可能。这类经济主体一般以套期保值为控制风险的手段，以牟取外汇收益为目的。他们具有一定的条件，如较强的外汇市场操作能力，拥有较多的专业人才和信息来源，能够较准确地预测汇率变动的方向，对外汇风险有较强的抵御能力，同时，也可以承担风险管理失误所带来的较大损失等。

3. 完全不抵补策略

完全不抵补策略，即任由外汇敞口暴露在外汇风险之中，自主承担汇率变动可能带来的各种风险，包括收益或损失。采用这种策略的经济主体相信市场的自我调整力量，即购买力平价和利率平价的作用，认为从长远看，机会收益与损失是可以抵消的，而且这样做还能节省大量的外汇风险管理费用。这种管理战略具有较大的随机性，而且要求经济主体具有很强的抵抗外汇风险的能力。

（二）外汇风险防范的基本方法

1. 采用货币保值措施

买卖双方在交易谈判时，协商在交易合同中订立适当的保值条款，以防止汇率变化的风险。在外汇风险管理中，货币保值措施主要有黄金保值条款、硬货币保值条款和一篮子货币保值条款。

2. 选择有利的计价货币

计价货币的选择应遵守以下原则：一是在实行单一货币计价的情况下，付款使用软货币，收款使用硬货币。软货币就是趋于贬值或贬值压力较大的货币。硬货币就是趋于升值或币值稳定的货币。二是在进出口贸易中，以多种货币作为计价结算货币，使各种货币的汇率变动风险互相抵消。三是在贸易活动过程中，通过协商、谈判等方式尽可能地用本币进行支付，即出口商获得本币资金，进口商用本币支付货款。

3. 提前或延期结汇

在国际收支中，企业可以通过预测支付货币汇率的变动趋势，提前或延迟收付外汇款项，以达到抵补外汇风险管理的目的。

4. 利用外汇衍生产品工具

金融衍生产品的重要功能之一就是对冲和分散风险，金融衍生产品已成为国际上越来越多企业规避外汇风险和保值增值的手段。流行的金融衍生产品有互换、期权和远期等协议，如签订远期外汇交易合同，即具有近期外汇债权或债务的公司与外汇银行签订出卖或购买外汇的即期合同，通过锁定汇率波动来进行外汇风险管理，消除外汇风险。

5. 进出口贸易相结合

一是对销贸易法，把进口贸易与出口贸易联系起来进行货物交换。二是自动抛补法，在从事出口贸易的同时，进行进口贸易，并尽量用同种货币计价结算，设法调整收、付汇的时间，使进口外汇头寸轧抵出口外汇头寸，以实行外汇风险管理的自动抛补。

第五节　外汇管理

一、外汇管理的含义

外汇管理又称外汇管制，是指一国政府为平衡国际收支和维持本国货币汇率而对外汇进出实行的限制性措施。广义上是指一国政府授权国家的货币金融当局或其他机构对外汇的收支、买卖、借贷、转移以及国际间结算、外汇汇率和外汇市场等实行的控制和管制行为；狭义上是指对本国货币与外国货币的兑换实行一定的限制。

外汇管理始于第一次世界大战期间。当时美国、法国、德国、意大利等参战国都发生了巨额的国际收支逆差，本币对外汇率剧烈波动，大量资本外逃，国际货币制度陷于崩溃。为集中外汇资金进行战争，减缓汇率波动及防止本国资本外流，各参战国在战时都取消了外汇的自由买卖，禁止黄金输出，实行了外汇管制。第二次世界大战后，参战国陆续实行全面的外汇管制，外汇管制的范围也比以前更为广泛。20 世纪 50 年代后期，西欧各国的经济有所恢复，国际收支状况有所改善，各国不同程度地恢复了货币自由兑换，并对国际贸易收支解除了外汇管制，但对其他项目的外汇管制仍维持不变。当今，绝大多数国家仍在不同程度上实行着外汇管制，即使是名义上完全取消了外汇管制的国家，仍时常对居民的非贸易收支或非居民的资本项目收支实行间接的限制。

外汇管理制度主要有三种类型：第一种是严格型外汇管制，即对经常项目和资本项目都实行管制，实行这种外汇管制的国家通常经济不发达，外汇资金短缺，市场机制不发达，因而，试图通过集中分配和使用外汇以维持稳定的汇价、保障国际收支平衡、维护本国经济的发展。第二种是部分型外汇管制，即对经常项目的外汇交易原则上不加限制，但对资本项目的外汇交易进行一定的限制，如日本、丹麦、挪威和法国等。第三种是完全自由型外汇管制，即对经常项目和资本项目的外汇交易均不进行限制，外汇可自由兑换和流通，实行金融自由化，如美国外汇管制分为数量管制和成本管制。前者是指国家外汇管理机构对外汇买卖的数量直接进行限制和分配，通过控制外汇总量以达到限制出口的目的；后者是指国家外汇管理机构对外汇买卖实行复汇率制，利用外汇买卖成本的差异，调节进口商品的结构。外汇管制指政府或中央银行为避免该国货币供给额过度膨胀或外汇储备枯竭，对外贸易或资金流动所采取的任何形式的干预，如英国、新加坡等。

二、外汇管理的目的和意义

（一）改善国际收支状况

长期的国际收支逆差会给一国经济带来显著的消极影响，维持国际收支平衡是政府的基本目标之一。政府可以用多种方法来调节国际收支，但是，部分的调节措施可能需要付出较大的代价。例如，政府实行的紧缩性财政政策或货币政策可能会改善国际收支，但它会影响经济发展的速度，并使失业状况恶化。外汇管制通过集中出口外汇收入、限制进口外汇支出来解决贸易逆差，以保持国际收支平衡。

（二）减少对外经济活动中的外汇风险

汇率频繁的、大幅度的波动所造成的外汇风险会严重阻碍一国对外贸易和国际借贷活动的进行。拥有大量外汇储备的国家或有很强借款能力的国家可以通过动用或借入储备来稳定汇率。对缺乏外汇储备的发展中国家来说，外汇管制是稳定本币对外币的汇率的重要手段。

（三）防止资本外逃或投机性资本流动

经济实力较弱的国家存在着非常多的可供投机资本利用的缺陷。例如，在经济高速发展时，商品价格、股票价格和房地产价格往往高于其内在价值，在没有外汇管制的情况下，这会吸引投机性资本流入，后者会显著加剧价格信号的扭曲。外汇管制是这些国家维护本国金融市场稳定运行的有效手段。

(四) 增加国际储备

任何国家都需要持有一定数量的国际储备资产。国际储备不足的国家可以通过多种途径来增加国际储备，但是，其中多数措施需要长期施行才能取得明显成效。外汇管制有助于政府达到增加国际储备的目的。

(五) 维护本国经济的发展

在本国企业不足以保证产品的国际竞争能力的条件下，政府可以借助外汇管制为企业开拓国外市场。例如，规定官方汇率是外汇管制的重要手段之一，政府直接调低本币汇率或限制短期资本流入有助于增加本国出口。外汇管制使政府拥有更大的对外汇运用的支配权。政府可以利用它来限制某些商品进口，保护本国的相关产业，或者向某些产业提供外汇，以扶植重点产业优先发展。

(六) 加强金融安全

国家开放程度越高，维护金融安全的责任和压力越大。影响金融安全的因素既包括国内不良贷款、金融体制改革和监管等内部因素，又涉及外债规模、使用效益和国际游资冲击等外部因素。发展中国家的经济发展水平较低，经济结构有种种缺陷，特别需要把外汇管制作为增强本国金融安全的手段。

总之，实施外汇管理的有利方面在于，政府能通过一定的管理措施来实现该国的国际收支平衡、奖出限入、汇率稳定和稳定国内物价等政策目标。不利方面在于，市场机制的作用不能充分发挥，人为地规定汇率或设置其他障碍导致国内价格扭曲和资源配置低效，妨碍了国际经济的正常往来。一般情况是发展中国家为振兴民族经济多主张采取外汇管理，而发达国家则更趋向于完全取消外汇管理。

三、外汇管理的内容及具体措施

一国实行外汇管理的基本内容包括四个方面：管理机构、管理对象、管理范围和管理措施。

(一) 管理机构

一般由政府授权财政部、中央银行或另外成立的专门机构作为执行外汇管理的机构。例如，1939年英国实施外汇管理后，指定英国财政部为决定外汇政策的权力机构，英格兰银行代表财政部执行外汇管理的具体措施。意大利设立了专门的外汇管理机构，即外汇管理局。日本由大藏省负责外汇管理工作。除官方机构外，有些国家还将其中央银行指定的一些大型商业银行作为经营外汇业务的指定银行，并按外汇管理法令集中办理一切外汇业务。

(二) 管理对象

外汇管理对象分为对物和对人两种。对物的管理主要涉及国际支付手段，如货币、铸币、黄金、有价证券和票据等。对人的管理包括对法人和自然人。根据法人和自然人在外汇管制国家内外的不同，划分为居民和非居民，居民和非居民的外汇管理待遇不同。由于居民的外汇支出涉及居住国的国际收支问题，故管理较严，对非居民的管理则较宽。

(三) 管理范围

管理范围一般是对贸易和非贸易外汇的收支、资本输出输入、汇率和银行账户存款采取一定的管理。外汇管理的地区一般以该国为限，但在相当一段历史时期内，一些宗主国的外汇管理地区是以其所组织的货币区为限，如英镑区、法郎区等，在货币区内，办理外汇收支和国际结算基本自由；在货币区外，则需进行外汇管理。

(四) 管理措施

1. 对贸易和非贸易外汇的管理

对出口收入管理实行比较严格的外汇管理的国家，对于出口收汇，一般都规定出口商必须将其所得的外汇结售给国家指定的银行，也就是说，出口商必须向外汇管理机构申报出口价款、结算所使用的货币、支付方式和期限等。在收到出口货款后，必须向外汇管理机构申报，并按官方汇率管理规定将全部或部分外汇结售给外汇指定银行。此外，许多国家为了鼓励出口，实行出口退税、出口信贷等措施，而对一些国内急需的、供应不足的或对国计民生有重大影响的商品、技术及战略物资则要限制出口，通常实行出口许可证制度。

实行严格外汇管制的国家，为了限制某些商品进口、减少外汇支出，一般采取的措施有进口存款预交制和进口许可证制。

对非贸易外汇的管理一般采取的方式有直接限制、最高限额、登记制度和特别批准。

2. 对资本输出输入的管理

资本项目是国际收支的一个重要内容，无论是发达国家还是发展中国家，都非常重视资本的输出输入，并根据不同的需要对资本输出输入实行不同程度的管理。发展中国家由于外汇资金短缺，一般对资本输入实行各种优惠政策，以吸引有利于该国经济发展的外资。例如，对外商投资企业给予税收减免的优惠，并允许其汇出利润等。发达国家对资本输出输入采取的限制性措施较少，主要是为了缓和其汇率和官方储备所承受的压力。

3. 货币兑换管理

货币兑换管理是外汇管理最基本、最主要的内容。货币按其兑换性分为不可兑换货币、可兑换货币和自由兑换货币。实行严格外汇管理的国家不管是在经常账户下还是在资本账户下，都严格限制本币兑换成外币和外币兑换成本币，该国货币被称为不可兑换货币。按照国际货币基金组织的定义,一国若能实现贸易账户和非贸易账户下的货币自由兑换,即经常项目下的自由兑换,则该国的货币被列为可兑换货币。自由兑换货币是指在外汇市场上能自由地用该国货币兑换成某种外国货币,或用某种外国货币兑换成该国货币,即实现了经常账户和资本账户的自由兑换。实施货币兑换管理的原因主要有:外汇短缺;金融秩序混乱;国内外经济体制不同;国内外价格体系存在差异等。

4. 汇率的管理

汇率管理有直接管理和间接管理两种方法:①直接管理汇率是指一国政府指定某一部门制定、调整和公布汇率,这一官方汇率对整个外汇交易起着决定性的作用,即各项外汇收支都要以此汇率为基础。实行复汇率制度也是直接管理的方法之一。在经济欠发达、市场机制发育不健全、缺乏有效市场调控机制的国家,常常采用复汇率制度等直接带有行政色彩的方式来管理汇率。②间接管理汇率是指政府有关部门利用外汇市场买卖外汇,以影响外汇供求关系,控制汇率变动的方法。采用间接管理方式需要建立外汇平准基金,运用外汇平准基金买卖外汇以干预供求关系,或者直接利用外汇储备干预外汇市场。

5. 黄金管理

实行严格外汇管理的国家也对黄金交易进行管理,一般由中央银行独家办理黄金的买卖和输出输入,不准私自输出输入黄金。对现钞管理的方法主要是规定携带该国货币出境的限额和用途,有时甚至禁止携带该国货币出境,以防止该国货币输出用于商品进口和资本的外逃。

我国现行的外汇管理制度内容主要包括:要求对经常项目的外汇收支实行银行结售汇制,实现人民币经常项目可兑换;要求建立和规范外汇市场;金融机构经营外汇业务实行许可证制度;建立国际收支统计申报制度;取消境内外币计价结算,禁止外币在境内流通;外汇管理的机构是国家外汇管理局;外汇管理遵循集中管理、分散经营的方针。

# 本章小结

外汇是货币行政当局以银行存款、财政部证券、长短期政府证券等形式所持有的在国际收支逆差时可以使用的债权。它是国际贸易的产物,是国际贸易清偿的支付手段。汇率是两种货币之间兑换的比率,汇率的基本标价方法有两种,即直接标价法和间接标价法。汇率的决定理论有古典汇率决定理论和现代汇率决定理论。在浮动汇率制条件下,两国货币汇率决定的基础是购买力之比。外汇风险是经济实体以外币定值或衡量的资产与负债、收入与支出,因货币汇率在一定时间内发生的不可预测的变动而产生损失的可能性。外汇风险的构成要素包含本币、外币和时间。一国实行外汇管理的基本内容包括管理机构、管理对象、管理范围和管理措施四个方面。

本章习题

1. 外汇的定义与作用是什么?
2. 分析影响汇率变动的因素有哪些。
3. 外汇管理措施有哪些?
4. 简述制约汇率发挥作用的基本条件。
5. 试述企业如何进行外汇风险管理。

第五章
金融市场

【学习目标】

了解金融市场的发展历史,学习货币市场和资本市场的基本概念、外汇市场和黄金市场的基础知识,重点掌握金融市场的作用与分类、货币市场的主要工具、股票市场和债券市场的相关知识。

【学习要求】

了解:金融市场的发展历史、形成与发展过程;货币市场和资本市场的概念;外汇市场的分类;黄金市场的基本知识。

掌握:金融市场的作用及分类;货币市场的含义;货币市场的主要工具;股票市场和债券市场的基本知识。

在现代经济体系中,要素市场、商品市场和金融市场构成了影响经济运行的主导力量。如果说要素市场保证了社会再生产的顺利进行,为商品的生产过程提供了必要的生产资料;商品市场提供了劳动产品的交换媒介,使不同使用价值的商品能够相互交换的话,那么金融市场则为资金的有效配置提供了良好的平台,引导资金由盈余部门向短缺部门流动。金融市场不仅是整个市场体系中最为重要的组成部分,还是连接其他市场的重要纽带。任何商品的交易、劳务的买卖、技术的转移均离不开金融资产的运行和调节。

第一节 金融市场概述

一、金融市场的发展历史

一般来说,金融市场的形成应以存在最基本的要素构成为标志,也就是说,必须有金融市场的主体、金融市场的客体等一系列金融市场的要素,并且有实际的金融交易活动,这样才能说明金融市场已经形成。由于金融市场包含的内容众多,发展历程错综复杂，因此，没有人能够准确说出金融市场产生的确切时间。但是根据推算，大部分人认为，金融市场首先形成于17世纪的欧洲。17世纪初，当资本主义还处在原始积累时期，西欧开始出现了证券交易活动。比利时的安特卫普和法国的里昂被认为是出现证券交易活动最早的地区。1608年，荷兰建立了世界上最早的证券交易所，即阿姆斯特丹证券交易所。随后，于1611年建立了阿姆斯特丹证券交易所大厦，这也被认为是世界上最早的证券交易所大厦，标志着金融市场已经形成。

金融市场从形成至今，经历了400多年的历史。但是在其发展初期，金融市场的变化十分缓慢。到了近五六十年，金融市场才得到了快速发展。

二、金融市场的概念

所谓金融市场，是以金融资产为交易对象所形成的供求关系及其机制的总和。它主要包括三层含义：①金融市场是以金融资产为标的物进行交易的有形或无形市场。与商品市场和要素市场等其他市场不同，金融市场的交易场所通常是无形的。②它反映了资金盈余单位和短缺单位在资金方面的供求关系。根据宏观经济学理论，一个完整的经济体系主要由家庭、企业和政府等类型的经济单位所组成。在三大部门整体的资金流循环过程中，由于收入和支出在时间上的不平衡性，总会有部分部门或微观主体在一定时期出现资金短缺或盈余的状况。因此，金融市场就成了调节这一供求缺口的重要途径。现代金融市场体系的发展，为整个经济体系的正常运转提供了保证。③金融市场不仅包括了金融资产的交易场所，还包括了交易过程中的各种运行机制，其中，最为重要的就是价格运行机制。因此，现代金融市场的概念已经拓展到了较为广义的范畴。

三、金融市场的分类

（一）根据交易标的物划分

根据交易标的物，金融市场可划分为货币市场、资本市场、外汇市场和黄金市场。

货币市场是指期限在一年或一年以下的短期金融工具的交易市场。货币市场中的交易者主要是临时性的资金闲置者或者资金的短期需求者。

资本市场与货币市场相对应，是指期限在一年以上的金融资产交易的场所。我们所说的资本市场通常就是指股票市场和债券市场。

外汇市场是指经营外币或者以外币计价的票据等有价证券买卖的市场。外汇市场上的交易通常是以不同类型货币计价的两种票据之间的交换。目前，在世界上比较有影响力的外汇市场主要包括伦敦、纽约、巴黎、法兰克福、苏黎世、东京、卢森堡、香港、新加坡、巴林、米兰、蒙特利尔和阿姆斯特丹等。

黄金市场是集中进行黄金买卖的交易市场。黄金市场在19世纪初已经形成，是最为古老的金融市场之一。目前，世界上最主要的黄金市场在伦敦、苏黎世、纽约、香港等地。其中，伦敦黄金市场的价格对世界黄金行市有较大的影响。

金融衍生工具又称为金融衍生产品,是与基础金融产品相对应的概念,指建立在基础产品或基础变量之上,其价格随基础金融产品的价格(或数值)变动而变动的派生金融产品。而金融衍生工具市场则是指专门从事金融衍生工具交易的市场。金融衍生工具是金融创新的产物,通过创造新的金融产品来更好地帮助企业和金融机构控制风险以及融通资金。金融衍生工具主要包括远期、期权、期货以及互换等。

(二) 根据中介机构的特征划分

根据中介机构的特征,金融市场可划分为直接金融市场和间接金融市场。

直接金融市场是指资金需求者直接从资金供给者手中获取资金的市场,主要是通过发行股票或债权的方式以金融市场直接获取所需资金;间接金融市场主要是指以银行等金融机构为媒介来进行金融活动的市场。资金供给者将资金贷放给银行等金融机构,由银行通过适当的方式将资金提供给资金需求者,并获取相应的利润。

实际上,无论是直接金融市场还是间接金融市场,都离不开金融中介机构的参与和支持。但在直接金融市场,中介机构的作用主要是提供相应的信息和服务,不涉及资金的流转;而在间接金融市场,金融机构则是资金的中介,无论是资金供给者还是需求者,其资金的贷放和获取必须通过金融机构来实现。

(三) 根据定价方式划分

根据定价方式,金融市场可划分为公开市场和议价市场。

公开市场是指金融资产的交易价格由众多的买主和卖主通过相互公开竞价的方式所确定的市场。金融资产从发行到偿付期满具有一定时限,在此期间,金融资产可以自由买卖,根据市场规则,通常销售给出价最高的买主。公开市场交易一般在证券交易所进行。议价市场是金融资产的买卖双方通过面对面谈判或私下协商的方式来确定金融资产价格的市场。在议价市场建立初期,证券流通范围狭窄且交易不活跃。随着金融改革的逐步深入,很多债券和未上市的中小企业的股票均通过议价市场进行交易。

(四) 根据金融资产的交割期限划分

根据金融资产的交割期限,金融市场可划分为现货市场和期货市场。

在现货市场,金融资产一般在成交后的1~3天内完成交割;而在期货市场,金融资产的交割一般在成交后的若干时期内,如成交后的几周或几个月之后进行。目前,证券、黄金和外汇等很多金融产品都通过期货市场进行交易,金融资产期货交易的品种和方式也越来越多,如利率期货、外汇期货和股指期货等均成为了重要的金融资产。

(五) 根据有无固定场所划分

根据有无固定场所,金融市场可划分为有形市场和无形市场。

有形市场,即有固定交易场所的金融市场,主要是指证券交易所等固定的交易场所;无形交易市场则是指除证券交易所以外的证券交易场所的总和。随着信息技术和通讯工具的发展,无形的网络将投资者、各种金融机构和证券交易商联系在一起,金融资产能够在不同的金融市场主体之间迅速转移。

（六）根据地域范围划分

根据地域范围，金融市场可划分为国内金融市场和国际金融市场。

国内金融市场是指金融交易的范围局限于本国之内的市场，它既包括全国性的国内金融市场，又包括地区性的金融市场；国际金融市场则是指跨越国境进行金融交易的场所。当前的国际金融市场不仅包括传统的从事国际金融业务的场所，如国际资本市场、国际衍生金融工具市场，还包括离岸金融市场。离岸金融市场不受所在国政府的局限，而且可以享受优惠，资金流动自由，因此，得到了迅速的发展。国内金融市场是国际金融市场的基础，国际金融市场则是国内金融市场不断发展的必然产物。随着经济全球化的深入和金融创新的不断发展，国际金融市场必将得到快速发展。

四、金融市场的作用

金融市场成立的初衷，是为了调解市场对于资金供给与需求之间的不平衡性，满足不同的金融市场主体的投资和融资需求。融通资金是金融市场最基本的功能。但随着金融创新和改革的不断深入，金融市场对于实体经济的影响日益扩大，金融市场的功能已经不再局限于对资金供给缺口的调节，它在社会资源的配置、社会财富的再分配、国民经济发展状况的考量乃至各国政府的宏观调控等方面，都发挥了举足轻重的作用。

（一）融通资金

如果社会经济体中的人和微观主体均能够持续地实现收支平衡，就不会有金融活动的出现，更不会产生现代的金融市场。在一定时期内，总会有一定的主体会产生闲置资金却又不打算进一步进行支出活动，也总会有一些主体因为生产或经营的需要出现资金缺口，这为金融市场的出现和发展创造了良好的契机。

（二）优化资源配置

金融市场对社会资源的有效配置具有重要的推动作用。首先，根据财务管理相关理论，由于货币时间价值的存在，不能产生额外受益的资金将会因存放时间的延长而使价值降低。因此，对资金剩余者来说，必须通过适当的途径来扩大资金的价值，以抵消时间的影响。资金由资金供给者向需求者的转移，一方面使供给者的增值需求得到了满足，另一方面使资金能够在需求者手中得到有效利用，这本身就是对社会闲散资金资源的一种优化配置。其次，在金融市场，经济效益好、信誉较高的企业发行的债券需求量较大，发行利率低，节省了融资成本；而经济效益差的企业难以获取社会公众的支持。通过金融市场内在的价格机制，会进一步促进企业的优胜劣汰，提高资源的利用效率。

（三）社会财富的再分配

随着公众收入的不断增加和理财意识的增强，金融资产成为了社会财富贮藏的重要方式。各类金融资产在流动性、风险性和收益率方面的巨大差异，使市场主体能够根据自身的需要理性地选择金融产品。金融资产在不同主体之间的持有比例和数量的经常性变动，也会进一步实现社会财富的再分配。

（四）国民经济状况的衡量

金融市场历来被称为国民经济的晴雨表。一般来说，在经济持续发展或高涨时期，金融市场的交易会更加频繁，收益率相对较高；而在经济低迷或者经济危机时期，金融市场也会相应出现萧条的局面。因此，金融市场能够非常直观地反映国民经济发展的现实情况，从而帮助政府和企业进行相应的政策和措施选择。

（五）宏观调控

根据宏观经济学理论，政府进行宏观调控的经济手段主要是财政政策和货币政策。目前，应用最为广泛的三种货币政策工具为存款准备金率、再贴现率和公开市场业务。由此可见，货币政策与金融市场的运行有着密不可分的联系。例如，政府可以通过公开市场业务政策，在金融市场从事证券等金融资产的买卖，从而控制货币供给量，最终影响到宏观经济的运行。

第二节　货币市场

货币市场是指期限在一年或一年以下的短期金融资产的交易场所。

一、货币市场工具

货币市场工具主要包括同业拆借资金、大额可转让定期存单、银行承兑汇票、短期国债和商业票据等。尽管这些工具在受益、风险、期限和发售条件等方面存在很多差异，但仍然可以从中找出货币市场工具的一些普遍特征。

（一）货币性

货币市场工具发行的目的主要是解决筹资人的短期资金缺口，因此，货币市场工具往往具有期限短、流动性强等特点。货币市场工具经常被作为现金等价物，直接用来购买商品和劳务、支付货款、清偿债务，也就是执行现金的某些职能。

（二）灵活性

与其他融资方式相比，货币市场工具表现出了较强的灵活性。首先，货币市场工具的灵活性表现为其在商品市场或劳务市场上与买卖行为的结合。很多货币市场工具都是随着交易中的信用和赊销行为而逐渐发展起来的。例如，商业汇票就是在商品或劳务交易过程中，由销售方发出命令，付款方按照实际货款在约定时间内支付一定金额的票据。如果这种汇票由买方自己承兑，就成了商业承兑汇票；如果由银行承兑，就成了银行承兑汇票。其次，货币市场工具的灵活性表现为交易方式的灵活性。随着通讯技术和网络的普及，货币市场工具的交易既可以在有形市场进行，又可以在无形市场进行。最后，货币市场工具的灵活性表现为金融工具的多样性。不同类型的货币市场工具在利率、期限、偿还方式和发行条件等方面存在很多差异，投资者和筹资者可以根据市场的实际状况以及自身的经营特点，在不同货币工具中进行合理选择。

（三）同质性

货币市场工具虽然千差万别，但也具有一定的同质性，表现为不同工具之间的利率变动具有相互敏感性，变动方向一般都是相同的。除此之外，不同货币市场工具的利率差异相对较小。

根据货币市场工具的不同，可以将货币市场划分为同业拆借市场、商业票据市场、银行承兑汇票市场、大额可转让定期存单市场、短期政府债券市场和回购协议市场等。

二、同业拆借市场

（一）同业拆借市场的概念和产生

同业拆借市场也被称为同业拆放市场，是指金融机构之间进行临时性的短期头寸调剂的市场。

同业拆借市场最早出现于美国，是法定存款准备金制度的产物。经过长期的改革与实践，现代的同业拆借市场无论是在融资规模还是在开放程度方面都得到了快速的发展。目前的同业拆借市场，已经不仅仅是银行间调剂资金头寸的场所。银行如果出现暂时性的资金短缺，便可以通过同业拆借市场获取短期资金，某些非银行金融机构也开始逐步进入同业拆借市场。此外，同业拆借市场还成为了资产负债管理的重要工具。由于同业拆借市场的期限较短，风险较低，因此，很多金融机构都投资于同业拆借市场以提高资产的流动性。特别是对经营规模小、抗风险能力差的中小型金融机构来说，同业拆借市场是理想的投资场所。

（二）同业拆借市场的特点

1. 融资期限较短

最初的同业拆借市场，只是为一日或几日的资金进行临时调剂，期限非常短。但是发展到今天，同业拆借市场已经成为了平衡各类金融机构之间短期资金不足的市场，成为了平衡或解决资金流动性与营利性矛盾的市场。临时调剂性市场也变成短期融资的市场。同业拆借市场的应用范围得到了扩大。

2. 无需抵押和担保

同业拆借市场是为了解决金融机构的短期资金不足，因此，交易的数额相对较大。此外，与其他融资方式相比，同业拆借交易不需要抵押和担保，完全是一种建立在信用关系之上的资金借贷交易模式。交易双方都以自身的信用作为担保，严格地遵守交易协定。

3. 对参与主体的限制较为严格

同业拆借市场为运用此种方式进行资金融通的双方制定了严格的限制条件，通常限定在金融机构或者指定的某些非金融机构，如政府等。有些国家在某些特定时期会对进入同业拆借市场的金融机构设置一定的限制，即只允许商业银行进入，非银行金融机构不能进入；只允许存款性金融机构进入，不允许证券、信托等机构进入等。

4. 利率市场化程度较高

同业拆借市场的借款利率可以由双方协商决定。因此，同业拆借市场利率是市场化程度较高的利率之一，充分体现了金融市场上的资金供求关系。

5. 交易方式先进

同业拆借业务的交易手续比较简便，主要通过无形市场进行交易，更加符合现代经济的发展方向。双方在洽谈成功之后，可以通过中央银行的账户进行划账，或者通过资金交易中心进行资金交割。

三、商业票据市场

商业票据是一种古老的商业信用工具。早在18世纪就开始出现，20世纪之后逐渐成熟。商业票据是指有一定信用度的知名企业，按照票面金额向持票人付现的一种无抵押付款承诺。其中，美国的商业票据属于本票性质，而英国的商业票据则属于汇票性质。

（一）商业票据市场的要素

1. 发行者

商业票据的发行者主要有金融机构和非金融性公司两种，包括三种类型：一是附属性公司，即挂靠于某个知名大型生产性公司的附属商业票据发行机构，如美国通用汽车承兑公司等；二是银行下设的子公司；三是独立的金融公司。商业票据的发行数量与实体经济状况具有密切联系。一般来说，在高利率时期，商业票据的发行数量较少；而在经济发展稳定、利率较低的时期，商业票据的发行数量较多。

2. 发行面额与期限

商业票据的作用是在短期内为企业筹集所需的巨额资金。因此，虽然某些商业票据的面值仅仅在几万美元，但大多数的商业票据面额都在100000美元以上。而且商业票据的期限一般较短，通常不超过 270 天。

3. 发行方式

商业票据的发行一般有两种方式，一是由发行者直接进行销售活动；二是委托交易商进行发行业务。如果通过委托商发行，通常有助销发行、代销发行和招标发行等几种不同的形式。

4. 信用评级

信用评级是商业票据发行过程中十分重要的一个环节。所谓信用评级是指对商业票据的质量进行评估，并根据商业票据的风险状况分成若干等级的过程。

5. 发行价格与发行成本

商业票据价格主要是指发行价格。商业票据期限较短、安全性好，投资者可以根据自己的需要选择商业票据的期限，因此，商业票据的持有者通常将票据持有到期兑现。此外，如果商业票据的投资者需要现金，可以与商业票据的发行方进行协商，请求提前兑付。因此，商业票据市场的流动市场并不发达。

商业票据的发行成本主要包括以下几个部分：

（1）贴现率。交易商的参考利率是一个加权平均利率。交易商每日都按照统一规定的期限分类（7 天、30 天、90 天、180 天、270 天），向协会报告当日利率，协会把这些利率加权平均后得出的利率即为参考利率。

（2）承销费。主要根据金额的大小以及时间的长短来进行计算。

（3）签证费。为了保证商业票据所记载事项的正确，通常由权威的中介机构予以签证。签证费一般按照签证金额收取，规定了最低起点。

（4）保证费。金融机构为商业票据的发行者提供信用证，并收取保证费。如果发行量较大，信誉较好的公司可以酌情减少。

（二）商业票据市场的特征

1. 融资成本较低

利用商业票据进行短期融资的成本一般低于短期贷款，因为商业票据发行单位的信誉度较高，省去了银行参与的中间环节，直接从投资人处获取资金，因此，成本较低。

2. 灵活程度较高

根据发行者与承销商的协议，发行单位可以在一定期限内，在合同约定的限额内不限次数和时间地发行商业票据，以适应企业自身的资金需求。

3. 足额运用资金

西方银行经常要求借款人将一定比例的借款存入到该行的往来账户内，而商业票据则可以充分运用获取的资金。

4. 对利率的反应较为敏感

银行利率对于市场利率的反应具有一定的时滞性，而商业票据对市场利率的反应较为敏感，能够迅速地进行利率调整。

5. 有利于提高企业信誉

由于商业票据的发行单位都是具有一定影响力的大型企业或组织，因此，发行商业票据本身就是对企业良好信用度和实力的一种体现。因此，商业票据融资方式更容易得到企业的青睐。

四、银行承兑汇票市场

(一) 银行承兑汇票的定义

汇票是由出票人向付款人签发的，要求付款人在约定的期限内向收款人或指定人无条件地支付一定款项的付款承诺。银行承兑汇票是一种特殊的在国际贸易过程中逐渐被创造出来的金融工具，是由银行承兑的远期汇票。

(二) 银行承兑汇票市场的交易方式

在一般情况下，为了避免资金的占用，银行承兑汇票的持票人一般不会等到汇票到期日进行收款，而是会采取一定的方式或手段对汇票进行转让和流通。这样，银行承兑汇票的交易市场便逐渐产生。银行承兑汇票的交易市场是由票据交易商、商业银行、中央银行以及其他金融机构组成的从事贴现、转贴现等一系列交易活动的金融市场。银行承兑汇票的贴现、转贴现和再贴现等业务，都以背书行为为基础。

1. 背书

背书是将票据权利转移给他人的一种票据行为。经过背书，票据权利就由背书人转移给被背书人。背书包括两个行为，一是在票据背面或者所附粘贴单上记载相关事项并签章；二是将汇票交付给被背书人。背书人是票据的债务人，既要承担其后手所持汇票承兑和付款的责任，又要证明其前手签字的真实性和背书的连续性。当汇票遭到拒付时，后手有权向背书人索要款项。

2. 贴现

贴现是指持票人为了提前取得款项，将未到期的银行承兑汇票向银行或其他机构转让的行为。通过贴现行为，可以解决持票人的资金困难。在贴现过程中，银行会从票面金额中扣除从贴现日至到期日的利息，将余额支付给持票人。票据贴现从表面看是一种票据转让行为，实质上是短期资金的融通。

3. 转贴现

转贴现是指持票银行将未到期的银行承兑汇票，向其他银行或金融机构进行贴现的票据转让行为。通过转贴现，持票银行收到了现金，解决了短期资金缺口；接受转贴现的银行又实现了闲置资金的有效利用。因此，转贴现业务在西方国家十分普遍。

4. 再贴现

再贴现是指银行或其他金融机构将未到期的银行承兑汇票向中央银行再次进行贴现的票据转让行为。一般情况下，再贴现就是最终贴现。经过再贴现，票据便退出了流通过程。中央银行在进行再贴现业务时，也会收取一定的利息。但是，再贴现利息一般低于银行的贴现利息，以保证商业银行有利可图。

五、大额可转让定期存单市场

（一）大额可转让定期存单的定义与产生

大额可转让定期存单是指由商业银行发行的，可以在市场上转让的大面额存款凭证。

第一张大额可转让定期存单是由美国花旗银行于1961年发行的。其目的是稳定存款、扩大资金来源。由于当时市场利率上涨，活期存款无利或利率极低，现行的定期储蓄存款受《联邦条例》的制约，利率上限受限制，存款纷纷从银行流出，转入收益高的金融工具。大额可转让定期存单利率较高，可在二级市场转让，对于吸收存款大有好处，于是，这种新的金融工具诞生了。大额可转让定期存单除了对银行具有稳定存款的作用、银行存款被动等待顾客上门变为主动发行存单以吸收资金、更主动地进行负债管理和资产管理外，存单购买者还可以根据资金状况买进或卖出，调节自己的资金组合。

（二）大额可转让定期存单的种类

1. 按发行者分类

按发行者分类，大额可转让定期存单可分为国内存单、欧洲美元存单和扬基存单。国内存单是指境内银行在境内发行的存单；欧洲美元存单是指美国境外银行发行的以美元为面值的存单；扬基存单是指外国银行在美国分支机构发行的存单。

2. 按利率分类

按利率分类，大额可转让定期存单可分为固定利率存单和浮动利率存单。

固定利率存单是指面额、票面利率、期限等为固定值的存单；浮动利率存单是指利息按货币市场上某一相同时间的期限放款或票据的利率为基数年，再加上一个预先确定的浮动幅度而计算支付利息的一种存单。

（三）大额可转让定期存单的流通

大额可转让定期存单的投资者，如果急需资金，可以在二级市场对存单进行买卖。存单通常由经销商买入，经销商可将这些存单持有至到期日，收取本息，也可以在流通市场再次进行转让。

六、短期政府债券市场

（一）短期政府债券的定义

短期政府债券是一国政府为了缓解临时性资金短缺而发行的有价证券。短期政府债券通常以贴现的方式发行，投资人收益即为债券买价与面值之间的差额。

值得注意的是，在我国，无论是期限在一年以内的短期政府债券，还是期限在一年以上的长期政府债券，都称为国库券。但是在国外，期限在一年以上的中长期政府债券一般称为公债；期限在一年以内的短期政府债券才称为国库券。如果从国际范围内进行考察，那么所谓的短期政府债券市场就是指国库券市场。

（二）短期政府债券的发行

在国际市场上，一般通过拍卖的方式进行国库券的发行。这种发行方式具有两个优点：首先，传统的认购方式由财政部门设置好证券的发行价格和发行数量，一方面会造成成交价格不能完全反映短期政府债券的供求关系和市场价值，另一方面也有可能出现认购数量少于计划数量，政府债券不能足额认购的现象。因此，采取拍卖的方式，由市场决定收益，提高了政府债券的市场化因素。其次，采用拍卖方式发行，为财政部提供了灵活的筹资手段。财政部负债中的少量变化可简单地通过变动每周拍卖中的国库券的供应量来实现。

在拍卖过程中投资者可以通过竞争性方式和非竞争性方式两种方式来投标。竞争性方式是指竞标者提出购买的价格和数量，所有竞标根据价格由高到低排列；非竞争性方式是指投资者报出认购数量，并同意以中标的平均价格购买。一般来说，通常先从拍卖总额中扣除非竞争性投标额，余下的部分参加竞争性拍卖。

在竞争性拍卖下，可以采取荷式拍卖和美式拍卖。在荷式拍卖下，所有中标者都按最低中标价格获取国库券。在美式拍卖下，中标者按照各自申报的价格获取国库券。

七、回购协议市场

（一）回购协议市场的定义

回购协议市场是企业进行短期融资的重要场所和金融市场体系的重要组成部分。回购协议是指在出售证券的同时，与购买者签订协议，约定在未来的某一时点以不变或约定的价格将证券赎回的金融工具。从本质上来说，回购协议是以证券为抵押品的一种特殊抵押贷款。当约定的期限为一天时，叫作隔夜回购；当期限超过一天时，称为隔期回购。

回购协议市场并不是一个完全独立的金融市场形态，它是与政府债券市场、同业拆借市场等其他金融市场紧密联系的，其交易大多以电信方式进行。大部分回购协议交易由资金供给方和资金需求方直接进行协商，但也有少数通过中介进行回购市场交易。这些中介机构与获得资金的一方签订回购协议，并同供给资金的另一方签订逆回购协议。

（二）回购协议市场的特点

第一，流动性强。回购协议多以短期行为为主，因此，流动性较强。

第二，安全性高。回购协议多在规范的场内市场进行交易，因此，受到法律保护。

第三，收益稳定。回购利率是市场公开竞价的结果，一般可获得平均高于银行同期存款利率的收益。

第四，免交存款准备金。融入资金免交存款准备金，成为银行扩大筹资规模的主要方式。

(三) 回购利率的决定

在回购协议市场中，回购利率的决定取决于多个因素：

1. 证券的质地

用于抵押证券的信用程度越高、流动性越强，客户承担的风险就越小，回购利率就越低；反之，回购利率就会相对高一些。

2. 回购期限的长短

一般来说，期限越长，风险性越大，利率会相对高一些。但是在实际操作中，利率是可以随时调整的。

3. 交割的条件

如果采用实物交割的方式，回购利率就会较低。如果采取其他交割方式，回购利率就会相对较高。

4. 其他市场的利率水平

由于回购协议市场不是一个具有独立形态的金融市场，它的存在依赖于货币市场的其他子市场，因此，其利率水平不能单独决定。一般来说，回购协议市场要参照同业拆借市场的利率水平。

第三节　资本市场

资本市场是指从事中长期资金融通以及中长期金融工具买卖的场所，期限通常在一年以上。长期金融市场对国民经济的稳定快速发展至关重要，资本市场的发展程度直接关系着一国的资源配置效率，影响着国民经济的持续、健康发展。根据交易标的物的不同，主要分为股票市场和债券市场。

一、股票市场

股票是一种有价证券，它是股份有限公司发行的，用以证明股东所有者的身份，据以获取股息并承担责任的书面凭证。股票市场是用来进行股票发行和交易的有形或无形场所，根据不同的标准，股票市场可以划分为不同的类型：

(一) 根据功能划分

根据功能划分，股票交易市场可以分为股票发行市场和股票流通市场。

1. 股票发行市场

股票发行市场也称一级市场，由筹资人、投资人和中介机构共同组成。其中，股票市场的筹资人主要是指股份有限公司，即股票的发行单位。股票市场的投资者是指进行股票投资的资金供给者。股票市场的投资者既可以是个人，又可以是投资机构。值得注意的是，股票市场的大部分资金来源于投资机构，但是，个人投资者在投资主体的数量上不容忽视。

股票市场除了发行人和投资者之外，还有众多的中介机构。中介机构已经成为股票市场重要的参与主体。股票市场的中介机构包括发行市场的承销商、创业办市场的保荐人、会计师事务所、法律事务所、投资咨询公司和证券评级机构等多种类型。

2. 股票流通市场

股票流通市场也称二级市场，是投资者之间对已经发行的股票进行买卖和转让的场所。股票流通市场既可以是有形市场，又可以是无形市场。

(二) 根据股票流通市场的组织形成划分

根据股票流通市场的组织形成划分，股票交易市场可以分为场内交易市场、场外交易市场、第三市场与第四市场。

1. 场内交易市场

场内交易市场是指在证券交易所内集中进行股票买卖活动的交易场所。证券交易所是指根据国家有关法律，经政府证券主管部门批准设立的证券集中竞价交易的有形场所。证券交易所本身不参与证券买卖，只提供交易场所和服务，同时，兼有管理证券交易的职能。目前，证券交易所主要有两种组织形式：一是公司制证券交易所；二是会员制证券交易所。

2. 场外交易市场

场外交易市场亦称柜台交易市场或店头交易市场，它是指证券经纪人或证券商不通过证券交易所，将上市的证券或已上市的证券直接同顾客进行买卖的市场。

3. 第三市场与第四市场

股票交易市场除了通常所说的场内交易市场、柜台市场之外，还存在着所谓的第三市场和第四市场。

第三市场是指原来在证券交易所上市的股票移到场外市场进行交易所形成的市场。第三市场交易的是既在证券交易所上市又在场外市场进行交易的股票。

第四市场是指投资者和筹资者不通过证券商直接进行的股票交易。第四市场具有交易成本低、保密性强以及直接通过谈判商定价格等优势。

(三) 根据公司的上市标准和条件划分

根据公司的上市标准和条件划分，股票市场又分为主板市场和二板市场。

主板市场一般上市标准高，上市条件严格，通常只有规模较大、盈利水平较好的企业才能在主板市场实现上市。二板市场又称为创业板市场或高科技板市场，通常是为规模较小的中小企业或创新企业提供上市机会。由于这些企业难以达到主板市场相对严格的上市条件和标准,因此,二板市场较为宽松的条件为其提供了上市机会。

二、债券市场

债券是政府、公司或金融机构为了筹措资金而向投资者发行的一种债权债务证书,承诺按照债券票面金额、利率在约定的期限支付利息并到期偿还本金。

(一)债券的发行市场

1. 债券的发行过程

债券的发行过程由于债券类型的不同以及发行方式的差异而有所区别。但是,从总体上看,可以将债券的发行全过程划分为四个阶段:

(1)准备阶段。包括债券发行方案的制定、可行性研究、市场调查、董事会决议、股东会决议、文件制作、信用评级、发债申请书的申报、公司形象的策划及塑造以及发债的登记注册或审批等。

(2)委托阶段。包括承销商的选择、承销方式的选择、承销价格的确定、承销方案的讨论和承销协议的签署等。

(3)销售阶段。包括发布公告、印制债券及有关凭证、安排发售网点、债券发售和发债资金的收缴及统计等。

(4)入账阶段。包括发债资金的核实、承销费及其他费用的结算、发债资金划入发行人账户、发债报告书的签署和发行人调整账目等。

2. 债券的发行价格

债券发行价格的确定包括债券利率的确定和债券价格的制定两个方面。

债券发行利率,即债券的票面利率,受到多种因素的影响:

(1)债券的期限。债券的期限越长,投资者承担的风险水平越高,因此,债券的利率也就越高。

(2)债券的抵押。抵押是对投资者权益的一种保护,也是对债券投资风险的一种防范措施。在其他条件相同的状况下,有抵押的债券风险相对较小,其利率水平也相对较低。

(3)债券的信用等级。债券的信用等级也在一定程度上反映了债券的风险水平。一般来说,债券的信用等级越高,其风险水平越低,债券的利率也相对较低。

(4)金融市场的市场利率及变动趋势。一般来说,如果当前金融市场银根紧缩,市场利率将会逐步提高,银行存款、贷款以及其他债券的利率水平也会相应提高。发行方如果要与这些替代投资机会相竞争,就必须制定更高的利率水平以吸引投资者。

(5)管理当局的相关政策。例如,有些国家会规定债券利率水平或上限,因此,发行方在确定债券利率的时候,要考虑相关政策的影响。

在制定债券发行价格的时候,未必与票面价格完全相同。发行方可以根据市场状况以及债券的预期收益,选择平价发行、溢价发行、折价发行等不同的发行策略。

(二) 债券的流通市场

1. 债券流通市场的组成

债券交易市场一般有两种主要形式：一种是证券交易所交易，另一种是柜台交易。

证券交易所是具有高度组织和严格规则的证券交易市场。通过证券交易所进行流通的债券要经过严格的审核程序，因此，很多债券都不能通过证券交易所进行流通。证券交易所交易通常采取公开竞价的方式。当然，双方通常不是直接在场内进行协商，而是通过各自的证券代理商和交易商来进行债券买卖的。

柜台交易也叫作场外交易，即在证券交易所之外进行的债券买卖。柜台交易既可以以自营的方式进行，又可以进行代理买卖。

2. 债券交易程序

证券交易的一般程序如下：

（1）投资者委托证券商买卖债券，签订开户契约，填写开户有关内容，明确经纪商与委托人之间的权利和义务。

（2）证券商立即通过它在证券交易所内的代表人或代理人，按照委托条件实施债券买卖业务。

（3）办理成交后的手续。成交后，经纪人应于成交的当天，填写买卖报告书，通知委托人（投资人）按时将交割的款项或交割的债券交付给委托经纪商。

（4）经纪商核对交易记录办理清算交割手续。委托经纪商于营业终结时，按债券类别与交易所记录核对无误后，将受托成交的同种债券买卖双方的数额进行抵消，抵消后的差额与证券交易所办理清算交割手续。

第四节　其他金融市场

一、外汇市场

（一）外汇市场的定义

外汇市场（Foreign Exchange Market）是指投资者、进出口商和银行买卖外汇以及清算国际间债权和债务的市场。它是专门从事外汇买卖的市场，包括金融机构之间的同业外汇买卖市场和金融机构与顾客之间的外汇零售市场。

当今外汇市场交易的币种比较集中，交易量也比较大。交易币种主要是美元、英镑、欧元和日元等。外汇买卖有两种类型：一类是本币与外币之间的买卖，即需要外汇者用本币购买外汇，或持有外汇者卖出外汇换取本币；另一类是不同币种的外汇之间的买卖。例如，在纽约外汇市场上，美元与各种外汇之间的交易属于前一类型，欧元与日元的兑换属于后一类型。

(二) 外汇市场的分类

1. 根据有无固定场所划分

根据有无固定场所划分，外汇市场分为有形市场和无形市场。

有形市场（Visible Market）是指有具体交易场所和固定交易时间的场所，外汇买卖各方在每个营业日的约定时间集中在此从事外汇交易，如法国巴黎和中国上海等地的外汇交易市场。早期的外汇市场以有形市场为主，因该类市场最早出现在欧洲大陆，故又称为"大陆式市场"。

无形市场（Invisible Market）是指没有固定交易场所，所有外汇买卖均通过联结于市场参与者之间的电话、电传、电报及其他通讯工具来进行的抽象交易网络，如英国伦敦、美国纽约和中国香港等地的外汇市场。这种外汇市场交易品种多、交易活跃、交易量大，目前，无形市场是外汇市场的主要组织形式，因其最早产生于英国、美国，故又称为"英美式市场"。

2. 根据外汇交易主体划分

根据外汇交易主体划分，外汇市场又分为银行间市场和客户市场。

银行间市场（The Inter-Bank Market）又称"同业市场"，它是指外汇银行之间为了轧平其外汇和资金头寸，从事抛补交易或金融性交易而形成的市场。银行同业市场是现今外汇市场的主体，其交易量占整个外汇市场交易量的90%以上，一般在新闻报道中提到的外汇市场通常是指银行间外汇市场。

客户市场（Customer Market）是指外汇银行与一般顾客（进出口商、个人等）进行交易的市场。客户由于国际贸易等方面的需要与银行进行外汇买卖，构成了此外汇市场的基本业务。客户市场的交易量占外汇市场交易总量的比重不足10%，它主要是零售市场，交易量小，交易成本较高，买卖差价较大。

3. 根据交割时间划分

根据交割时间划分，外汇市场分为即期市场、远期市场和掉期市场。

即期市场（Spot Market）是指在外汇交易后的第二个营业日进行交割的外汇市场。在国际外汇市场上，即期外汇交易是最常见的交易方式。

远期市场（Forward Market）是指外汇交易合约成立时，双方无须进行实际外汇支付，而是在未来某一时间按照合约规定的汇率办理外汇交割的市场。

掉期市场（Swap Market）是指同时买入和卖出等额的外汇而交割日却不同的外汇交易市场。掉期市场上的交易实际是一种短期的借贷关系，其目的是调整银行的外汇头寸以及因现金流量期限不同出现的缺口。

此外，外汇市场还有很多不同的分类方法，如按照管制程度划分的管制外汇市场和自由外汇市场；按市场发展程度和开放程度划分的地区性外汇市场和国际性外汇市场等。

二、黄金市场

黄金市场是世界各国进行黄金买卖的场所，黄金买卖一般有固定的场所，这些黄金交易所设在各国的国际金融中心，成为国际金融市场的重要组成部分。目前，世界上比较著名的黄金市场有伦敦、苏黎世、纽约、芝加哥和香港，称为世界五大黄金市场。其他市场的交易规模较小，交易受五大黄金市场的直接影响，如法兰克福、巴黎、米兰、东京和新加坡等都属此类。

(一) 黄金市场的分类

黄金市场可以依据不同的标准进行分类：

1. 按性质划分

按性质不同，黄金市场可分为起主导作用的市场和区域性市场。

前者是指国际性交易集中的市场，其价格及交易量的变化对其他市场有很大影响，如伦敦五大黄金市场；后者是指交易规模有限且市场影响不大的黄金交易市场。

2. 按交易类型划分

按交易类型划分，黄金市场可分为现货市场和期货市场。

前者指同业间通过通讯联系进行黄金交易的欧洲型市场，如伦敦、苏黎世等。后者指设有独立交易所的美国型市场。

3. 按管制的程度划分

按管制的程度划分，黄金市场可分为自由交易市场和限制交易市场。

前者指黄金可以自由输出、输入，居民和非居民都可以自由买卖黄金的市场，如苏黎世。后者包括两种情况：一种是只准非居民自由买卖、不准居民进行黄金交易的市场；另一种是只允许居民自由买卖的黄金国内市场。

(二) 黄金价格和供求状况

伦敦下午由竞价过程而形成的黄金价格是全世界黄金价格的依据。这个定价很重要，在伦敦下午竞价过程中，美国、欧洲、中东和非洲几个市场同时进行。

黄金价格的形成主要由其供求状况所决定。2002 年到 2006 年的统计显示，黄金市场上的主要供给来源有金矿开发生产（61%）、回收黄金（25%）和中央银行出售（14%），而同期需求来源有首饰需求（69%）、投资需求（19%）和工业需求（12%）。

1. 供给来源

（1）金矿开发生产。金矿开发生产的高峰期是从 20 世纪 50 年代开始的，现在黄金产量的 66% 估计都是从那个时候积累的。不过，现在的生产量已经趋于平稳，估计会在未来一段时间内小幅下降。黄金在除了南极洲之外的各个大陆都有生产开发。20 世纪，黄金产量最多的国家是南非；70 年代，南非的黄金产量占到了当时世界黄金总产量的 70%。虽然南非的黄金生产量逐步下降，但是到 2006 年，其依然是世界最大的黄金生产国，占世界产量的 12%。第二、第三大黄金生产国分别是美国和中国。

(2) 回收黄金。黄金可以通过回收、重铸的形式继续在黄金市场流通，形成供给来源。

(3) 中央银行。中央银行一方面通过买卖黄金来调整其储备资产比例，另一方面通过借贷、掉期和其他金融衍生物方式来影响黄金价格，如租赁黄金。

2. 需求来源

(1) 首饰需求。在2006年，按照当时的黄金价格计算，事后需求量为440亿美元。黄金首饰需求因国家和文化差异而变化。在基督教国家的圣诞节和中国的国庆与春节，黄金首饰需求相对增大。

(2) 工业需求。主要用于电子部件和高端电热导体的生产。前者的生产国家主要集中在北美、西欧和东亚。

(3) 投资需求。黄金是较好的价值储藏工具。黄金本身就是一种资产，不像货币和政府债券属于负债，需要承担违约风险。因此，越来越多的个人投资者和机构投资者加大了在黄金方面的投资。

本章小结

金融市场是以金融资产为交易对象所形成的供求关系及其机制的总和。金融市场主要由交易对象、交易主体、交易工具以及交易价格所组成。根据交易标的物，可以划分为货币市场、资本市场、外汇市场、黄金市场以及衍生金融工具市场。其中，货币市场和资本市场在一国国民经济运行中发挥着重要的作用。货币市场是指期限在一年或一年以内的短期金融资产的交易场所，具体包括同业拆借市场、商业票据市场、大额可转让定期存单市场、短期政府债券市场和回购协议市场。资本市场是指从事中长期资金融通以及中长期金融工具买卖的场所，期限通常在一年以上，主要包括股票市场和债券市场。

本章习题

1. 如何理解金融市场的三层含义？
2. 简要回答金融市场的作用。
3. 简要回答货币市场工具所具有的特征。
4. 债券发行利率，即债券的票面利率，受到多种因素的影响，这些因素主要包括哪些方面？
5. 外汇市场根据有无固定场所，可以分为有形市场与无形市场，与有形市场相比，无形市场具有哪些优势？

第六章
现代金融市场理论

【学习目标】

　　最优投资组合不仅仅是将具有不同风险—收益特征的各种证券放在一起，投资者还必须考虑各种证券之间的关系，以构建实现投资目标的最优投资组合。本章对马克维茨投资组合理论和资本资产定价模型进行了介绍，解释了投资组合理论。通过本章的学习，要求理解为何要分散化投资组合以及如何实现分散化。

【学习要求】

　　了解：回顾均值—方差分析的基本概念；资本资产定价模型；资本市场线；证券市场线。

　　掌握：单项风险资产预期收益和风险的度量；投资组合预期收益和风险的度量；资本资产定价模型；最优投资组合选择。

第一节　投资组合理论基础

一、背景假设

　　投资组合理论假设投资者是风险回避型的，给定两项预期收益相同的资产，风险回避型投资者（Risk Averse Investors）会选择其中风险更低的资产。这意味着风险投资要提供更好的预期收益，否则没有投资者愿意购买。例如，多数投资者支付确定金额的资金以购买寿险、车险和健康险等，是为了避免未来可能的大笔资金支出。再例如，信用评级低的公司的债券收益率较信用评级高的公司高，这说明承担了更高风险的投资者要求更高的回报率。

　　我们采用无差异曲线来说明风险回避的概念，在图6-1中，横轴代表风险，用标准差来衡量；纵轴代表期望收益，I_1、I_2、I_3为三条无差异曲线，越往左上方的方向，其效用对投资者来说越高，更受投资者的偏好。

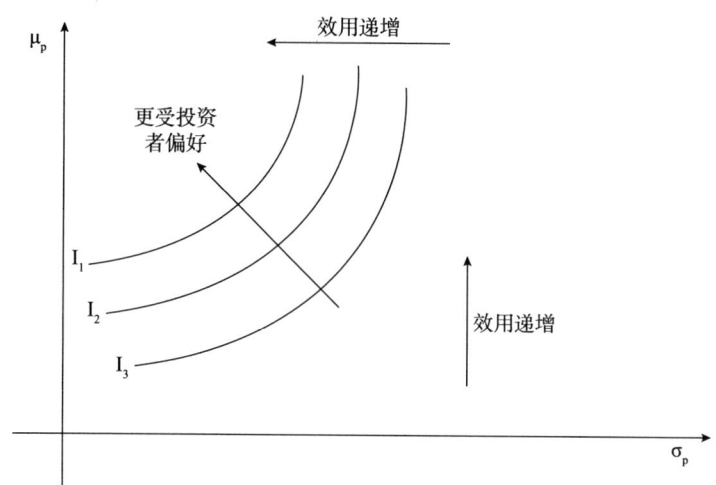

图 6-1　风险回避型投资者的无差异曲线

1952 年，马克维茨发表的《投资组合的选择》是现代资产组合理论的开端，标志着现代金融理论的诞生。马克维茨在投资者效用最大化的基础上，推导了资产组合的期望收益和期望风险，证明了收益率方差能够很好地度量资产组合风险。马克维茨的理论不仅证明了分散化投资可以降低总风险的重要性，而且还显示了如何有效地实现分散化投资。其理论假设如下：

第一，投资者使用持有期间预期收益的概率分布来考虑每一个投资选择；

第二，投资者追求效用最大化，其效用曲线呈边际递减趋势；

第三，投资者使用期望收益的波动性来估计投资组合的风险；

第四，投资者仅依靠期望收益和风险做出投资决策，所以，他们的效用曲线是期望收益及其方差（或标准差）的函数；

第五，给定风险水平的情况下，投资者偏好收益更高的投资。在给定期望收益水平的条件下，投资者偏好风险更低的投资。

二、均值—方差分析

单项风险资产的收益—风险分析即均值—方差分析，接下来，我们对其进行说明。

假设每一个按照均值—方差模型决策的投资者都是为了选择一个投资组合，并使其最优化，用数学来表示就是：

$$\text{Max} F(\mu_p, \sigma_p^2)$$

该目标函数的约束条件是投资组合中资产价值的总和（以初始价格来计算）不能超过投资者最初的资产额度。投资组合的预期收益率由 μ_p 来表示。风险由 σ_p 来表示，即投资组合回报率的标准差。

数学表述：

r_j = 资产收益率

$\mu_j = E[r_j]$ 资产收益率的数学期望,或均值

投资者在评价一项投资时,会考虑不同情况下可能的投资回报,因为未来实际回报率是不可知的。对可能的回报率做出一个区间判断,如20%~30%,投资者要给这个区间里的每一个回报率赋予一个概率值,即发生某一回报率这一事件的概率是多少。事件发生的概率指的是事件发生的可能性或机会有多大。如果所有可能的结果均被列出,并且每一种结果发生的概率也被给出,即被称为概率分布(Probability Distributions)。如表6-1所示。

表6-1 投资回报率概率分布表

概率(%)	投资回报率(%)
10	0
20	5
40	10
20	15
10	20

在完成这些投资评估之后,投资者最为关注的是这项投资带来的平均回报,也就是预期收益率。

在数理统计中,均值或数学期望是最常见的用来描述一系列事件最有可能发生的结果的一种数学方式。如果不同情况的发生可用概率来表示的话,那么均值或数学期望可以被定义为:

$$E(X) = \sum_{i=1}^{n} p_i X_i$$

式中,p_i是不同情况下X_i发生的概率,n是所有可能发生情况的总数。

我们在计算单项风险资产的预期收益率时,使用如下公式:

$$E(R) = \sum_{i=1}^{n} P_i R_i$$

注意,上式中$P_1+P_2+\cdots+P_n=1$,代表所有的情形都考虑到了。

[例6-1] 假设某项风险资产的投资回报率如表6-1所示,请计算其预期收益率。

解答:

$E(R) = 10\% \times 0\% + 20\% \times 5\% + 40\% \times 10\% + 20\% \times 15\% + 10\% \times 20\% = 10\%$

[性质6-1] 随机变量加上一个常数的数学期望等于随机变量的期望加上这个常数。

$$E(X + A) = E(X) + A \tag{6-1}$$

证明:

$E(X + A) = \sum_{i=1}^{n} p_i(X_i + A) = [p_1(X_1 + A) + p_2(X_2 + A) + \cdots + p_n(X_n + A)]$

$= \sum_{i=1}^{n} p_i X_i + A \sum_{i=1}^{n} p_i = E(X) + A (\because \sum_{i=1}^{n} p_i = 1)$

[性质6-2] 随机变量乘以一个常数的数学期望等于这个常数乘以随机变量的期望。

$$E(AX) = A \times E(X) \tag{6-2}$$

证明：
$$E(AX) = \sum_{i=1}^{n} p_i \times AX_i = A \sum_{i=1}^{n} p_i X_i = A \times E(X)$$

在估计出一项投资的预期收益率（均值）之后，收益率在实际中会围绕这一均值上下波动，这表明了投资收益的不确定性，也就是投资理论上所说的风险。方差在数理统计中用来描述与均值偏离的状态，它可以被定义为：

$$Var(X) = E[(X_i - E(X))^2] = E\left[\left(X_i - \sum_{i=1}^{n} p_i X_i\right)^2\right]$$

不过，以方差来表述风险有时候并不是很直观。假如要求出投资回报（%）的风险，那么方差给出结果是以%²为单位，很难解释，而标准差就解决了这个问题。

$$\sigma(X) = \sqrt[2]{Var(X)}$$

[例6-2] 假设某项风险资产的投资回报率如表6-2所示，请计算其方差和标准差。

表6-2 单项风险资产投资回报率的概率分布

世界经济的状况	概率（%）	投资回报率（%）
良好	25	15
一般	50	10
衰退	25	5

解答：

表6-3 单项风险资产投资收益率的方差

世界经济的状况	概率（%）	投资回报率（%）	E(R)(%)	$[R_i-E(R)]^2$	$P_i[R_i-E(R)]^2$
良好	25	15	10	0.0025	0.000625
一般	50	10	10	0	0.000000
衰退	25	5	10	0.0025	0.000625

方差 = 0.001250
标准差 = 3.54%

[性质6-3] 随机变量加上一个常数的方差等于随机变量的方差。
$$Var(X+A) = Var(X) \tag{6-3}$$

[性质6-4] 随机变量乘以一个常数的方差等于常数的平方乘以随机变量的方差。
$$Var(AX) = A^2 Var(X) \tag{6-4}$$

基于前述，我们可以计算单项风险资产的预期收益率和标准差。假设目前我们面临两项投资机会，由于投资资金所限，只能从两项中选择一项进行投资，那么，应该如何抉择？例如，如果两项投资预期收益均为8%，投资期限相同，但A投资的标准差比B投资的标准差低，选择哪一个呢？如果投资者是风险回避型的，其选择应该是A，因为同等预期收益情况下，A 投资的风险更低。如果两项投资的标准差均为 8%，投资期限相同，但 A 投资的预期收益比 B 投资的预期收益低，选择哪一个呢？如果投资者是风险回避型的，其选择应该是 B，因为同等风险情况下，B 投资的预期收益更高。但如果 A 投资的预期收益和风险都高于 B 投资，又应如何选择呢？

我们引入一个新的风险分析工具标准离差率（Coefficient of Variation，CV）来辅助决策。

$$CV = \frac{\delta}{r}$$

标准离差率衡量的是每获得 1% 的收益率所承担的风险。

[例 6-3] 资产 X 和 Y 的预期收益率以及标准差如表 6-4 所示，请问如果只投资其中一项资产，应选择哪一个？

表 6-4 两项风险资产的投资预期收益率和风险

资产	预期收益率（%）	标准差（%）
X	60	15
Y	8	3

解答：通过计算资产 X 和 Y 的标准离差率来辅助决策。

$$CV_X = \frac{15\%}{60\%} = 0.25$$

$$CV_Y = \frac{15\%}{60\%} = 0.375$$

基于以上分析，应选择投资资产 X。

三、投资组合边界：两种风险资产

上述对投资的预期收益和风险的讨论都是在单项投资的情况下，而在实际投资过程中，投资者很少会选择投资一只股票，而是选择一系列的金融资产，如股票、债券和黄金等，以组成一个投资组合。那么，投资组合的均值（预期收益）和方差是如何来表述的呢？若一个投资组合里包含了两种风险资产，如何来表述这个投资组合的均值和方差呢？为了简洁，假设投资了 a% 的资产在 X，并将余下的（1-a%）资产全部投资到 Y。用数学来表示这一投资组合的回报：

$$R_p = aX + bY$$

运用上述性质 6-2，可以得到投资组合的数学期望：

$$E(R_p) = E[aX + bY] = aE(X) + bE(Y)$$

投资组合的方差为：

$$\sigma_p^2 = \sum_{i=1}^{n} \sum_{j=a}^{n} a_i a_j \sigma_{ij}$$

a_j = 资产在整个投资组合当中的投资比例

根据方差的性质6-4，可以得到该投资组合的方差：
$$\mathrm{Var}(R_p) = E[(R_p - E(R_p))^2] = E[aX + bY - E(aX + bY)]^2$$
$$= E\{a^2(X - E(X))^2 + b^2(Y - E(Y))^2 + 2ab[(X - E(X)) \times (Y - E(Y))]\}$$
$$\mathrm{Var}(R_p) = a^2\mathrm{Var}(X) + b^2\mathrm{Var}(Y) + 2ab[(X - E(X))(Y - E(Y))][(X - E(X)) \times (Y - E(Y))] \longrightarrow \mathrm{Covar}(X, Y) = E[(X - E(X))(Y - E(Y))]$$

这一项是在单项资产投资中所没有的，它所表示的是两项投资资产在投资组合里的相互关系，被称为协方差。协方差的标准定义是在某段时间内两个随机变量对其各自均值变动程度的指示。协方差为正，说明两项投资的收益率与各自的均值趋向相同；协方差为负，说明两项投资的收益率与各自的均值趋向相反。

$\sigma_{ij} = \mathrm{Cov}(r_i, r_j)$ 为两种资产收益率之间的协方差

[例6-4] 根据表6-5中资产1和2的收益率，计算两项资产之间的协方差。

表6-5 两项风险资产收益率的概率分布

概率	资产1的收益率（%）	资产2的收益率（%）
0.25	5	32
0.5	15	14
0.25	25	4

解答：

资产1的 $E(R) = 15\%$

资产2的 $E(R) = 16\%$

根据两项资产间协方差的计算公式，得到：$\mathrm{Cov}(1, 2) = -0.007$。

虽然协方差对两项投资回报率之间的相互关系进行了表述，但是更具体的关系却表现得不是很明确。两个投资组合都出现了正的协方差，但有可能一个投资组合里的两项投资收益是弱相关，而另一个是正相关。为了更清楚地表述两个单个收益率变动给协方差带来的影响，使协方差标准化，我们引入了相关系数这一概念。它的计算公式为：

$$\rho_{xy} = \frac{\mathrm{Covar}(x, y)}{\sigma_x \sigma_y}$$

相关系数的取值范围介于-1到+1之间。当相关系数为1时，表示两项投资收益率之间为完全正线性相关，即两者以完全线性的方式同方向变化；当相关系数为-1时，表示两个收益率之间存在完全负相关关系，即两者以完全线性的方式反方向变化；当相关性系数为0时，表示两者之间没有任何关系。

将相关性系数代入到投资组合的方差表示式中，可以得到：

$$\mathrm{Var}(R_p) = a^2\mathrm{Var}(X) + b^2\mathrm{Var}(Y) + 2ab\rho_{xy}\sigma_x\sigma_y$$

两种风险资产投资边界的构建是多种风险资产边界构建的一种特殊情况。图6-2的两点分别代表了不同预期收益率和标准差的风险资产，连接这两点的曲线是这个投资组合的边界线。需要注意的是投资组合边界一定是经过这两点的，这是因为两种风险资产组合的预期收益率和标准差必定在这条边界线上。接下来就来说明如何确立这一边界。

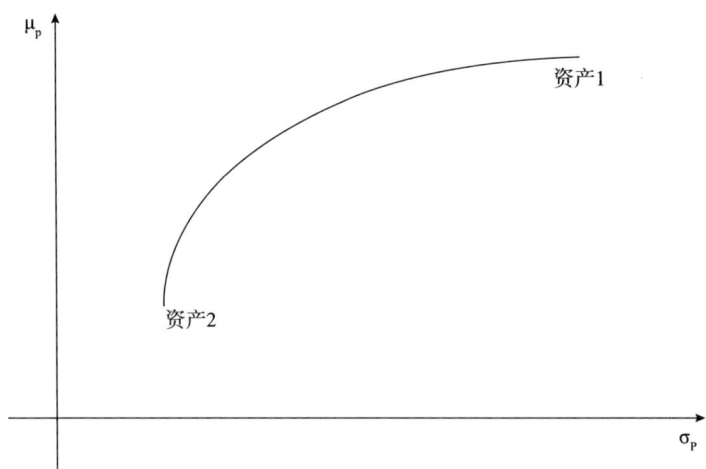

图 6-2　两种风险资产构成的边界

令 $a=a_1$，则 $(1-a)=a_2$。

$$\mu_p = a\mu_1 + (1-a)\mu_2$$
$$\sigma_p^2 = a^2\sigma_{11} + 2a(1-a)\sigma_{12} + (1-a)^2\sigma_{22}$$
$$= a^2\sigma_1^2 + 2a(1-a)\rho_{12}\sigma_1\sigma_2 + (1-a)^2\sigma_2^2$$

相关系数的取值范围 $\rho_{12} = \mp 1$，可得：

$$\sigma_p^2 = a^2\sigma_1^2 + 2a(1-a)\rho_{12}\sigma_1\sigma_2 + (1-a)^2\sigma_2^2 = [a\sigma_1 \mp (1-a)\sigma_2]^2$$
$$\sigma_p = a\sigma_1 \mp (1-a)\sigma_2$$

分三种情况讨论，

$$\rho_{12} = +1 \Rightarrow \sigma_p = a\sigma_1 + (1-a)\sigma_2$$

$$\rho_{12} = -1 \Rightarrow \sigma_p = [a\sigma_1 - (1-a)\sigma_2] \geq 0, \quad a \geq \frac{\sigma_2}{\sigma_1+\sigma_2}$$

$$\rho_{12} = -1 \Rightarrow \sigma_p = -[a\sigma_1 - (1-a)\sigma_2] > 0, \quad a < \frac{\sigma_2}{\sigma_1+\sigma_2}$$

将这三种情况在均值—方差空间表示，得到图 6-3。

当两种风险资产的相关系数为 0 时，边界外形如图 6-3 所示。

当两种风险资产的相关系数发生变化时，这两种风险资产组成的边界随之发生变化，投资者的投资选择是在这一边界上进行的。当投资者在这两种风险资产上的配置比例发生变化时，即投资者的选择沿着这一相关系数对应的边界移动的时候，投资组合的预期收益率和风险将随之发生变化。我们通过例 6-5 来进行计算说明。

[例 6-5] 投资者建立一个投资组合，组合中包括两种风险资产，资产 A 的期望收益是 11%，标准差是 15%；资产 B 的期望收益是 25%，标准差是 20%，资产 A 和资产 B 之间的相关系数为 0.3，请计算当投资组合配置发生变化时（见表 6-6），组合的预期收益率和标准差是多少？

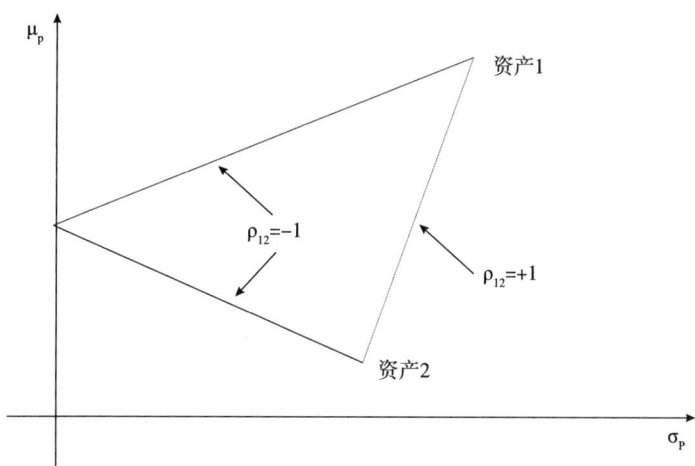

图 6-3　两种风险资产组成的有效边界

表 6-6　两种风险资产的投资组合配置　　　　　　　　　　　　　单位:%

	组合 1	组合 2	组合 3	组合 4	组合 5	组合 6
资产 A 在两种风险资产投资组合中的权重 W_A	100	80	60	40	20	0
资产 B 在两种风险资产投资组合中的权重 W_B	0	20	40	60	80	100

解答：

组合 1 实际上只投资了资产 A，组合 6 实际上只投资了资产 B。

根据两资产投资组合的预期收益率和标准差的计算公式，结果如表 6-7 所示。

表 6-7　两资产投资组合的预期收益率和风险　　　　　　　　　　单位:%

	组合 1	组合 2	组合 3	组合 4	组合 5	组合 6
资产 A 在两种风险资产投资组合中的权重 W_A	100	80	60	40	20	0
资产 B 在两种风险资产投资组合中的权重 W_B	0	20	40	60	80	100
组合的期望收益率	11.00	13.8	16.60	19.40	22.20	25.00
组合的标准差	15.00	13.74	13.72	14.94	17.14	20.00

分析组合 1 到组合 6 的收益风险特征，结果如图 6-4 所示。

在图 6-4 中，边界上的每一个点都代表了不同的资产配置情况，并不是每一个点都是有效的投资组合，因为虚线上面的投资组合明显比虚线下面的投资组合更受投资者欢迎。原因在于，在相同风险下，当标准差为 15% 时，X 组合明显比 Y 组合更优。当在相同风险下，没有其他投资组合能获得更高的收益率，或者在相同收益率下，没有其他投

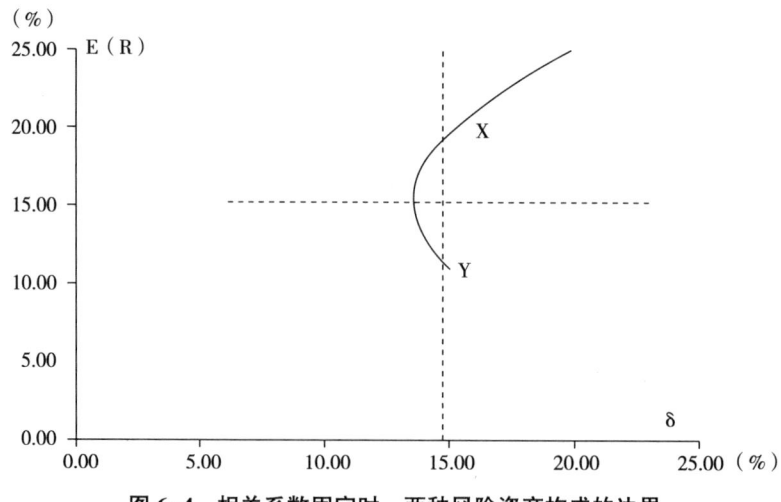

图 6-4 相关系数固定时，两种风险资产构成的边界

资组合能有更低的风险，那么，这个投资组合被认为是有效的。这样的投资组合的集合即为有效边界。在图 6-4 中，虚线以上的边界即为有效边界。投资者的最优投资组合选择是其效用曲线与有效边界的切点。

四、投资组合边界：多种风险资产（不含无风险资产）

若投资组合中包括了两种以上的风险资产，那么投资组合边界的外形跟两种风险组合的外形非常相近。更多风险资产的加入使投资组合的整体风险，即标准差减少，这是因为风险分散的作用。这里特别要指出的是，多种风险资产是非线性相关的资产。

从两种风险资产组成的投资组合可以看到，投资组合的预期收益率其实取决于这两种资产在组合中的比例。现在将这两种资产组合而成的预期收益率和标准差看成是一个复合资产。将这一复合资产和第三种风险资产进行组合，结果如图 6-5 所示。

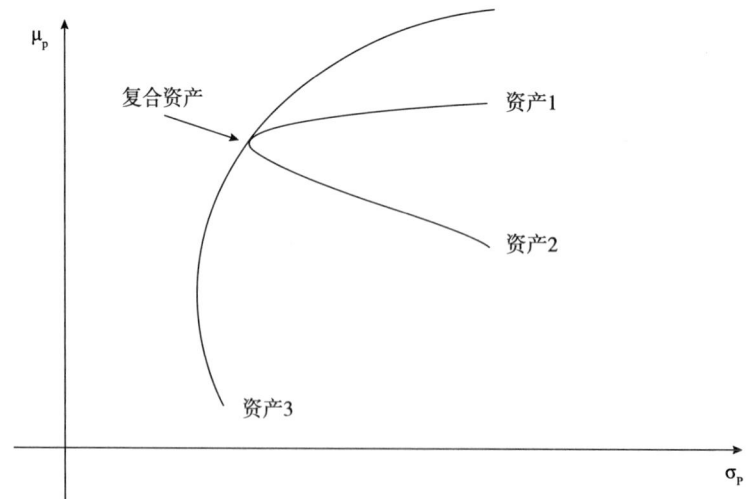

图 6-5 三种风险资产构成的有效边界

以此类推，多种风险资产所组成的有效边界就可以推导出来了。当然，需要留意的是，这样的推导虽然直观，但是推导的过程是不完整的，也有一定的误导。这是因为图 6-5 最左边的这条曲线也有可能并不是三种风险资产所构成的有效边界。一般来说，三种风险资产构成的有效边界要偏左一些。

一般来说，正式的投资组合边界的优化方程应当是：

$$\text{Min } \sigma_p^2 = \sum_{i=1}^{n} \sum_{j=1}^{n} a_i a_j \sigma_{ij}$$

$$\text{s.t. } \mu_p = \sum_{j=1}^{n} a_j \mu_j, \quad \sum_{j=1}^{n} a_j = 1$$

上述投资组合最优化的问题引出了共同基金定理（或第一分离定理）。共同基金定理是指在所有有风险资产组合的有效组合边界上，任意两个分离的点都代表两个分离的有效投资组合，而有效组合边界上任意其他的点所代表的有效投资组合，都可以由这两个分离的点所代表的有效投资组合的线性组合来表示。

[例 6-6] 投资者构建了四种风险资产的投资组合，各资产的投资权重如表 6-8 所示，计算该投资组合的预期收益率。

表 6-8 四种风险资产的投资组合预期收益率 单位：%

	公司股票	在组合中所占权重	预期收益率
投资组合	Microsoft	30	12
	GE	30	11.5
	IBM	20	10
	Coca-Cola	20	9.5

解答：

多种风险资产组成的投资组合的预期收益率采用加权算法。

$$u_p = 30\% \times 12\% + 30\% \times 11.5\% + 20\% \times 10\% + 20\% \times 9.5\% = 10.95\%$$

五、投资组合边界：多种风险资产和一种无风险资产

（一）有效投资组合

多种风险资产和一种无风险资产构成的投资组合的最优化问题的数学表示为：

$$\text{Min } \sigma_p^2 = \sum_{i=1}^{n} \sum_{j=1}^{n} a_i a_j \sigma_{ij}$$

$$\text{s.t. } \mu_p = \sum_{j=1}^{n} a_j u_j + a_0 r_0, \quad a_0 + \sum_{j=1}^{n} a_j = 1$$

当投资组合包括一种无风险资产时，有效边界变成一条直线，如图 6-6 所示，有效边界 AE 经过 r_0，即无风险资产的收益率。这条直线表达的意思是：在给定预期收益率 μ_p 的前提下，有效投资组合是所有投资组合中投资风险最小的，即和风险资产边界相

切。在图 6-6 中,点 A 所表示的是有效组合中无风险资产所占的比例为 0。在点 A 的左侧,r_0A 表明有效组合里包括的无风险资产比例大于 0;在点 A 的右侧,AE 表明有比例为负的无风险资产(即从资本市场以无风险资产收益率为机会成本融资来购买风险资产)。

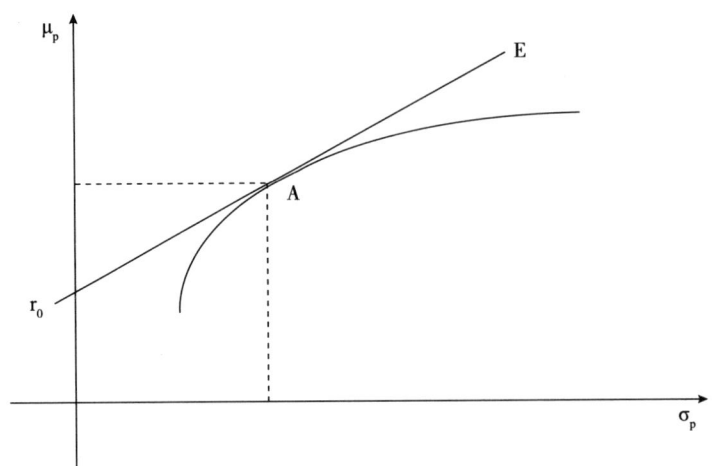

图 6-6 有效边界(包含一种无风险资产)

(二)预期收益与风险的转换

在均值—方差模型中,投资者的目的都是在一定风险条件下使预期收益最优化。假设一个投资者持有 P 投资组合,这个投资组合未必是有效投资组合。记该投资组合的预期收益率和风险分别为 μ_p 和 σ_p。加入现在投资,资产 j 的比例有了微小的变动,这种变动可以通过以无风险资产的收益率为成本的借贷来完成,而投资组合中其他资产的比例保持不变。记资产 j 的比例变化为:

$$\Delta a_j \ (\Delta a_0 = -\Delta a_j)$$

这样,投资组合的预期收益变化为:

$$\Delta \mu_p \ (\mu_j - r_0) \ \Delta a_j$$

同样,投资组合的风险变化为:

$$\Delta \sigma_p = \beta_{jp} \sigma_p \Delta a_j, \quad \beta_{jp} = \frac{\Delta \sigma_{jp}}{\sigma_p^2}$$

β_{jp} 在资产定价模型中起到了至关重要的作用。简单来说,β_{jp} 主要说明了资产 j 的收益率和整个投资组合收益率之间的关系。

投资者应该如何达到最优化的结果,使自己持有的投资组合成为有效组合呢?如果 P 是有效组合的话,那么任何微小的资产调动都会让所有组合中资产的单位风险的预期收益发生相同的变动,即 $\dfrac{\Delta \mu_p}{\Delta \sigma_p}$ 应该相等。用数学来表示,如果 P 是有效组合,那么它就满足以下条件:

$$\frac{\mu_1 - r_0}{\beta_{1p}\sigma_p} = \frac{\mu_2 - r_0}{\beta_{2p}\sigma_p} = \cdots = \frac{\mu_n - r_0}{\beta_{np}\sigma_p} = \frac{\mu_p - r_0}{\sigma_p} \Rightarrow$$

$$\frac{\mu_1 - r_0}{\beta_{1E}} = \frac{\mu_2 - r_0}{\beta_{2E}} = \cdots = \frac{\mu_n - r_0}{\beta_{nE}} = \mu_E - r_0$$

对所有的有效组合来说，这个组合里唯一的风险资产就是图 6-7 中所示的资产 E。这个条件在 CAPM（Capital Asset Pricing Model）中非常重要。

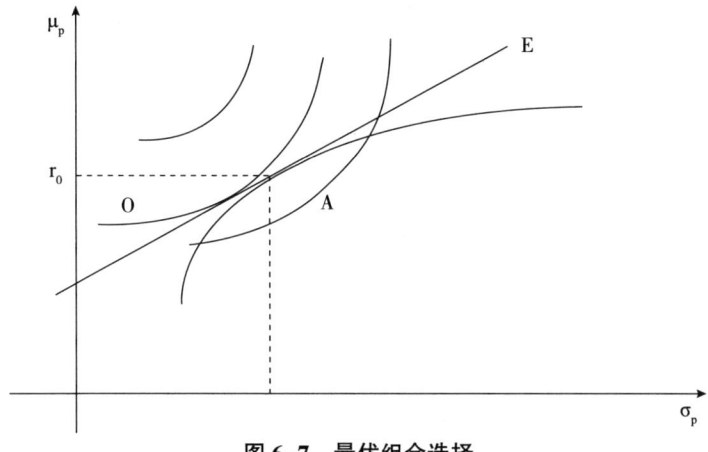

图 6-7　最优组合选择

六、最有效资产投资组合的选择

在了解了均值和方差以及有效投资组合和有效边界的情况下，单个投资者的投资选择是否是相同的呢？答案是不会。这是因为每个投资者对待风险的态度不同。

本节一开始就提到了均值方差空间中的无差异曲线，直线 AE 下方的无差异曲线表示投资者的效用没有达到最大化，而直线 AE 上方的无差异曲线表明在目前的投资条件下，该效用水平是无法达到的。直线 AE 与无差异曲线相切的点才是投资者效用最大化的一点，即 O 点。

图 6-7 所表示的预期收益和风险之间的转换，可以写成：

$$\mu_p = r_0 + \frac{\mu_E - r_0}{\sigma_E} \sigma_p$$

式中，r_0 为无风险资产的收益率。

第二节　资本资产定价模型

一、资本资产定价模型的假设前提

资本资产定价模型的假设主要有：

资本市场在均衡状态中：①无摩擦市场，既没有交易成本，又没有制度性的限制资产交易。②投资者可以无限制地以无风险利率进行借贷。③资产可以无限制地划分份额。④投资者都是价格接受者。

同质的信念：所有的投资者都对资产回报有相同的预期，对其方差和协方差的估计也是相同的。

二、资产市场的均衡

(一) CAPM 中的市场均衡

所有的数学表示都和上一节保持一致。从上一节的推导可知，每一个投资者在调整投资组合达到均衡时都有：

$$\frac{\mu_j - r_0}{\beta_{jE}} = \mu_E - r_0, \quad \beta_{jE} = \sigma_{jE}/\sigma_E^2$$

式中，E 表示有效组合，该组合只包含风险资产。记风险资产在投资组合中的比例为 E_1，E_2，…，E_n，且 $\sum E_j = 1$。CAPM 关于投资者同质的信念表明了所有的预期收益、方差和协方差在投资者之间是相同的。也就是说 β_{jE} 相同，E_j 也相同。

如果有 i 个投资者在资本市场。投资者 i 所持有的资产 j 应该等于 $E_j B_i$，B 是指投资者持有的所有风险资产的价值。在整个市场均衡的时候，资产 j 的市值应该是所有投资者对该资产需求的总和。

$$p_j X_j = \sum_{i=1}^{m} E_j B_i = E_j \sum_{i=1}^{m} B_i = E_j B$$

式中，$p_j X_j$ 表示的是资产 j 的总市值，B 是指持有的所有风险资产的市值。当市场均衡的时候，有：

$$E_j = p_j X_j / B = m_j$$

市场均衡条件表明价格能够使所有投资者将其持有的资产 j 的比例调整到和市场组合一样的比例，即 $\beta_j \equiv \beta_{jM}$。

(二) 资本市场线

将无风险资产加入到风险资产组合中，可以构建从无风险利率 r_0 出发的射线，这样的射线可以做很多条，如图 6-8 所示。

但投资者会选择与风险资产组合的有效边界相切的点，这个切点是 $M(\mu_M, \sigma_M)$。图 6-8 所表示的含义是：在同质信念的假设下，风险投资边界 FF 对每一个投资者来说都是一样的。而市场上的无风险利率对每一个投资者也是一样的。换言之，有效组合边界对每一位投资者都是一样的。正是如此，每一个投资者都会选择包含市场组合（Market Portfolio）的有效组合。

需要说明的是，CAPM 并不是指每一个投资者的整个投资组合所包含的每一项资产比例都和其他投资者一样，而是指在没有包含无风险资产的有效组合中资产比例是相同

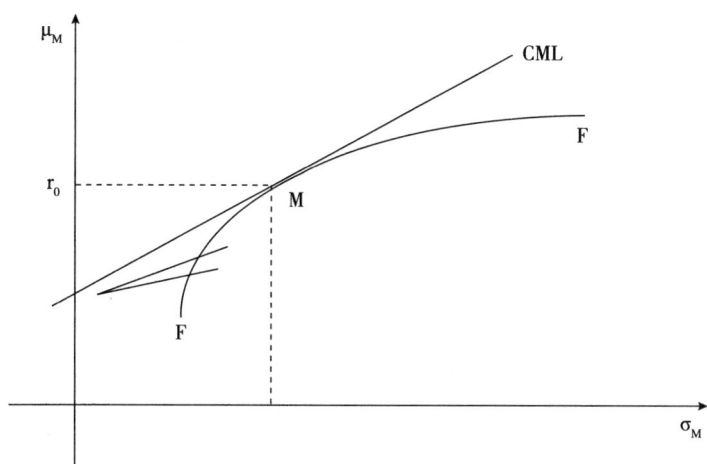

图 6-8 资本市场线

的。CAPM 证明了在不同投资者各自的投资组合中无风险资产的比例取决于投资者对风险的态度。投资者的最佳投资组合会落在 CML 线上,但并不一定是同一点。

用数学语言来表述上面的分析,可得到:

$$\frac{\mu_E - r_0}{\sigma_E} = \frac{\mu_M - r_0}{\sigma_M}$$

将上式进行适当的调整,得:

$$\mu_E = r_0 + \frac{\sigma_E}{\sigma_M}(\mu_M - r_0)$$

公式成立的条件是所有有效组合的收益率都是完全正相关的。

$$\frac{\mu_j - r_0}{\beta_{jE}} = \mu_E - r_0, \qquad \beta_{jE} = \sigma_{jE}/\sigma_E^2$$

这是本节一开始就列出的公式,现在根据上述的分析和推导,可以得到 CAPM 的一个标准形式,即:

$$\frac{\mu_j - r_0}{\beta_j} = \mu_M - r_0 \Rightarrow \mu_j = r_0 + \beta_j(\mu_M - r_0)$$

式中,M 表示的是市场组合。第一节给出 Beta 系数,这里的 Beta 系数被定义为:

$$\beta_j = \sigma_{jM}/\sigma_M^2$$

一项资产的 Beta 系数是为了衡量其收益率和市场收益率之间的关系。Beta 系数大于 1,说明资产的波动要比市场收益的波动大;Beta 系数小于 1,说明资产波动相对小;Beta 系数等于 1,说明资产波动和市场收益波动一致。

当多样化投资非完全正相关的资产时,组合的风险要小于组合中各项资产风险的加权和。组合构建过程中消失的风险被称为非系统性风险(Unsystematic Risk)。由于市场组合包含了所有风险资产,所以,它代表了多样化投资的终极情况。组合构建过程中不能消失的风险被称为系统性风险(Systematic Risk)。研究表明,当持有 30 种以上证券时，非系统性风险可以被分散掉，见图 6-9。

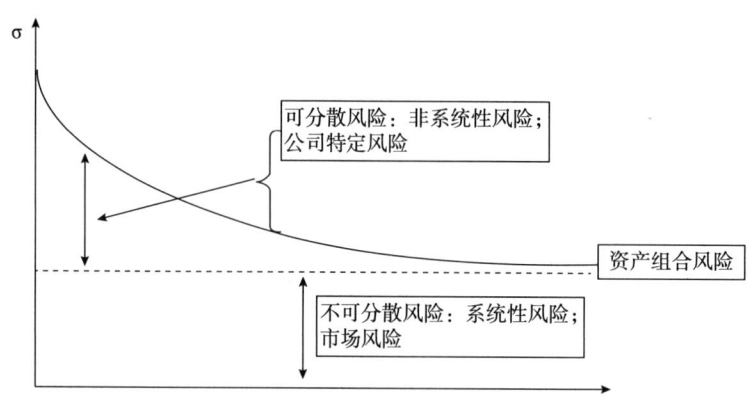

图 6-9 多样化投资

证券投资的风险包括系统性风险和非系统性风险。

系统性风险是指由全局性的共同因素所引起的投资收益的可能变动，其以同样的方式对所有证券的收益产生影响。系统性风险包括政策风险、利率风险、购买力风险和市场风险等。

1. 政策风险

政府的经济政策和管理措施的变化可以影响到公司利润和投资收益的变化；证券交易政策的变化可以直接影响到证券的价格。因此，经济政策和法规的出台或调整，对证券市场会有一定的影响，如果这种影响较大，会引起市场整体的较大波动。

2. 利率风险

市场价格的变化随时受市场利率水平的影响。一般来说，市场利率的提高会对证券市场资金供求方面产生一定的影响。

3. 购买力风险

物价的上涨导致同样金额的资金可能无法买到过去同样的商品。这种物价变化导致的资金实际购买力的不确定性，称为购买力风险，或通胀风险。在证券市场上，由于投资证券的回报是以货币的形式来支付的，在通货膨胀时期，货币的购买力下降，投资的实际收益下降，可能会给投资者带来损失。

4. 市场风险

市场风险是证券投资活动中最普遍、最常见的风险，是由证券价格的涨落直接引起的。当市场的整体价值被高估时，市场风险将加大。

对投资者来说，系统性风险是无法消除的，投资者无法通过多样化的投资组合来进行防范。

非系统性风险又称为非市场风险或可分散风险，是指仅对某个行业或个别公司的证券产生影响的风险，通常由某一特殊因素引起，与整个证券市场的价格不存在系统、全面的联系，只对个别或少数证券的收益产生影响，如企业管理问题、劳资问题、公司的工人罢工、新产品开发失败、诉讼失败或宣告发现新矿藏等。

非系统性风险可通过分散投资来消除。由于非系统风险属于个别风险,是由个别人、个别企业或个别行业等可控因素带来的,因此,投资者可通过投资的多样化来化解非系统风险。

三、特征线和市场模型

特征线是把每一项资产的 $\mu_j - r_0$ 看作是 $\mu_M - r_0$ 的一个函数。

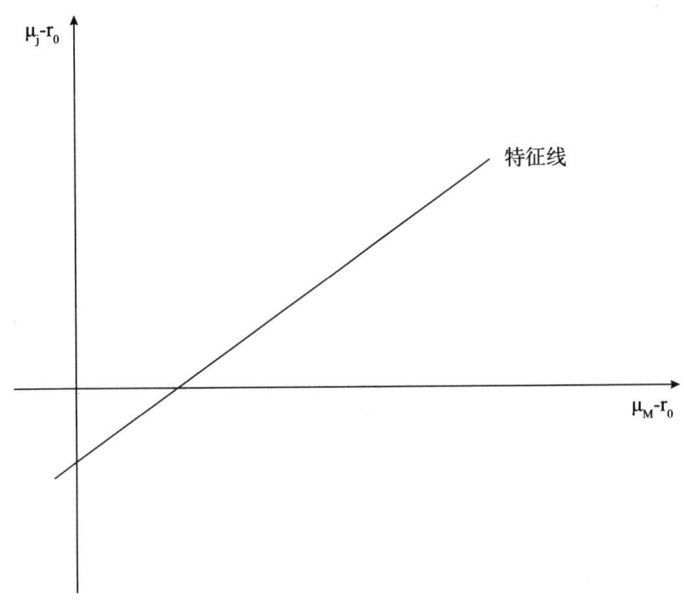

图 6-10 特征线

在实证检验时,如果将 μ_j 换作 r_j,将 r_j 换作 μ_M,那么可以运用计量经济学中的线性回归方法来对其进行检验:

$$r_j = r_0 + (r_M - r_0) \beta_j + \varepsilon_j$$

最后一项是随机错误项,其实并非是错误,只是表示了所有函数中解释变量所没有包含的可能会影响单项资产收益率的因素。因为涉及很多计量经济学的知识,这部分知识又超出了本章所涉及的内容,因此,此处不做详细介绍。在做实证检验的时候,一般都会用股票指数,如 S&P500 等。不过,在 CAPM 中,M 表示的是市场组合,但是这些指数只是一个替代品,并非很完善。这是因为投资者并不能把像房地产这样的投资以指数的形式表示出来。在 CAPM 的定义中,房地产之类的投资是包含在市场组合中的。

和 CAPM 非常相近的是另一个被称为市场模型的函数,市场模型反映的是资产回报率与市场指数之间的联系,具体形式是:

$$r_j = b_{j0} + b_{j1} r_M + \varepsilon_j$$

这里的市场指数可以是 S&P500、NYSE 综合指数、上证综合指数等。

资本资产定价模型和市场模型的区别在于:资本资产定价模型采用市场组合,市场模型采用市场指数。CAPM 可以被看作是市场模型的一个特例。市场模型实际上是单因素模型，因为在这个模型中，只有一个因素——市场。

四、证券市场线

非系统性风险可以通过多样化投资分散掉，在资本市场线的基础上进行调整，可以得到证券市场线。两者的区别在于，资本市场线用 δ 表示风险，证券市场线则用 β 表示风险。

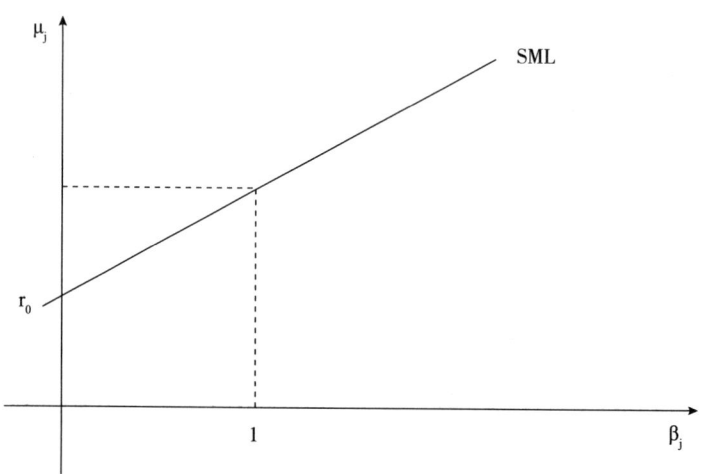

图 6-11　证券市场线

CAPM 所推导出的一个核心概念就是证券市场线（Security Market Line, SML）。这条线的截距是无风险利率，斜率是 $r_M - r_0$。CAPM 所揭示的是所有资产和投资组合的预期收益率和 Beta 系数都会落在 SML 线上（见图 6-11）。如果一项资产在 SML 线之上，说明这项资产被低估了；如果在 SML 线之下，说明该资产被高估了。这是 SML 和 CAPM 的一个重要应用。

[例 6-7] 如果无风险利率为 7%，市场收益率为 15%，使用表 6-9 中的信息做出交易决策。

表 6-9　股票信息

股票	股票现在价格（美元）	预期一年后价格（美元）	预计一年中派发股息（美元）	Beta 系数
A	25	27	1.0	1
B	40	45	2.0	0.8
C	15	17	0.5	1.2

解答：

根据 CAPM，结合无风险利率，市场收益率，以及股票 A、股票 B、股票 C 的 Beta

系数，计算出三只股票各自的要求回报率。

根据股票现在的价格、预期一年后的价格和预计派发股息，计算出三只股票各自的估计回报率（见表6-10）。

表6-10　要求回报率与估计回报率

股票	要求回报率	估计回报率
A	7%+1.0（15%-7%）= 15.0%	（$27-$25+$1）/$25=12.0%
B	7%+0.8（15%-7%）= 13.4%	（$45-$40+$2）/$40=17.5%
C	7%+1.2（15%-7%）= 16.6%	（$17-$15+$0.5）/$15=16.6%

比较要求回报率和估计回报率，股票A位于SML线之下，说明被高估了；股票B位于SML线之上，说明被低估了；股票C位于SML线上，估值正确。因此，可以考虑卖出股票A，买进股票B。

本章小结

投资组合理论假设投资者是风险回避型的，投资者在进行多样化投资时，其构建了一个资产组合。其预期收益率是各项资产收益率的加权和，权重为该项资产在整个资产组合中所占的比重。要往风险度量中引入各项资产的方差、投资权重和各项资产之间的协方差。投资者的最优投资组合是其效用曲线与有效边界的切点。如果投资组合中包含了无风险资产，那么有效投资组合就变成了一条直线。任何投资组合都可以通过无风险资产和风险资产的线性组合来表示。这一特性在资产定价模型里得到了充分体现。

本章习题

1. 如何确定投资组合的期望收益？
2. 投资组合的风险如何衡量？
3. 应如何选择不同收益、不同风险的资产？
4. 如何确定风险资产的最优投资组合？
5. 资本资产定价模型如何应用于投资决策？

第七章
金融中介机构

【学习目标】

系统学习并掌握金融中介的含义、分类、体系结构及国际金融中介机构。

【学习要求】

了解：金融中介的不同分类；西方金融中介机构体系。

掌握：金融中介的含义、划分类别；我国现行的金融中介机构体系；国际金融中介机构。

在现代市场经济中，金融活动与经济运行关系密切。某一国家或地区的金融发展程度和运行效率直接影响其实体经济发展的规模、结构和质量。金融中介机构是组织和开展金融活动的媒介，是不可或缺的中间桥梁和联通纽带。随着金融化程度的不断加深和经济全球化的迅速推进，金融中介成为了一个十分复杂的体系，在国际经贸往来和国民经济活动中占据着核心地位，这个体系的运作状况对经济和社会的健康发展具有极为重要的作用。

第一节 金融中介的定义与分类

一、金融中介的定义

金融是现代经济的核心。简单而言，"金"指资金，"融"指融通，"金融"是社会资金融通的总称。广义的金融不仅包括资金的融通，还包括与资金融通相关的金融中介机构和金融市场，以及对这一系统进行管理的中央银行和其他金融监管机构共同构成的金融体系。

"金融中介"一词在西方的学术论著中早已有之，主要用于分析银行等金融机构的作用和运作机制。20世纪80年代，金融中介的概念开始在西方学术著作中广泛使用，国内学术研究对这一概念的使用也逐渐增多，人们在日常经济生活中也经常使用金融中介这一说法。

"中介"一词早期普及的意思是居间介绍或作见证的人。金融中介是为资金供需双方实现资金融通提供服务的金融机构，主要指银行。这是金融中介最初的含义和最基本的方面。随着经济的高度发展和金融活动的日益复杂，在现实的金融活动中，银行在提供融资服务的同时，提供着其他各类金融服务。银行之外的其他金融机构也陆续发展起来，承担起特定的金融服务职能。"金融中介"这一概念涵盖的范围大大扩展，扩展到了银行之外的其他金融机构。在现代金融活动中，金融中介是最为重要的组织者和参与者，为个人、家庭、企业，乃至国家政府部门提供各种金融服务和金融产品。金融中介既从最终贷款人手中借钱，又贷放给最终借款人；既拥有对借款人的债权，又向贷款人发行债权，是金融活动的一方当事人。金融中介机构的主要功能是将储蓄转化为投资。金融体系的稳定及有效运作，有赖于金融中介机构切实履行融通资金的基本职责。

国内外对金融中介机构的定义有不同视角，也有不同的层次。最宽泛的定义或最全面的理解认为资金供需双方融资和其他金融活动的实现是一个过程，金融机构、金融市场和金融机制等都应涵盖于金融中介的范畴之内；中等口径的定义认为金融活动的过程安排及其运作机制已包含在金融机构的各种业务运作和各类金融市场的组织和运行之中，因此，金融中介可以从金融机构和金融市场两方面来概括。随着金融市场逐渐成为相对独立的研究范畴和专门的研究体系，金融中介被用来专指从事金融业务的各类金融机构。总体而言，对金融中介较为权威和统一的定义是：金融中介机构是专门从事金融活动，为社会中的法人机构和自然人以及政府部门提供金融服务的金融机构。

随着金融中介机构的多样化发展，逐渐形成了银行、保险、证券和信托等不同职责和业务范围的金融机构。他们之间互相联系、互相协作，构成了具有整体功能的金融中介机构体系，推动了整个地区的经济发展。金融中介机构体系是指在一定的历史时期和社会经济条件下，由各种不同的银行和非银行金融中介机构有机构成的不同层次间相互联系的整体系统。长期以来，在整个金融中介机构体系中居于支配地位的是银行体系，特别是商业银行。

二、金融中介机构的主要分类

随着历史的发展和社会分工的不断进步，继最早的商业银行产生后，保险公司、投资银行等各类金融中介机构相继出现。但是，在不同国家，从事同种业务的机构名称并不一定相同。比如，美国的投资银行在日本被称为证券公司，在英国类似的机构被叫作商人银行。同样，有着统一名称的机构并不一定从事相同的业务。比如，美国的商业银行与德国的商业银行就大不一样。为了了解不同金融中介机构的运行机制特点和普遍规律，按一定的标准对各类金融中介机构进行划分有一定的必要性。

美国经济学家格利和肖将金融中介机构分成货币系统和中介系统两大类；戈德史密斯把金融中介机构分成负债是货币的金融机构和负债不是货币的金融机构两大类。这两者都是按金融中介机构是否具有信用创造功能来划分的，分类过于笼统，视角较为单一。

较为精准和具体地把握各类金融中介机构之间的异同，是体现金融中介机构的演变规律的分类方式。按照各类金融中介机构在金融活动中的业务特点和基本功能，将金融中介机构区分为融资类金融中介机构、投资类金融中介机构、保险类金融中介机构和信息咨询服务类金融中介机构四大类。

(一) 融资类金融中介

融资类金融中介是指商业银行及其他以融资业务、为资金供需双方提供融资服务为主的金融机构，包括各类商业银行、政策性银行、储蓄银行、城市信用合作社、农业信用合作社、财务公司、金融资产管理公司、金融信托投资公司和金融租赁公司等。这类机构的主要业务是对个人和机构接受存款并发放贷款。由于其他类型的金融中介一般不吸收存款，此类机构通常又被称为存款类金融中介，是对个人和机构接受存款并发放贷款的金融机构。

融资类金融中介在提供融资服务时，它们的业务能够创造存款，这些存款是货币供应的重要组成部分。所以，融资类金融中介在决定货币供应量方面发挥着至关重要的作用。商业银行可以经营各类存贷款，是规模最大、历史最悠久的融资类金融中介机构。

(二) 投资类金融中介

投资类金融中介是指证券公司及其他以投资服务业务为主、为企业在一级证券市场的融资和投资者在二级证券市场的投资提供中介服务的金融机构，包括投资银行、证券公司、基金管理公司和期货公司等。

证券公司和投资银行都是从事证券业务的金融机构，如美国的投资银行与日本的证券公司业务几乎一样，只是名称不同。但是，在普遍意义上，投资银行和证券公司在主要业务和功能发挥上有所区别。投资银行主要在一级证券市场从事证券承销业务，证券公司主要在二级证券市场提供证券交易服务。后者按照所提供服务和市场地位的不同还可以进一步细分为经纪人（Broker）和做市商（Market-Maker）。具体而言，经纪人是代表客户执行证券买入或卖出指令的证券机构，包括仅提供经纪业务的贴现经纪人和同时提供咨询服务的全能经纪人；做市商是二级市场交易活动运行机制的核心主体，提供报价服务，维护市场稳定。从具体从事的业务种类来看，柜台交易市场上的自营商（Dealer）和交易所市场上的专营商（Specialist）都属于做市商的范畴。

(三) 保险类金融中介

保险类金融中介是指保险公司及其他以保险服务业务为主、以收取保险费为条件、向投保人或投保人指定的受益人提供某类风险保障的金融机构，主要包括养老基金、政府退休基金、失业保险基金和医疗保险基金等各类可用于投融资的保障性基金的管理机构。虽然从事投融资的各类社会保障基金在行政管理层面被视为非营利性事业单位，但其具体交易活动和运作机制都是在金融市场中进行的，所以，也被视为属于金融中介的范畴。

保险公司与其他类别的金融中介不同，它们一般能够对未来需要向受益人支付的保险金等金额进行较为准确的预计和估算，所以，能够较好地保障资产的流动性，在资金运用上主要投资于长期证券，如公司债券、股票以及抵押贷款等。各类保险公司主要包括人寿保险公司、财产损失与灾害保险公司以及公共养老基金和私人养老基金等。

(四) 信息咨询服务类金融中介

信息咨询服务类金融中介是指资信评估公司和其他提供金融信息咨询服务的金融中介机构，主要有评估公司、征信公司、会计师事务所、提供金融法律服务业务的律师事务所等。它们既为企业和社会服务，又为融资类金融中介、投资类金融中介和保障类金融中介等机构提供信息和服务。

在这类机构中，有的金融中介的属性比较明显，如信用评级公司、征信公司等；有的没有明显的金融中介性质，但是在金融活动运行的环节中不可或缺，与金融市场中其他金融中介机构的业务联系越来越紧密，如会计师事务所、律师事务所等，所以，也被纳入金融中介体系的范畴。

表7-1列出了前三类金融中介机构的主要负债和资产情况。

表7-1　各类金融中介机构的主要负债和资产情况

金融中介机构的类型	机构名称	主要负债	主要资产
融资类机构	商业银行	存款	工商信贷、消费者信贷、抵押贷款、各级政府债券
	储蓄贷款协会	存款	抵押贷款
	互助储蓄银行	存款	抵押贷款
	信用社	存款	消费者信贷
保险类机构	人寿保险公司	保费	公司债券和抵押贷款
	财产损失和灾害保险公司	保费	政府债券、公司债券、公司股票
	公共与私人养老基金	雇员和雇主缴款	公司债券、公司股票
投资类机构	共同基金	股份	股票、债券
	货币市场共同基金	股份	货币市场工具
	金融公司	商业票据、股票、债券	消费者信贷、工商信贷
	风险投资公司	合伙人股份	对风险企业的投资

三、金融中介机构类别的其他划分

金融机构按照不同的标准可以划分为若干种类。从中央银行货币控制的角度出发，金融机构可以分为存款类金融机构和非存款类金融机构。从金融监管部门的角度出发，金融机构可分为银行业金融机构、证券业金融机构、保险业金融机构和其他金融机构等。

具体而言，金融机构在类别上主要存在以下几种划分方式。

（一）按活动的领域划分，金融中介机构有间接金融中介机构和直接金融中介机构

两者最明显的区别在于，间接金融中介机构通过发行以自己为债务人的融资工具来筹集资金，然后再以各种资产业务分配这些资金；直接金融中介机构在直接融资过程中，一般不发行以自己为债务人的融资工具，只是协助将筹资者发行的融资工具（股票、债券等）销售给投资者，完成筹资目标。

商业银行作为最典型的间接融资中介机构，以经营工商业存贷款为主要业务，并为顾客提供多种服务。它一方面以债务人的身份从资金盈余处筹集资金，另一方面又以债权人的身份向资金短缺者提供资金，从而使资金由最初的资金提供者手里转移到最终的使用者手里。各种证券公司以及投资银行大都属于直接金融中介机构，它们活跃在证券市场上，为筹资者和投资者牵线搭桥，提供策划、咨询、承销、登记、报关、清算和资信评级等一系列相关配套的中介服务。

（二）按在金融体系中的职能作用及业务性质划分，金融中介机构有中央银行与一般金融中介机构

中央银行处于一国金融中介机构的中心和主导环节，承担宏观金融调控职能，不以盈利为目的。而一般金融中介机构则是商业化经营，通过向社会提供各种金融产品和服务取得收入，如商业银行、专业银行和其他金融中介机构等。绝大部分的金融中介机构都属此类。

（三）按业务特征及创造货币、创造交换媒介和支付的能力划分，金融中介机构有银行金融中介机构和非银行金融中介机构

银行金融中介机构一般以存款、贷款和汇兑结算等传统银行业务为主要内容，如商业银行、中央银行和一些专业银行；非银行金融中介机构没有这些鲜明的特征，其业务的资金来源是通过发行股票和债券等渠道筹集起来的，资产业务以非贷款的某项金融业务为主，如保险、证券、信托和租赁。

第二节　西方金融中介机构体系

西方国家的金融中介机构体系从总体上看，规模庞大，功能齐全，种类繁多，形式各异。虽然从20世纪末至今金融业呈现出混业经营的发展趋势，银行和非银行金融中介机构之间的差别不再分明，但是就基本框架来看，目前还是由银行和非银行金融中介机构两大系统构成。

银行金融中介机构体系的设置形式和具体内容在各个国家不尽相同。在西方市场经

济比较发达的国家，金融中介机构体系大多呈现出以中央银行为核心、商业银行为主体、多种金融中介机构并存的格局。从同类来看，主要有中央银行、商业银行和各式各样的专业银行三大类。此外，还包括政策性银行等金融中介机构。

非银行金融中介机构的构成更为庞杂，包括保险公司、投资银行、信用合作组织、养老基金组织、共同基金、信托投资公司、消费信贷机构和租赁公司等。

一、银行类金融中介机构

(一) 中央银行

中央银行是特殊的金融机构，它是发行的银行、政府的银行、银行的银行。它代表政府制定和执行货币政策，对金融业实施监督管理。

目前，世界上大多数国家已经实行中央银行制度，各国的中央银行均处于金融体系的核心地位，在对外金融活动中代表国家，对内担负着管理银行金融机构、非银行金融机构以及金融市场的重要责任，同时还负责制定和执行国家货币政策，调节和控制全国的货币流通和信用活动。

(二) 商业银行

商业银行是在市场经济中孕育和发展起来，为适应市场经济发展和社会化大生产需要而形成的一种金融组织。在所有的融资性金融中介机构中，商业银行是最古老的金融机构，一般也是规模最大的融资类金融机构。商业银行在各国金融体系中起着举足轻重的作用，其业务经营活动直接影响着实体经济的运行。商业银行的业务活动可以对一国货币政策的传导、政府宏观调控目标的实现等产生积极作用。

商业银行是以盈利为目的、主要从事吸收存款和发放贷款的信用机构。商业银行的主要业务包括：负债业务、资产业务和中间业务。

商业银行的负债主要来自存款性资金和非存款性资金两类渠道，它们共同形成了商业银行资产业务的资金基础，是保证商业银行生存以及发展的关键业务。其中，存款性资金主要指商业银行所吸收的各种存款，非存款性资金主要指商业银行从国内金融市场、中央银行以及国际金融市场等获得的债务性融通资金。

商业银行的资产是运用负债资金开展相关业务所形成的结果，如各类贷款、证券投资等，是获取收益的主要途径。具体而言，商业银行的资产主要包含现金资产、贷款和投资三大类别。其中，现金资产的流动性最高，但是收益水平较低或者不能带来收益，但却是银行日常经营所必需的。商业银行进行现金管理的一般原则是尽量减少现金持有量，加快现金周转，降低机会成本，同时要注意因过少持有现金而可能引发的流动性风险。贷款是商业银行最主要、最传统的资产业务，也是银行获得利润的重要途径。贷款的规模、结构和质量，对商业银行经营的安全性、流动性和盈利性有重要影响，是商业银行业务经营管理的重点对象。投资主要指证券投资，是商业银行获取收入的又一个重要来源。但是，由于各国法律和商业银行的经营环境有所不同，银行参与证券投资的范围和程度在根本上受到了混业经营和分业经营两种模式的直接影响。在实行混业经营或综合经营的国家，商业银行的证券投资业务在资产中所占的比重与贷款几乎持平；在实行分业经营的国家，银行总资产中证券投资类资产的比重较低，不是银行盈利的主要来源。

商业银行的中间业务或其他业务也是极为重要的，并且在商业银行经营活动中的地位呈现出不断上升的发展趋势。简单而言，商业银行的中间业务就是其资产负债表以外的业务，所以，也被称为表外业务，一般包含广义的表外业务和狭义的表外业务。

总体上，从世界范围来看，目前，商业银行可以从事存款、贷款、投资以及多种表外业务，业务对象的范围不断扩大，业务规模持续增大，业务种类不断拓展，有"金融百货公司"之称。

(三) 专业性银行

专业银行的存在是社会分工发展在金融领域中的体现。

专业银行按服务对象和借贷资金的运用特点，一般可分为开发银行、信用合作社、储蓄银行、不动产抵押银行、进出口银行和外汇银行等。

1. 开发银行

开发银行是为了满足经济建设长期投资的需要而设立的银行。这种投资具有开发性，且投资量大、时间长、见效慢、风险大，一般商业银行不愿意承担，有时也无力承担。

开发银行可分为国际性的、区域性的和本国性的三种。国际性开发银行以国际复兴开发银行（即世界银行）为代表；区域性开发银行以亚洲开发银行、非洲开发银行、泛美开发银行等为代表；本国开发银行以国家开发银行为代表。

2. 信用合作社

信用合作社也被称为合作银行，其产生要比商业银行晚，是在合作经济思想指导下形成的产物。具体而言，它是由社员自愿集资结合而成立的、以互助为主要宗旨的合作性金融机构。它的基本经营目标是以简便的手续和较低的利率向社员提供信贷服务，帮助经济力量薄弱的个人解决资金困难。合作银行的地位和作用远逊于商业银行，但是，在组织形式和功能上，合作银行有一定的特点和优势，是金融中介体系的一个组成部分。

信用合作社一般是在特定的行业或特定的范围内发展，最初是作为一种为较落后的农业和传统手工业提供融资服务的互助组织出现的，如农村信用合作社、城市信用合作社、手工业信用合作社和建筑业信用合作社等。

信用合作社规模不大，其资金主要来源于合作社成员缴纳的股金和吸收的存款，起初只向社员发放短期生产贷款和消费贷款，现在，一些资金充裕的信用社已开始为生产设备更新、技术改进等提供中、长期的贷款，并逐步采用了以不动产或有价证券为担保的贷款方式。

3. 储蓄银行

储蓄银行是指办理居民储蓄并以吸收储蓄存款为主要资金来源的银行。其产生最早可追溯到 18 世纪的意大利，当地商人采取私人联合股份的形式，由宗教团体或其他团体持股而形成，主要活动是吸收居民个人的小额储蓄资金。随后，储蓄银行的设立思想逐渐传播到西方其他国家，英国、美国等国家开始纷纷成立储蓄银行。

与我国几乎所有的金融机构均经营储蓄业务的情况不同，在西方不少国家，储蓄银行大多是专门设计的，其成立主要是为消费者提供以个人财产为抵押的消费信贷业务和储蓄服务。个人和家庭的存款主要属于货币性质，而非资本性质，需要谨慎管理和经营，因此，通常设立专门的管理法令来规范其资金运作，保护小额储蓄人的利益。

各国储蓄银行的名称有所不同，如在美国称之为互助储蓄银行、信贷协会等，在英国称之为信托储蓄银行，在日本称之为储蓄银行。

4. 不动产抵押银行

不动产抵押银行是专门经营以土地、房屋及其他不动产为抵押的长期贷款的专业银行。其资金不是靠吸收存款，而是靠发行不动产抵押证券来筹集的。贷款业务大体分为两类：一类是以土地为抵押的长期贷款，贷款对象主要是土地所有者或购买土地的农业资本家；另一类是以城市不动产为抵押的长期贷款，贷款对象主要是房屋所有者或经营建筑业的资本家。法国的房地产信贷银行、德国的私人抵押银行等，均属此类。

5. 进出口银行

进出口银行是指专门为对外贸易提供结算、信贷等国际金融服务，支持本国对外贸易的专业银行。这类银行一般都是官方或半官方的金融中介机构，如美国的进出口银行、日本的输出入银行、法国的对外贸易银行。进出口银行的宗旨是促进本国的进出口贸易，特别是大型机电设备的出口贸易。这类银行在经营原则、贷款利率等方面带有浓厚的政治色彩。

二、非银行类金融中介机构

所谓非银行金融机构是指除中央银行、商业银行及专业银行以外的其他经营金融性业务的公司或组织，也就是说，非银行金融机构属于金融机构，但不是银行。

与商业银行相比，非银行金融机构不仅不能吸收活期存款，还不能吸收其他任何形式的存款。更为重要的是，非银行金融机构只能作为资金经纪人，不具备创造信用的能力。与专业银行相比，非银行金融机构虽然同专业银行一样，业务种类和服务范围都很有限，而且都必须在减少储备的前提下才能增加贷款，但是，专业银行可以吸收除活期存款以外的其他形式的存款，而非银行金融机构则不能。

非银行金融机构的类型主要包括以下几种：

（一）保险公司

保险公司就是经营保险业务的金融机构。保险公司是除银行外最重要的金融机构，在各国的国民经济中发挥着重要作用。

保险公司的资金来源主要是投保人缴纳的保险费，资金运用主要分成两部分，一部分用于应付赔偿所需，另一部分用于投资证券（如政府债券、企业债券和股票）、发放不动产抵押贷款和保单贷款等。

由于各国具体情况的差异，各国保险人的组织形式不尽相同，有保险股份有限公司、相互保险组织、保险合作社、个人保险组织、政府保险组织等主要形式。但其中占主体地位的还是保险股份有限公司。

保险公司的主要业务分为两大类：一是保险业务；二是投资业务。其中，保险业务主要包括两大类，人寿保险和财产保险，由此也形成了两种类型的保险公司，人身保险公司和财产保险公司。

1. 财产保险

财产保险指的是投保人根据合同约定，向保险人交付保险费，保险人按保险合同的约定，对因自然灾害或意外事故造成的损失承担赔偿责任的保险。

财产保险是以财产及其有关利益为保险标的的财产保险，可保财产，包括物质形态和非物质形态的财产及其有关利益。以物质形态的财产及其相关利益为保险标的的财产保险，通常称为财产损失保险。例如，飞机、卫星、电厂、大型工程、汽车、船舶、厂房、设备以及家庭财产保险等。以非物质形态的财产及其相关利益为保险标的的财产保险，通常是指各种责任保险、信用保险等。例如，公众责任、产品责任、雇主责任、职业责任、出口信用保险、投资风险保险等。但是，并非所有的财产及其相关利益都可以被作为财产保险的保险标的。根据法律规定，只有符合财产保险合同要求的财产及其相关利益，才能成为财产保险的保险标的。广义上，财产保险包括财产损失保险（有形损失）、责任保险和信用保险等。

2. 人身保险

人身保险是以人的寿命和身体为保险标的的保险。人身保险的投保人按照保单约定向保险人缴纳保险费，当被保险人在合同期限内发生死亡、伤残、疾病等保险事故或达到人身保险合同约定的年龄、期限时，保险人依照合同约定，承担给付保险金的责任。

随着时代的发展，人身保险的种类越来越多，主要分为传统人身保险和新型人身保险。

传统人身保险的产品种类繁多，按照保障范围可以划分为人寿保险、人身意外伤害保险和健康保险。

新型人身保险是随着经济的发展、资本市场化程度的日益提高，于近几年出现的一种将保障和投资融于一体的新型投资型险种，主要包括分红型、万能型和投资连结型三种类型。

（二）投资银行

投资银行是当今发达国家金融体系和国际金融体系重要的组成部分之一。

投资银行之所以称为投资银行，一方面是因为其本身就是金融中介机构体系中的重要组成部分，另一方面是因为其在历史上从商业银行中分离出来的关系。投资银行是金融市场，是资本市场重要的金融中介机构之一。早期的投资银行主要从事证券发行承销和证券交易业务，目前的投资银行几乎已经涉及全部的资本市场业务、部分货币市场业务以及金融衍生品市场业务。由于投资银行业发展迅速，对投资银行的界定十分困难，目前，投资银行的定义还没有一个严格的、一致的结论。

一般而言，依据投资银行的主要业务特征和功能，投资银行是指以证券承销和证券经纪为本源业务，通过不断的金融创新，促进资金合理分配和流动，优化社会资源配置的金融机构。

投资银行是美国的名称，英国称之为商人银行，在我国及日本等亚洲国家则指证券公司。当前，世界上的投资银行主要有四种类型：

1. 独立的专业性投资银行

这种形式的投资银行在全世界范围内广为存在，美国的高盛公司、摩根士坦利公司、日本的野村证券、英国的华宝公司和宝源公司等均属于此种类型，并且，他们都有各自擅长的专业方向。

2. 商业银行拥有的投资银行（商人银行）

这种形式的投资银行主要是商业银行通过兼并、收购、参股或建立自己的附属公司的形式从事商人银行及投资银行业务的，如瑞士信贷集团所属的瑞士信贷第一波士顿银行。这种形式的投资银行在英、德等国非常典型。

3. 全能型银行直接经营投资银行业务

这种类型的投资银行主要分布在欧洲大陆，他们在从事投资银行业务的同时也从事一般的商业银行业务，如美国摩根大通银行。

4. 一些大型跨国公司兴办的财务公司

如美国通用公司创办的金融公司。

(三) 信托投资公司

信托投资公司也称信托公司，它是以资金或其他财产为信托标的，根据委托者的意愿，以受托人的身份管理和运用信托资产的金融机构。

信托投资公司主要经营信托业务。所谓信托业务，就是信托投资公司以营业和收取报酬为目的，以受托人的身份承诺信托和处理信托事务的经营行为。

信托投资不同于一般的委托、代理和借贷业务，它具有收益高、责任重、风险大、程序多、管理复杂等特点。因此，各国对信托投资公司的机构设置、经营管理等方面设有较高的要求。

(四) 证券公司

证券公司是专门从事各种有价证券经营及相关业务的金融机构。证券公司既是证券交易所的重要组成成员，又是有价证券转让和交易的组织者和参与者。证券公司在金融市场上起着十分重要的作用。在一级市场上，通过承购、代销、助销、包销有价证券，使发行市场顺畅运行；在二级市场上，通过代理、自营有价证券，使证券市场更加活跃。

（五）财务公司

财务公司（Finance Houses）也称金融公司。财务公司的资金来源主要包括发行债券和向商业银行贷款等（有些国家的财务公司还公开吸收存款）。其资产业务在各国差异较大，有的以消费信贷为主，有的则主要从事商业银行不愿办理的风险较大的贷款、票据贴现、证券和不动产抵押贷款等业务。

（六）金融租赁公司

金融租赁公司是经营融资租赁业务的金融机构。所谓融资租赁，就是当企业需要添置某些技术设备而又缺乏资金时，由出租人代其购进或租进所需设备，然后再出租给承租人使用的租赁方式。其具体的形式有四种，直接购买租赁、回租租赁、转租赁和杠杆租赁。

第三节　我国现行的金融中介机构体系

我国金融机构体系的建立和发展经历了以下几个阶段：①1948～1953年：初步形成阶段。1948年12月1日，中国人民银行成立，标志着金融体系的开始，并逐步成为全国唯一的国家银行。②1953～1978年："大一统"的金融体系。其基本特征为：中国人民银行是全国唯一一家办理各项银行业务的金融机构，集中央银行和商业银行的功能于一身，内部实行高度集中的管理，统收统支。③1979年到1983年9月：改革初期。相继成立了中国银行、中国农业银行和中国建设银行，打破了"大一统"的格局。④1983年9月到1993年：初具规模阶段。在此期间，我国的金融机构体系进行了一系列的改革，在1994年形成了以中国人民银行为核心、以四大国有商业银行为主体、其他各种金融机构并存的金融机构体系。⑤1994年至今。1994年，国务院进一步改革金融体制，建立了在中央银行宏观调控下的政策性金融与商业性金融分离、以国有商业银行为主体的多种金融机构并存的金融机构体系。这一新的金融机构体系目前仍处在完善过程。我国现行的金融中介机构体系的特点是：以中国人民银行、中国银行保险监督管理委员会和中国证券监督管理委员会为最高金融管理机构，对各类金融机构实行分业监管。

按照中国人民银行2010年《金融机构编码规范》，除货币当局（中国人民银行和国家外汇管理局）和监管当局（银监会、证监会、保监会三个监督管理委员会，现改组为中国银保监会和中国证监会两大监管机构）外，中国目前的金融机构一般分为七种，银行业存款类金融机构、银行业非存款类金融机构、证券业金融机构、保险业金融机构、交易及结算类金融机构、金融控股公司和其他。按照金融中介机构业务和功能的划分标准，我国金融中介机构在融资类、投资类、保险类和信息咨询服务类四大类金融机构分类方式下形成的框架体系如表7-2所示。

表 7-2 我国金融中介机构体系

融资类金融中介机构（银行业金融机构）	投资类金融中介机构（证券业金融机构）	保障类金融中介机构（保险业金融机构）	信息咨询服务类中介机构
大型商业银行	证券公司	保险集团公司	资信评级机构
政策性银行	期货公司	财产保险公司	征信公司
股份制商业银行（全国）	基金管理公司	人身保险公司	会计师事务所
城市商业银行	证券交易所	再保险公司	律师事务所
农村商业银行	证券结算公司	保险资产管理公司	资产评估机构
农村合作银行	证券投资咨询公司	外资保险公司代表处	
邮政储蓄银行			
外资法人金融机构			
消费金融公司			
农村信用合作社			
新型农村金融机构			
企业集团财务公司			
金融信托投资公司			
金融资产管理公司			
汽车金融公司			
货币经纪公司			
住房储蓄银行			

目前，我国金融中介机构按其地位和功能可分为三大类：第一类是中央银行，即中国人民银行。第二类是金融监管机构，有中国银行保险监督管理委员会（以下简称"中国银保监会"）和中国证券监督管理委员会（以下简称"中国证监会"）。第三类是经营性金融中介机构，其中经营性金融中介机构又可分为：银行金融中介机构和非银行金融中介机构，银行金融中介机构在金融中介机构体系中处于主体地位。

一、中国人民银行

中国人民银行是在华北银行、北海银行和西北农民银行的基础上合并组成的。1983年9月，国务院决定由中国人民银行专门行使国家中央银行职能。1995年3月18日，第八届全国人民代表大会第三次会议通过了《中华人民共和国中国人民银行法》，中国人民银行作为中央银行以法律形式被确定下来。中国人民银行的职责主要有制定和执行货币政策、实施金融监管和提供金融服务。

中国人民银行在全国金融中介机构体系中处于核心地位，对分支机构实行统一领导和管理。根据中国人民银行的授权，中国人民银行的分支机构维护本地区的金融稳定，承办有关业务。

二、金融监管机构

为了帮助中国人民银行更加独立地行使宏观金融调控职能，更加专注于货币政策的制定与实施，保持宏观经济环境的长期稳定，我国实行分业监管。在很长一段时间内，我国金融监管机构实行"三权分立"，即同时存在三个机构：中国银行业监督管理委员会、中国证券监督管理委员会和中国保险监督管理委员会。2018年4月8日，随着中国银行保险监督管理委员会的正式挂牌，中国银行业监督管理委员会和中国保险监督管理委员会成为历史，我国金融监管机构的权威部门由原来的"三权分立"变为"二元分治"，即中国银保监会和中国证监会。

（一）中国银行保险监督管理委员会

中国银行保险监督管理委员会，简称"中国银保监会"，是在整合原中国银行监督管理委员会和中国保险监督管理委员会两家监管机构的基础上组建设立的。中国银保监会是国务院直属事业单位，旨在依照法律法规统一监督管理银行业和保险业，维护银行业和保险业的合法、稳健运行，防范和化解金融风险，保护金融消费者的合法权益，维护金融稳定。

1. 中国银保监会的成立背景和发展历史

2008年，美国次贷危机引发的全球金融危机爆发后，世界各国都将金融安全稳定放到了金融发展的首位，致力于剖析金融监管体系中存在的问题，对相关漏洞进行研究，"系统重要性金融机构"的概念随之产生，并在全球金融治理范围内得到了一致认可和重视。

2015年7月，我国股市发生了较为严重的"股灾"，暴露出了当时"三权分立"的金融监管体制存在的诸多问题，如监管职责不清晰、交叉监管和监管空白等。金融监管体系迫切需要进行强化，优化监管资源配置，进而改革和完善金融监管体制。

2018年3月，第十三届全国人民代表大会第一次会议表决通过了《国务院机构改革方案》，将中国银行业监督管理委员会和中国保险监督管理委员会的职责进行整合，组建了中国银行保险监督管理委员会，成为国务院直属事业单位。

2018年5月14日，商务部办公厅发布通知，将融资租赁公司、商业保理公司和典当行的业务经营和监管规则的制定职责划给中国银行保险监督管理委员会，银保监会自4月20日起，开始履行相关监管职责。

2. 中国银保监会的主要职能

中国银行保险监督管理委员会的主要职责在于统筹重要性金融机构监管，逐步建立符合现代金融特点、统筹协调监管、有力有效的现代金融监管框架，守住不发生系统性金融风险的底线。

（1）依法依规对全国银行业和保险业实行统一监督管理，维护银行业和保险业的合法、稳健运行，对派出机构实行垂直领导。

（2）对银行业和保险业的改革开放和监管有效性开展系统性研究，参与拟订金融业改革发展战略规划，参与起草银行业和保险业重要的法律法规草案以及审慎监管和金融消费者保护基本制度，起草银行业和保险业其他的法律法规草案，提出制定和修改建议。

（3）依据审慎监管和金融消费者保护基本制度，制定银行业和保险业审慎监管与行为监管规则，制定小额贷款公司、融资性担保公司、典当行、融资租赁公司、商业保理公司和地方资产管理公司等其他类型机构的经营规则和监管规则，制定网络借贷信息中介机构业务活动的监管制度。

（4）依法依规对银行业和保险业及其业务范围实行准入管理，审查高级管理人员的任职资格，制定银行业和保险业从业人员行为管理规范。

（5）对银行业和保险业的公司治理、风险管理、内部控制、资本充足状况、偿付能力、经营行为和信息披露等实施监管。

（6）对银行业和保险业实行现场检查与非现场监管，开展风险与合规评估，保护金融消费者合法权益，依法查处违法违规行为。

（7）负责全国银行业和保险业监管数据报表的统一编制，按照国家有关规定予以发布，履行金融业综合统计相关工作职责。

（8）建立银行业和保险业风险监控、评价和预警体系，跟踪分析、监测、预测银行业和保险业的运行状况。

（9）向有关部门提出存款类金融机构和保险业机构紧急风险处置的意见和建议，并组织实施。

（10）依法依规打击非法金融活动，负责非法集资的认定、查处和取缔以及相关组织协调工作。

（11）负责指导和监督地方金融监管部门的相关业务工作。

（12）参与银行业和保险业国际组织与国际监管规则的制定，开展银行业和保险业的对外交流与国际合作事务。

（13）负责国有重点银行业金融机构监事会的日常管理工作。

（14）完成党中央、国务院交办的其他任务。

（15）围绕国家金融工作的指导方针和任务，进一步明确职能定位，强化监管职责，加强微观审慎监管、行为监管与金融消费者保护，守住不发生系统性金融风险的底线。按照简政放权的要求，逐步减少并依法规范事前审批，加强事中事后监管，优化金融服务，向派出机构适当转移监管和服务职能，推动银行业和保险业的业务和服务下沉，更好地发挥金融服务实体经济功能。

（二）中国证券监督管理委员会

中国证券监督管理委员会，简称"中国证监会"，是国务院直属正部级事业单位，依照法律、法规和国务院授权，统一监督管理全国证券期货市场，维护证券期货市场秩序，保障其合法运行。

1. 中国证监会的产生背景和发展历史

1992年10月,国务院证券委员会(简称"国务院证券委")和中国证券监督管理委员会(简称"中国证监会")宣告成立,标志着中国证券市场统一监管体制开始形成。国务院证券委是国家对证券市场进行统一宏观管理的主管机构。中国证监会是国务院证券委的监管执行机构,依照法律法规对证券市场进行监管。国务院证券委和中国证监会成立以后,其职权范围随着市场的发展逐步扩展,现已将期货市场的监督和管理职责容纳在内。

1993年11月,国务院决定将期货市场的试点工作交由国务院证券委负责,由中国证监会具体执行。国务院在《期货交易管理条例》中规定,"中国证监会对期货市场实行集中统一的监督管理"。在证监会内部,专门设有期货监管部,对期货市场进行监督管理。

1995年3月,国务院正式批准《中国证券监督管理委员会机构编制方案》,将中国证监会从国务院证券委中独立出来,确定中国证监会为国务院直属的监管权威机构,其主要职责是依照法律、法规,对证券期货市场进行监管。

1997年8月,国务院研究决定,将上海证券交易所和深圳证券交易所统一划归中国证监会监管;同时,在上海和深圳两市设立中国证监会证券监管专员办公室;同年11月,中央召开全国金融工作会议,决定对地方证券监管部门实行垂直领导,并将原由中国人民银行监管的证券经营机构划归中国证监会统一监管。

1998年4月,国务院证券委与中国证监会合并,统一为中国证券监督管理委员会,对我国证券市场和期货市场等资本市场进行集中而权威的监督和管理。中国证监会的职能明显加强,我国证券监管体系的监管框架和职责范畴得到进一步明确和完善。

2. 中国证监会的主要职能

作为全国证券期货市场的主管部门,其基本职能包括:

(1)研究和拟订证券期货市场的方针政策和发展规划;起草证券期货市场的有关法律、法规,提出制定和修改建议;制定有关证券期货市场监管的规章、规则和办法。

(2)垂直领导全国证券期货监管机构,对证券期货市场实行集中统一监管,管理有关证券公司的领导班子和领导成员。

(3)监管股票、可转换债券、证券公司债券和证监会负责的债券及其他证券的发行、上市、交易、托管和结算;监管证券投资基金活动;批准企业债券的上市;监管上市国债和企业债券的交易活动。

(4)监管上市公司及其股东的证券市场行为。

(5)监管境内期货合约的上市、交易和结算;按规定监管境内机构从事的境外期货业务。

(6)管理证券期货交易所;按规定管理证券期货交易所的高级管理人员;归口管理证券业、期货业协会。

(7)监管证券期货经营机构、证券投资基金管理公司、证券登记结算公司、期货结算机构、证券期货投资咨询机构和证券资信评级机构;审批基金托管机构的资格,并监管其基金托管业务;制定有关机构高级管理人员任职资格的管理办法,并组织实施;

指导中国证券业和期货业协会开展证券期货从业人员资格管理工作。

（8）监管境内企业直接或间接到境外发行股票、上市以及在境外上市的公司到境外发行可转换债券；监管境内证券、期货经营机构到境外设立证券、期货机构；监管境外机构到境内设立证券、期货机构、从事证券、期货业务。

（9）监管证券期货信息传播活动，负责证券期货市场的数据统计与信息资源管理。

（10）同有关部门一起审批会计师事务所和资产评估机构及其成员从事证券期货中介业务的资格，监管律师事务所及其律师及有资格的会计师事务所和资产评估机构及其成员从事证券期货相关业务的活动。

（11）依法对证券期货违法违规行为进行调查、处罚。

（12）归口管理证券期货行业的对外交往和国际合作事务。

（13）承办国务院交办的其他事项。

三、商业银行

商业银行包括国有商业银行、股份制商业银行、城市商业银行、农村商业银行和外资银行。其中，国有商业银行包括中国工商银行、中国农业银行、中国银行、中国建设银行和交通银行；股份制商业银行包括中信银行、光大银行、华夏银行、广东发展银行、深圳发展银行、招商银行、上海浦东发展银行、兴业银行、中国民生银行、恒丰银行、浙商银行和渤海银行。商业银行体系还包括 1998 年以来由城市商业合作银行改建的一大批城市商业银行以及农村商业银行。此外，众多的外资银行也是我国商业银行体系的一个组成部分。

在我国的商业银行体系中，工、农、中、建四大商业银行是主体，它们的资产规模、负债规模以及中介业务在商业银行业务总量中所占据的市场份额近 50%。

1995 年颁布的《中华人民共和国商业银行法》规定，商业银行不得在境内从事信托投资和股票业务，不得投资非自用不动产，不得向非银行金融机构和企业投资。这说明我国商业银行的信托、证券等投资业务必须实行分业经营。

四、政策性银行

政策性银行是指那些多由政府创立、参股或保证，不以营利为目的，专门为贯彻、配合政府的社会经济政策或意图，在特定的业务领域内，直接或间接从事政策性融资活动，充当政府发展经济、促进社会进步、进行宏观经济管理工具的金融机构。

1994 年，我国组建了国家开发银行、中国农业发展银行和中国进出口银行三家政策性银行。建立政策性银行的目的是实现政策性金融与商业性金融的分离，以解决商业银行身兼二任的问题；同时也为了割断政策性贷款与基础货币的直接联系，确保中国人民银行调控基础货币的主动权。

这三家政策性银行的分工是：中国农业发展银行主要办理主要农副产品的国家储备和收购贷款、农业综合开发贷款，以及国家确定的小型农、林、牧、水基本建设和技术改造贷款;国家开发银行主要为国家重点项目、重点产品和基础产业提供金融支持;中国进出口银行主要为扩大我国机电产品和成套设备进口提供出口信贷和有关的各种贷款。

五、非银行金融中介机构

(一) 保险公司

我国的保险公司主要有两类:一类是国有独资保险公司,有中国人民保险公司、中国人寿保险公司和中国再保险公司等;另一类是股份制保险公司,有中国太平洋保险公司、中国平安保险公司等。此外,还有中外合资和外商独资的保险公司。

(二) 信托投资公司

信托投资公司是以受托人的身份经营信托投资业务的金融机构。目前,我国信托投资业务主要包括以下几个方面:经营资金信托业务;经营动产、不动产及其他财产信托业务;经营国家有关法规允许从事的投资基金业务,作为基金管理公司发起人从事投资基金业务;经营企业资产的重组、并购及项目融资、公司理财、财务顾问等中介业务;经营国债和企业债券的承销业务;代理财产的管理、运用与处置;代理保管业务;信用见证、资信调查及经济咨询业务。

(三) 证券机构

证券机构是指从事证券业务活动的各类金融机构,包括证券公司、证券交易所、证券登记结算公司、证券投资咨询公司、投资基金管理公司和证券评估公司。

证券公司是专门从事有价证券买卖的金融中介机构,它受托办理债券、股票的发行业务,受托代理单位及个人的买卖证券,同时,自己也从事有价证券的买卖经营。我国的证券公司是集承销、经纪和自营业务于一身的综合性经营机构。目前,我国对证券公司实行分类管理,分为经纪类证券公司和综合类证券公司。经纪类证券公司是指从事代理客户买卖证券业务的证券公司。综合类证券公司是指可开展综合业务的证券公司,包括证券经纪、证券发行与承销、自营证券买卖等。

(四) 金融租赁公司

金融租赁公司,即主要办理租赁业务的专业金融机构。我国的金融租赁公司主要有两类:一类是由银行和与银行有关的金融中介机构投资和管理的租赁公司;另一类是综合经营并独立开展业务的金融租赁公司。

(五) 企业集团财务公司

这是金融与工商业企业相互结合的产物。在我国,企业集团财务公司(除中外合资的财务公司外)都是依托大型企业集团成立的,主要为企业集团成员单位的技术改造、新产品开发和产品销售提供服务。其业务受中国银行保险监督管理委员会的管理和领导，行政上隶属于企业集团。其主要业务有人民币存贷款与投资业务、信托和融资性租赁业务、发行和代理发行有价证券。

（六）农村信用合作社

农村信用合作社是我国历史最长、规模最大、覆盖面最广的合作金融机构，其业务与普通商业银行基本相同。我国信用社是集体所有制性质的金融组织，资金由群众集资入股形成，独立经营、独立核算、自负盈亏、自担风险。信用社内部实行民主管理。

（七）邮政储蓄机构

邮政储蓄机构具体办理城乡居民个人人民币储蓄存款、汇兑、结算、代办保险和代理发售国库券等业务。中国邮政储蓄银行的成立是中国银行业改革取得的又一项重大成果，标志着中国邮政储蓄管理进入了一个新的发展阶段。

第四节　国际金融中介机构

一、国际货币基金组织

从布雷顿森林体系成立至今，国际货币基金组织（International Monetary Fund，IMF）在国际货币体系中发挥了重要的协调作用。

（一）国际货币基金组织的建立

国际货币基金组织（IMF）、世界银行集团（The World Bank Group）和世界贸易组织（World Trade Organization，WTO）共同构成了战后国际经济秩序的三大支柱。

为了避免20世纪二三十年代世界范围内的经济金融混乱，建立了一种新的国际金融秩序。1944年7月，44个国家的代表在美国的新罕布什尔州布雷顿森林市举行了联合国货币金融会议。1949年12月，29个国家政府批准协议，建立了国际货币基金组织和国际复兴开发银行。1946年3月，国际货币基金组织正式成立；1947年3月，开始在国际金融领域活动，成为了战后国际货币体系的核心。截至2001年底，IMF的会员遍布187个国家和地区。中国是国际货币基金组织的创始国之一，我国的合法席位是1980年4月17日恢复的。

（二）国际货币基金组织的宗旨

第一，促进成员国在国际货币问题上的磋商与协作；
第二，促进汇率的稳定和有秩序的汇率安排，借此避免竞争性的汇率贬值；

第三，为经常项目收支建立一个多边支付和汇兑制度，努力消除不利于世界贸易发展的外汇管制；

第四，在临时性的基础上和有保障的条件下，向成员国提供资金融通，使它们在无须采取有损本国和国际经济繁荣的措施的情况下，纠正国际收支的不平衡；

第五，争取缩短和降低国际收支不平衡的持续时间和程度，促进国际贸易的均衡发展，实现就业和实际收入水平的提高及生产能力的扩大。

(三) 国际货币基金组织的组织结构

国际货币基金组织的组织结构包括理事会（Board of Governors）、执行董事会（Executive Board）和其他机构。在执行董事会和理事会之间还有两个机构：一个是国际货币基金组织理事会关于国际货币制度的临时委员会，简称"临时委员会"；另一个是世界银行和国际货币基金组织理事会关于实际资源向发展中国家转移的联合部长级委员会，简称"发展委员会"。

(四) 国际货币基金组织的重要职能

根据 IMF 的宗旨，国际货币基金组织在国际金融领域中的职能主要表现在三个方面：

第一，确立成员国在汇率政策、与经常项目有关的支付及货币的兑换性方面需要遵守的行为准则，并实施监督。

第二，向国际收支出现困难的成员国提供必要的临时性资金融通，以使它们遵守上述行为准则，避免采取不利于其他国家经济发展的经济政策。

第三，为成员国提供进行国际货币合作与协商的场所。

二、世界银行集团

世界银行集团（The World Bank Group）是世界上最大的国际性金融机构，共包括五个成员组织：国际复兴开发银行（The International Bank for Reconstruction and Development，IBRD）、国际开发协会（The International Development Association，IDA）、国际金融公司（The International Finance Corporation，IFC）、解决投资争端国际中心（The International Centre for Settlement of Investment Disputes，ICSID）和多边投资担保机构（The Multilateral Investment Guarantee Agency，MIGA），致力于以贷款或投资的方式向会员国，尤其是发展中国家的经济发展提供帮助。

(一) 世界银行 (IBRD)

世界银行，即国际复兴开发银行，是根据 1944 年布雷顿森林会议通过的《国际复兴开发银行协定》建立的政府间的国际金融机构。世界银行正式成立于 1945 年 12 月，1946 年 6 月开始营业。其成员国须具备国际货币基金组织成员国的资格。

世界银行的主要任务是向发展中国家提供开发性贷款，资助其兴办特定的长期建设项目，促进资源开发与经济增长。

(二) 国际开发协会 (IDA)

国际开发协会成立于 1960 年，总部设在华盛顿。国际开发协会作为世界银行的附属机构，在支持世界银行完成减轻贫困的使命中发挥着关键作用。

(三) 国际金融公司 (IFC)

国际金融公司作为世界银行的附属机构，在法律和财务上与国际开发协会相互独立，负责对发展中成员国的私营部门项目提供贷款或直接参股投资。国际金融公司还向政府和企业提供咨询和技术援助。

三、区域性金融机构

(一) 亚洲开发银行

亚洲开发银行（简称"亚行"）成立于 1966 年 11 月，总部设在菲律宾首都——马尼拉。它是以亚太地区的国家为主的政府间金融机构。其宗旨是通过向会员国发放贷款，提供投资和技术援助，促进亚太地区的经济发展与合作。其主要业务是向亚太地区成员国的政府、政府附属机构、公私企业及与本地区发展有关的组织提供贷款。

(二) 非洲开发银行

非洲开发银行（简称"非行"）成立于 1966 年，总部设在科特迪瓦的阿比让。该行是以非洲国家为主的政府间金融机构，其宗旨是为成员国的经济和社会发展提供资金支持，协助非洲大陆制定发展的总体规划，协调各国的发展计划，促进非洲地区成员国的经济发展与社会进步，以实现非洲经济一体化的目标。

(三) 泛美开发银行

泛美开发银行（简称"泛美行"）成立于 1959 年，总部设在美国首都——华盛顿，是世界上历史最长、规模最大的地区性政府间开发金融机构，其宗旨是促进拉丁美洲及加勒比地区的经济和社会发展。

(四) 欧洲复兴开发银行

欧洲复兴开发银行于 1991 年 4 月 14 日正式开业，总部设在伦敦。欧盟委员会（前欧洲共同体委员会）、欧洲投资银行和 39 个国家在银行中拥有股权。欧洲复兴开发银行的宗旨是在考虑加强民主、尊重人权、保护环境等因素的情况下，帮助和支持东欧、中欧国家向市场经济转化，以调动上述国家中个人及企业的积极性，促使他们向民主政体和市场经济过渡。

(五) 欧洲投资银行

欧洲投资银行是欧盟的理财机构,其宗旨是促进欧盟一体化、欧盟的平衡发展以及各成员国的经济和社会统合。欧洲投资银行主要通过提供低息或无息贷款的方式来为欧盟公共机构和私营企业的项目提供资金便利,以支持欧盟欠发达地区的发展和产业转轨,促进欧盟交通、通信和能源等方面的发展。

(六) 欧洲中央银行

欧洲中央银行简称"欧洲央行"(European Central Bank,ECB),是欧盟欧元区国家统一货币、发行欧元后的中央银行。其前身为欧洲货币局(European Monetary Institute,EMI)。1998年6月1日,欧盟理事会正式任命欧央行行长、副行长及执行董事会的四位成员,这一天被视为欧央行的正式成立日。欧洲央行和欧元区各成员国的中央银行共同组成了欧洲央行体系(European System of Central Banks,ESCB),负责制定欧元区统一的货币和金融政策,以维持欧元区的价格稳定,刺激欧元区的经济增长。欧央行设有监管理事会(Governing Council)、执行董事会(Executive Board)和欧央行常务理事会(General Council of ECB)。欧洲中央银行行长的正常任期为八年。

本章小结

金融中介机构是专门从事各种金融活动的法人机构。在现代金融活动中,金融中介是最为重要的组织者和参与者。金融中介机构体系是指在一定的历史时期和社会经济条件下,由不同职能、不同业务的金融机构所构成的彼此间相互联系的有机整体。按照业务特点和基本功能,金融中介机构可分为融资类金融中介机构、投资类金融中介机构、保险类金融中介机构和信息咨询服务类金融中介机构四大类。在西方主要发达国家,金融中介机构体系大多呈现出以上四类机构并存的格局。目前,我国正逐步形成在中央银行宏观调控下的政策性金融与商业性金融分离,以国有商业银行为主体的多种金融机构并存的金融机构体系。将中国人民银行、中国银行保险监督管理委员会和中国证券监督管理委员会作为最高金融管理机构,并对各类金融机构实行分业监管。

本章习题

1. 简要回答金融中介的定义及作用。
2. 简要介绍按照主要业务和基本功能划分的四类金融中介机构。
3. 简要介绍我国的金融中介机构体系。
4. 简要介绍我国金融监管机构的职能及作用。
5. 简要介绍国际货币基金组织的职能及作用。

第八章
中央银行

> 【学习目标】
>
> 了解中央银行的历史起源和地位，系统学习中央银行的基本职能、业务范围及货币政策。

> 【学习要求】
>
> 了解：中央银行的起源；我国中央银行制度沿革。
> 掌握：中央银行的性质与职能；中央银行的业务；货币政策工具。

中央银行是一个国家银行体系的核心。作为全国货币金融的最高机构，中央银行执行国家的货币金融政策，控制信用规模，监管金融体系的安全。它代表国家管理金融机构，制定和执行金融方针政策，享有国家法律赋予的货币发行权力和其他权力。它根据政府经济政策的要求，对金融机构进行业务上的管理和调节，以确保货币供应适应经济发展的要求。

第一节 中央银行的起源

中央银行作为当今各国金融体系的核心和金融机构及金融市场的管理者，是信用经济发展到一定阶段的产物。本节主要介绍中央银行的起源与发展，并讨论中央银行的独立性问题。

一、中央银行的发展历史

(一) 中央银行的历史演进

在世界各国中，历史最悠久的国家银行是瑞典的里克斯银行，设立于1656年。1668年，政府出面将该银行改组为国家银行，收归国会所有，并对国会负责。

最先真正执行中央银行功能的是英国的英格兰银行。成立于1694年的英格兰银行是全世界最早的私人股份银行。1844 年，英国国会通过了《皮尔条例》（以下简称《条例》），《条例》赋予了英格兰银行独家垄断货币发行权的地位，使其成为第一家真正意义上的中央银行。随着英格兰银行地位的提高，许多商业银行把自己的现金准备的一部分存入英格兰银行，商业银行之间的债权债务可以通过英格兰银行划拨。1854 年，英格兰银行成为英国银行的票据交换中心；1872 年，它开始向资金周转困难的其他商业银行提供资金支持，充当"最后贷款人"的角色，并同时具有了全国性金融管理机构的色彩，建立起了英国的中央银行体系。

由于英格兰银行的成功，其他国家也纷纷仿效英国建立了自己的中央银行制度。成立于 1800 年的法兰西银行于 1848 年垄断了全法国的货币发行权，并于 19 世纪 70 年代完成了向中央银行的过渡。德国于 1875 年将普鲁士银行改为国家银行，并于 20 世纪初独享货币发行权。美国的中央银行制度建立得较晚。1907 年金融危机发生后，美国政府设立国家货币委员会，建议成立联邦式的中央银行。1913 年，美国国会通过了《联邦储备条例》，正式成立了联邦储备体系，美国历史上第一次建立了中央银行制度。1920 年，在布鲁塞尔举行的国际金融会议决定，凡是还未成立中央银行的国家，应尽快建立中央银行，以稳定第一次世界大战后币制、汇率和金融的混乱局面。

第二次世界大战后，一批经济较落后的国家摆脱了殖民统治，获得了独立，纷纷建立了本国的中央银行。另外，随着国家对经济干预的加强，各国政府利用中央银行推行金融政策，中央银行的管理职能进一步强化，不仅管理了金融机构和金融市场，还参与了一国宏观经济的管理，各国纷纷加强了对中央银行的控制，许多国家的中央银行都先后实行了国有化。同时，中央银行不再从事普通的商业银行业务，维持货币金融稳定成为中央银行的主要职责。中央银行进入了一个新的发展阶段。

（二）我国中央银行制度的历史沿革

1905 年，清政府成立户部银行，其实质是官商合办银行。1908 年，户部银行改为大清银行，经理国库，发行货币。辛亥革命后，大清银行被停业改组。经过改组后，1911 年，中国银行在上海开始营业。其主要业务包括代理国库、经理和募集公债、发行钞票、铸造银币等，还可以从事一般银行的存贷款业务、汇兑业务等。

1924 年，孙中山在广州成立国民政府，设立中央银行。1926 年，攻陷武汉，又在武汉设立中央银行。这些银行事实上都没有真正行使中央银行的职能，很大程度上是为当时的军需服务。1927 年，南京国民政府成立，1928 年 11 月，成立中央银行，总部设在上海，资本金 2000 万元，全部由政府拨款。其主要业务是经理国库、发行货币、行使中央银行职能。

与此同时，中国共产党领导的根据地政府也于 1932 年在江西瑞金成立中华苏维埃共和国国际银行。除经营一般业务外，该银行还具有发行货币和代理国库的职能。1935 年红军长征到达陕北后，中华苏维埃国际银行与陕甘宁苏维埃银行合并，改称国家银行西北分行。1937 年陕甘宁边区政府成立后，又改称陕甘宁边区银行。1948 年，在石家庄成立中国人民银行。

中华人民共和国成立初期到 1978 年，中国人民银行既承担货币发行、代理国库、管理金融性质的中央银行等职能，又从事一般的商业银行业务，逐步形成了大一统的银行体系。这种银行体系有利于国家集中经济建设资金，与当时高度集中的计划经济体制相适应。

改革开放以后，中国的金融体制发生了重大变化。中国银行、中国农业银行和中国人民保险公司从中国人民银行中分离出来，成为独立的金融机构，并开展经营活动。同时，还建立了中国国际信托公司等一批非银行金融机构，增加了金融体制的活力。1984年1月，中国工商银行正式成立，承办原来由中国人民银行办理的商业银行业务，中国人民银行开始专门行使中央银行职能。至此，我国的现代中央银行制度才真正建立。

二、设立中央银行的必要性

中央银行是信用经济发展到一定阶段的产物，它的出现有着历史必然性。设立中央银行的必要性主要有以下几个方面：

(一) 银行券统一发行的需要

在银行业发展的初期，没有专门发行银行券的银行，众多的商业银行均从事银行券的发行。随着经济的发展，这样分散的银行券发行制度已不能适应需要，暴露出了一些缺点：一个国家内部同时流通众多的银行券，这给使用者带来不便；同时，许多小银行的信用活动有着地域限制，它所发行的银行券只能在部分地区使用，这和商品经济发展对统一的大市场的需要背道而驰；另外，众多的商业银行良莠不齐，如果其中一部分银行由于经营不善出现信用问题，不能兑现银行券，必将引发信用危机，从而使货币流通陷入混乱状态。因此，经济的发展在客观上需要有一个实力雄厚、全国范围内信誉卓著的银行承担全国的银行券发行业务。

(二) 票据清算的需要

随着信用经济的发展，银行业务不断扩大，银行间的债权债务关系日趋复杂。各个银行当日的清算已非常困难，但票据交换及清算如不能得到及时、合理的处理，就像交通堵塞，会影响经济的正常运行。企业间的支付由银行来完成，银行间的支付需要由一家银行的银行来为之服务。所以，需要建立一个全国统一的、有权威的、公正的清算机构来完成这个使命。

(三) 充当最后贷款人的需要

银行业是一个特殊的行业，是一个对流动性要求很高的行业，银行往往会因为暂时的资金周转不灵陷入窘境，甚至发生挤兑。如果大量的存款者都到银行提取存款，银行势必会因支付能力不足而破产，不管银行有多高的利润率，最终还是摆脱不了破产的命运，这是由银行的经营特征决定的。所以，需要一个统一的机构来作为其他银行的后盾，在银行出现资金周转困难时给予必要的资金支持，渡过难关，避免出现大量银行破产的现象。

(四) 金融监管的需要

随着经济的不断发展,银行业的竞争日趋激烈。对高额利润的追逐推动着银行从事风险很大的业务,大大增加了银行破产的可能性,银行破产会引起比普通企业破产更大的经济动荡和社会不稳定。因此,需要一个代表政府意志的专门机构从事对金融业的监督管理和协调工作。

中央银行的发展是一个渐进的过程,上述建立中央银行的客观要求也不是同时提出的,直到今天,中央银行的发展也尚未停止。随着经济的不断发展,中央银行的功能势必会不断完善。

三、中央银行的独立性问题

中央银行从诞生之日起就与政府有着密切的联系,主要实现政府的某些政策意图,政府对宏观经济的金融管理也主要由中央银行承担。所以,中央银行是在政府的控制下活动的。在不同国家、不同时期,政府对中央银行的控制程度是不同的,这就是中央银行的独立性问题。

中央银行的独立性是指中央银行在法律授权的范围内制定和执行货币政策的独立性程度。按其独立性程度的不同,可以分为三类:

第一类是独立性较强的模式。在这种模式中,中央银行直接对国会负责,直接向国会报告工作,获得国会立法授权后,可以独立地制定货币政策并采取相应的政策措施,政府不得直接对其发布命令和指示,如果中央银行的货币政策与政府的货币政策发生矛盾,需要双方协商解决。美国和德国的中央银行属于这种模式。

第二类是独立性稍差的模式。在这种模式下,中央银行名义上隶属于政府,但实际上保持着一定的独立性。政府一般不过问货币政策的制定,中央银行可以独立地制定和执行货币政策。英格兰银行和日本银行属于这种类型。

第三类是独立性较弱的模式。这种模式的中央银行接受政府的指令,货币政策的制定及措施的采取要经政府批准,政府有权停止、推迟中央银行决议的执行。西方发达国家中实行这种模式的国家是意大利。

关于中央银行独立性的争论并未达成一致。支持独立论的观点认为,中央银行应保持高度的独立性,不受政府控制,理由是政府的政策具有短期性,往往倾向于采取短期内见效的膨胀性政策,不太关注诸如实现稳定的价格水平这样的长远目标;另外,如果政府控制中央银行的货币供给,可能会导致符合政府自身利益的财政发行,使得政府有机会长期向中央银行透支保持预算赤字,从而增加货币供给的基数,很可能导致通货膨胀。反对独立论的观点认为,金融体系是整个经济体系的一部分,政府要对整个经济运行状况负责,如果央行不受政府控制,货币政策和财政政策很难配合,甚至相互冲突、相互抵消。

随着银行体制的改革,我国中央银行的独立性得到了加强,《中国人民银行法》明确规定中国人民银行不再向财政透支。从总体上来讲,我国中央银行属于独立性较弱的类型。

第二节 中央银行的性质与职能

一、中央银行的性质

中央银行是一国金融体系的核心和最高管理机构，它代表国家管理金融机构，制定和执行金融方针政策，享有国家法律赋予的货币发行权力和其他权力。中央银行根据政府经济政策的要求，对金融机构进行业务上的管理和调节，以确保货币供应适应经济发展的要求。从这个意义上讲，中央银行是政府的职能部门，但它又不同于一般的行政管理机构，除了赋予它特定的金融行政管理职责采取通常的行政管理方式之外，主要的管理职责都是寓管理于营业之中，即以其所拥有的经济力量，如货币供给量、利率等，对整个金融领域乃至整个经济领域的活动进行管理、控制和调节。

中央银行的性质应表述为：中央银行是国家赋予其制定和执行货币政策的权力，对国民经济进行宏观调控和管理监督的特殊的金融机构。

中央银行是一个特殊的金融机构，其特殊性主要表现在几个方面：

（一）地位的特殊性

中央银行处于一个国家金融体系的中心环节，它是统制全国货币金融的最高权力机构，是一国的金融管理最高当局。中央银行是国家货币政策的体现者，是国家干预经济生活的重要工具，是政府在金融领域的代理，也是国家控制下的一个职能机构。

（二）业务的特殊性

中央银行不以营利为目的，不与商业银行等金融机构争夺利润。中央银行享有发行货币的特权，这是商业银行和一般的行政管理部门所不能享有的权利。正因为如此，中央银行不能与商业银行和其他金融机构处于平等的地位，也不能与商业银行等金融机构开展平等的竞争。

（三）管理的特殊性

中央银行行使管理职能时，是以银行的身份出现的，而不仅仅是一个行政管理机构。中央银行不是单凭行政权力行使其职能的，而是通过行政、经济和法律的手段（如利率、汇率、存款准备金和有关法律等）来实现的。而且，中央银行在行使管理职能时，不偏向任何一家银行，只是以金融管理者的身份出现，执行控制货币发行和调节信用的职能，从而达到稳定金融的目的。

二、中央银行的职能

(一) 发行的银行

垄断货币发行权，成为全国货币唯一的货币发行机构，是中央银行的特权，也是中央银行不同于其他金融机构之处。中央银行独占的货币发行权，是中央银行控制全社会货币量的基础，通过对货币供应量的控制，实现对宏观经济的控制。货币好比是经济生活中的血液，中央银行就是掌管血液输出输入的心脏，控制着整个经济生活的命脉。

(二) 银行的银行

中央银行面向金融机构提供"存、贷、汇"的服务，就像普通金融机构为个人和企业提供类似服务一样，所以，中央银行又被称为银行的银行。具体来讲，中央银行主要为普通的金融机构提供以下服务：

1. 集中保管商业银行的存款准备金

根据法律的规定，商业银行吸收存款时必须按照一定的比例向中央银行缴纳存款准备金，其目的在于：一方面保证存款者的存款安全，保证存款机构有足够的清偿能力，以备客户提现，同时，避免金融机构因流动性不足发生信用危机；另一方面商业银行存款准备金的缴纳也是中央银行通过各种手段控制货币量，从而控制宏观经济的基础。

2. 作为商业银行的最后贷款人

由于商业银行经营的特殊性，一家商业银行会因为流动性不足而陷入破产的危机。此时，就需要中央银行从社会利益的角度向商业银行提供贷款，具体的操作是，当商业银行需要补充资金时，可以将其持有的票据向中央银行请求再贴现，或以有价证券作为抵押申请贷款。

3. 组织全国商业银行之间的清算

各商业银行在中央银行开设自己的账户，并在央行拥有存款。银行收付的票据可通过其在中央银行的存款账户划拨款项，办理结算，从而清算彼此间的债权债务关系。这样一方面节约了资金的使用，减少了清算的费用，解决了单个银行资金清算面临的困难；另一方面也有利于中央银行通过清算系统，对商业银行体系的业务经营进行全面、及时的了解、监督和控制，强化中央银行对整个银行体系的监督职能。

(三) 政府的银行

政府的银行是指中央银行一方面为政府提供金融服务，另一方面代表政府贯彻金融政策，对金融机构和金融市场进行监管。具体职责如下：

1. 代理国库

国家财政收支一般不专设机构，而是交由中央银行代理。政府的收入与支出均通过财政部在中央银行开立的各种账户进行。政府公债的发行及公债的还本付息等事宜也常由中央银行代理。

2. 向政府提供信贷

中央银行作为政府的银行，负有对政府融通资金、解决政府临时资金需要的义务。这种资金支持主要通过两种方式进行：一是直接向政府提供贷款；二是中央银行购买政府公债，可以在一级市场直接购买，资金直接形成财政收入，也可以在二级市场间接购买，资金间接流向财政。

3. 代表政府管理金融活动，制定并监督执行有关金融管理的法规

中央银行是金融机构和金融市场的最高管理当局，负责监督和管理各金融机构和境内金融市场的业务活动。另外，在国际金融事务中，政府往往授权中央银行为本国代表，参加国际金融组织，参与国际金融重大决策，积极促进国际金融领域里的合作与发展。

4. 代表政府制定和执行货币政策

作为政府的银行，中央银行不以营利为目的，不受某个经济利益集团的控制，处于一个比较超脱的地位。这样就可以较好地保证一国的各种金融货币政策的制定、实施符合国家的利益。

5. 保管政府的外汇和黄金储备，进行外汇、黄金的买卖和管理

三、中央银行体制下的支付清算制度

为商业银行等金融机构办理支付清算服务，是中央银行的一项重要职能。中央银行体制下的支付清算主要通过票据交换所进行。

（一）票据交换所的工作程序

最初，票据交换所只是把参与票据清算的各家银行集中起来，由它们自行分别办理票据交换并结清应收应付款。这样，每家银行都必须与其他银行逐一办理票据交换。但后来人们发现，任一银行的应收款一定是其他银行的应付款，任一银行的应付款也一定是其他银行的应收款。各银行应收款项的总和一定等于各银行应付款项的总和。因此，各家银行无须相互间结清差额，而应进行多边净额结算，所有参加交换的银行分别支付或收入自己银行的应付款或应收款净额就可以了，所以，所有银行只需支付或收入一次（见表8-1）。

表8-1 银行间票据交换净额结算演示

	甲银行	乙银行	丙银行	丁银行	应收总额
甲银行	—	20	10	40	70
乙银行	30	—	50	20	100
丙银行	20	80	—	10	110
丁银行	10	20	40	—	70
应收总额	60	120	100	70	—
应收应付差额	10	−20	10	—	—

从表 8-1 中我们可以看出，虽然甲乙丙丁各家银行相互之间都有应收应付款，但是经过多边净额结算，最终，只需甲和丙银行各拿出 10 个单位支付给乙银行，总共 350 个单位的结算就全部结清。根据这种原理，票据交换有以下步骤：

（1）入场前，各银行先将应收票据按付款行分别归类整理，并计算出各付款行分别应收的款项金额及汇总金额，填票据交换结算表。

（2）入场后，各银行一方面将应收票据分别送交各有关付款行，另一方面接收他行交来的本行应付款票据，核对、计算应付各行款项金额及应付总金额，填交换票据计算表。

（3）各银行根据交换票据计算表，比较本行应收、应付款总额，计算出应收应付净额后，填交换差额报告单，并凭报告单与交换所的总结算员办理最后款项支付。收付差额通过在中央银行的存款账户间的转账即可完成。

（二）中央银行组织全国清算的职责

作为银行的银行，中央银行负有组织全国银行清算的职责。中央银行组织全国清算，包括同城和异地两大类。

同城银行间的资金清算主要通过票据交换所来进行。票据交换所在有些国家是由各银行联合举办的，在有些国家则是由中央银行直接主办的。但无论哪种，票据交换应收应付最后都得通过中央银行集中清算交换的差额。

异地银行间远距离的资金划拨得由中央银行统一办理。由于各国使用的票据和银行组织的方式不同，异地资金划拨的具体清算一般有两种类型：第一种，先由各商业银行等金融机构通过内部联行系统划转，再由它们的总行通过中央银行转账清算；第二种，直接把异地票据统一集中送到中央银行总行办理转账清算。

中央银行通过组织全国银行系统的清算，一方面为各家商业银行提供了服务，减少了在途资金，提高了清算效率，加速了资金周转；另一方面加强了中央银行对全国金融情况及各商业银行等金融机构的资金情况的了解，有助于中央银行履行监督、管理职责。

第三节　中央银行的业务

一、中央银行的资产负债表

表 8-2　2019 年央行资产负债简化表

项目（Item）	年末余额（亿元）
国外资产（Foreign Assets）	218638.72
外汇（Foreign Exchange）	212317.26

续表

项目（Item）	年末余额（亿元）
货币黄金（Monetary Gold）	2855.63
其他国外资产（Other Foreign Assets）	3465.84
对政府债权（Claims on Government）	15250.24
其中：中央政府（Of Which: Central Government）	15250.24
对其他存款性公司债权（Claims on Other Depository Corporations）	117748.86
对其他金融性公司债权（Claims on Other Financial Corporations）	4623.39
对非金融性部门债权（Claims on Non-financial Sector）	
其他资产（Other Assets）	14869.26
总资产（Total Assets）	371130.48
储备货币（Reserve Money）	324174.95
货币发行（Currency Issue）	82859.05
金融性公司存款（Deposits of Financial Corporations）	226023.86
其他存款性公司存款（Deposits of Other Depository Corporations）	226023.86
其他金融性公司存款（Deposits of Other Financial Corporations）	
非金融机构存款（Deposits of Non-financial Institutions）	15292.04
不计入储备货币的金融性公司存款（Deposits of Financial Corporations Excluded from Reserve M）	4574.4
发行债券（Bond Issue）	1020
国外负债（Foreign Liabilities）	841.77
政府存款（Deposits of Government）	32415.13
自有资金（Own Capital）	219.75
其他负债（Other Liabilities）	7884.49
总负债（Total Liabilities）	371130.48

资料来源：中国人民银行 2019 年《货币当局资产负债表》。

中央银行对国家金融的管理大多数是寓管理于营业之中，中央银行有自身的资产负债业务，其业务操作情况集中反映在一定时期的资产负债表上。我们以中国人民银行为例了解中央银行的资产负债表，见表 8-2。

二、中央银行的主要业务

根据中央银行资产负债表所反映的资金运动关系，中央银行的业务可分为负债业务、资产业务和中间业务。

(一) 中央银行的负债业务

中央银行的负债业务是形成资产业务的基础，主要包括资本业务、货币发行业务和存款业务。

1. 资本业务

中央银行的资本业务实际上就是筹集、维持和补充自有资本的业务。中央银行和其他银行一样，为了保证正常的业务活动必须拥有一定数量的自有资本。中央银行的自有资本主要有三个来源：政府出资、地方政府或国有机构出资、私人银行或部门出资。

政府出资是指由中央政府拨款形成中央银行的自有资本，通常由政府财政部门代表政府持有这部分资本的所有权或股权。目前，世界上绝大多数国家的中央银行都由政府出资，而且很多国家的政府出资是中央银行自有资本的唯一来源，即政府拥有中央银行的全部资本。另外，一些国家的政府出资占中央银行全部资本的一半或一半以上，如日本的中央银行，政府持股55%。

地方政府或国有机构出资是指政府不直接持有中央银行的股份，而是由地方政府、国有银行和公共部门等出资构成中央银行的资本。比如，瑞士中央银行资本的58.6%由州政府、州银行和公共部门出资形成。

私人银行或部门出资是指中央银行的股份资本由私营机构（如银行、公司）持有。这种情况不多见，主要有美国和意大利。尽管这些国家的中央银行资本由私人拥有，但私人股东无权参与中央银行的管理，也不能转让所持有的股份。

2. 货币发行业务

货币发行业务是指中央银行向流通领域投放货币的活动。中央银行所发行的货币主要是中央银行券，即信用货币。中央银行享有垄断货币发行的特权，货币发行是中央银行的一项重要负债业务。

中央银行实现货币发行的主要渠道有三个：一是中央银行向商业银行或其他金融机构提供贷款；二是中央银行对商业银行或其他金融机构进行商业票据再贴现；三是中央银行收购金银和外汇。

中央银行虽然垄断了货币发行权，但货币发行也是有客观界限的，也就是说，货币发行必须符合国民经济发展的客观要求。因为纸币发行过多会引起纸币贬值、物价上涨，发生通货膨胀，导致一系列的社会经济问题。反之，纸币发行过少也会妨碍国民经济的正常运行，使国民经济因缺少货币而达不到应有的增长速度。为了使货币发行能适应国民经济发展的客观要求，各国都制定了货币发行制度。从历史发展过程看，货币发行制度大致经历了三个阶段：

第一阶段：金银准备制度。金属货币制度曾规定中央银行发行银行券必须有百分之百的准备金，因为那时的银行券可以随时兑换黄金或白银。

第二阶段：保证准备制度。不兑现信用货币制度代替金属货币制度后，允许中央银行的货币发行由证券、外汇甚至其他资产作保证。

第三阶段：管理通货制度。为了防止中央银行滥发钞票，不少国家通过法律控制纸币发行量，实行钞票发行的最高限额制。起初只注意钞票的发行量，后来认识到银行的存款也是货币,只控制钞票是不行的,于是发展到控制包括钞票和银行存款在内的货币供应量,而且现在已发展到通过中央银行的货币政策来调节货币供应量,从而调控宏观经济的运行。

3. 存款业务

中央银行的存款业务完全不同于商业银行和其他金融机构的存款业务。中央银行的存款业务主要来自两个方面：一是金融机构；二是政府和公共部门。

在现代存款准备金制度下,中央银行集中商业银行和其他金融机构的存款准备金。最初,中央银行集中存款准备金只是为了应付商业银行和其他金融机构的存款人大量挤兑存款的情况,以保证银行业的清偿能力和金融业的稳定。后来,中央银行通过提高或降低存款准备金率来调节商业银行的放款能力,法定存款准备金率和法定准备金存款成为了中央银行的货币政策工具。此外,商业银行和其他金融机构通过中央银行办理它们之间的债务清算,所以,为了清算也必须把一定数量的存款存入中央银行。

政府和公共部门在中央银行的存款包括：财政金库存款；政府和公共部门的经费存款。由于中央银行代理国家金库和财政收支,所以,国库的资金以及财政资金在收支过程中形成的存款也属于中央银行的存款。

(二) 中央银行的资产业务

中央银行的资产业务是指中央银行运用其资金的业务,主要包括贷款业务、再贴现业务、证券业务和金银外汇储备业务。

1. 贷款业务

贷款是中央银行运用其资金的重要方式之一。由于中央银行的特殊地位,能够取得中央银行贷款的只有商业银行和经过特殊批准的其他金融机构以及政府。在某种情况下,经过批准,中央银行可以向特定的非金融机构提供贷款。

中央银行对商业银行的贷款主要是解决其短期资金周转的困难。为了加强宏观金融调控的需要,各国中央银行对商业银行的贷款作了具体规定,如规定贷款的最高限额,提高贷款利率,或以各种手段予以约束等。这种限制和约束以宏观金融状况为条件。我国的《中国人民银行法》规定,中国人民银行根据执行货币政策的需要,可以决定对商业银行贷款的数额、期限、利率和方式,但贷款的期限不得超过一年。

在特殊情况下,中央银行也对财政进行贷款或透支,以解决财政收支困难。中央银行对政府的贷款也要给予限制,否则就会削弱中央银行的宏观金融调控能力。对此,各国也都有具体的规定。

2. 再贴现业务

再贴现是中央银行向商业银行提供融资的一种贷款方式,不过中央银行办理再贴现业务时,以真实商业票据为保证。作为一种贷款形式,对再贴现的数量也要加以限制,限制的手段是中央银行规定的再贴现率。再贴现率也是中央银行货币政策的重要工具之一。

3. 证券业务

很多国家中央银行的一部分资金占用在有价证券上,但是,中央银行拥有证券资并不是中央银行证券投资的结果,而是其公开市场业务操作的结果。中央银行为了调节货币流通,通常要在金融市场上从事有价证券的买卖业务。各国中央银行买卖有价证券的具体品种都由法律规定,各国不尽一致,但主要是政府债券,以国库券为主。因为国库券流动性强、发行数量大、便于市场操作。

4. 金银外汇储备业务

目前,世界各国实行的是不兑现信用货币制度,纸币不能兑换金银,而且多数国家实行不同程度的外汇管制,当国际收支发生逆差时,不直接支付黄金,而是直接用外汇或出售黄金换取外汇来支付。这样,各国的金银外汇自然就集中到中央银行,储存金银外汇也就占用了中央银行的一部分资金。中央银行根据经济发展的需要,可以随时增加或减少金银外汇储备。

(三) 中央银行的中间业务

中央银行的中间业务是指中央银行为商业银行和其他金融机构办理资金划拨清算和资金转移业务。由于中央银行集中了商业银行的存款准备金,因而,商业银行彼此之间由于交换各种支付凭证所产生的应收应付款项就可以通过中央银行的存款账户划拨来清算,从而使中央银行成为全国清算中心。各国中央银行都设立专门的票据清算机构,处理各商业银行的票据,并结清其差额。

中央银行不仅为商业银行办理票据交换和清算,而且还在全国范围内为商业银行办理异地资金转移。中央银行为了提供上述服务,必须设有电子资金划拨系统,并将全国各主要地区的主要政府部门和银行用网络连接起来。

三、中央银行的业务活动原则

中央银行在开展业务时,与商业银行有着截然不同的经营原则,这是由中央银行的特殊性质所决定的。具体说来,中央银行的业务活动原则包括以下几个方面:

(一) 不以营利为目的

盈利是商业银行从事业务活动的主要目标。但是,中央银行的特殊性质和特殊地位决定其必须以稳定宏观经济、稳定全国金融和稳定币值为己任,一切业务活动都要为这一基本任务服务。所以,中央银行是非营利性机构,不能以营利为目的。

(二) 不经营商业银行业务

中央银行在金融活动中拥有各种特权,享有其他一般金融机构不能享有的待遇。因此,中央银行不能经营商业银行业务,也不与商业银行争利。如果中央银行从事商业银行的业务,势必会与商业银行发生竞争,在竞争中,中央银行处于绝对优势地位,这不仅极为不合理,而且中央银行也丧失了自己的威信,从而就不可能完成宏观金融调控的任务。

(三) 保证资产的流动性和安全性

中央银行的资产主要是再贷款、再贴现和政府债券。中央银行开展资产业务的目的主要有两个，一是向商业银行提供短期周转资金，弥补其流动性的不足；二是调节货币的供应量，稳定和促进经济发展。这就决定了中央银行不能将其资金占用在投资期限长、风险大的资产上，必须保持资产的流动性和安全性。

(四) 管理权相对独立

中央银行从事业务活动时，独立行使法律赋予自己的权力，不受各方面的干扰。但管理权的相对独立并不是指中央银行可以完全摆脱政府，背离国家的货币政策，而是避免政府在财政上过多地依赖中央银行，使中央银行处于比较超然的地位，以利于中央银行和政府以及社会各界的相互配合、相互制约，共同促进国家经济的顺利发展。

第四节 中央银行的金融监管和存款保险制度

金融行业是一个高风险的行业，它所面临的风险极多，有信用风险、利率风险、市场风险、政策风险、国家风险、操作风险和道德风险等。由于金融行业与国民经济各个部门有着极为密切的联系，所以，金融风险不仅制约着金融行业本身的生存与兴衰，还极大地影响着国民经济的稳定和发展。金融领域的危机会相互交错影响，并迅速扩展到整个国民经济领域，甚至可能导致一国的政局动荡。在开放经济条件下，这种风险还可能向周边国家扩散。

不同国家的监管体系各不相同，但金融监管的范围大体一致。在我国，金融监管的主要任务由中央银行承担；证券业和投资基金这一领域的监管由中国证券监督管理委员会负责；保险业的监管统一由中国银行保险监督管理委员会负责。

一、信息不对称、逆向选择和道德风险

(一) 信息不对称

信息不对称是指交易的一方对交易的另一方没有充分了解，这种信息的不平等称为不对称，信息不对称将影响到交易双方的准确决策，这种现象在金融市场上非常普遍。例如，购买者对所购商品信息的了解总是不如卖商品的人，因此，卖方总是可以凭信息优势获得商品价值以外的报酬。信息不对称所造成的问题可能发生在两个阶段：交易之前和交易之后。在交易之前称为逆向选择，在交易之后称为道德风险。

(二) 逆向选择

逆向选择是指交易之前发生的信息不对称问题。金融市场上的逆向选择指的是那些最可能造成不利结果，即造成贷款风险的借款者，常常就是那些寻找贷款最积极，而且是最可能得到贷款的人。由于逆向选择可能招致信贷风险，贷款者可以决定不发放任何贷款，即使信贷市场上有风险很小的选择。

在我国的金融市场上普遍存在这样的逆向选择：有大量闲置的资金，也有大量需求资金的企业，但资金在两者之间的流动却很困难。因为资金供给者没有途径取得真实的信息。

逆向选择还会产生所谓的"次品车问题"。在二手车市场上，买方常常不能估计车的质量，因而，所付的价格必定是市场上全部二手车的平均质量对应的价格。而二手车的主人了解他的车，如果是次车，车主自然很乐意按买主愿意付的价格卖掉；然而，如果是好车，车主就不愿意出售。这种逆向选择的结果是市场上很少出现运行良好的二手车，而次品车又没有人愿意购买，该市场的成交量会很小，二手车市场的运作会很差。

在证券市场上同样也会出现"次品车问题"。普通投资者不能识别有较高预期收益和低风险的优良公司与有较低预期收益和较高风险的不良公司。这时，投资者只愿意支付能够反映发行证券公司平均质量的价格。结果导致优良公司不愿意按照此价卖出证券。愿意出售证券的只有那些不良公司。投资者考虑到这一点，就会决定不在市场上购买证券，证券市场就不会运行得很好。

(三) 道德风险

交易发生之后，由信息不对称所造成的问题就是道德风险。金融市场上的道德风险指的是借款者可能从事贷款者不希望看到的那些风险活动，因为这些活动可能会使这些贷款发生违约，因而，贷款者可能遭受损失。

金融中介机构是解决信息不对称的机构之一。经济社会中有了金融中介机构，小额储蓄者就可以把钱贷给可信赖的中介机构，从而将资金投入金融市场。因为相比于个人，它们在甄别逆向选择和道德风险等方面有专长。但是，金融中介机构本身也存在逆向选择和道德风险。商业银行为了追求自身的利益，也会使用储户的资金去投向高风险的项目，如证券市场。实际上，证券市场同样存在信息不对称的问题，中国的证券市场由于信息不对称已经打击了广大投资者的信心。

政府的金融监管主要解决信息不对称的问题。通过建立信息披露制度，强制性地要求相关机构披露有关信息，从而最大程度地减少逆向选择；通过有效的监管对借款者的行为进行约束，从而减少道德风险。但是，由于金融业的不断发展，要彻底解决信息不对称的问题是很困难的，金融监管的发展也要跟得上金融的发展。

二、《巴塞尔协议》和《有效银行监管的核心原则》

自 20 世纪 80 年代以来，金融国际化趋势使跨国银行和国际资本的规模及活动日益扩大，呈现出纵横交错、无所不及的格局。随之而来的是银行业风险的扩散，它威胁着各国的金融稳定。制定国际统一的银行监管标准、加强风险管理成为迫切需求。

《巴塞尔协议》是国际清算银行成员国的中央银行达成的一系列协调各国金融监管当局的监管行为的重要协议的总称。《巴塞尔协议》对金融监管的规定也随着金融业的不断发展而不断修订。《巴塞尔协议》的发展过程主要经历了三个阶段：1988年7月通过的《关于统一国际银行的资本计算和资本标准的协定》（《巴塞尔协议Ⅰ》）；1999年6月公布的《巴塞尔协议Ⅱ》；2010年通过的《巴塞尔协议Ⅲ》。《巴塞尔协议》主要由三部分内容构成：

（一）资本的分类及构成

银行的资本分为核心资本和附属资本。一家银行的核心资本主要有实收资本和公开储备。实收资本包括已发行和缴足的普通股以及永久非累积性优先股。这些核心资本应占整个资本的一半以上。附属资本主要包括未公开的储备、资产重估储备、普通准备金或一般贷款损失准备金及长期债务等，具体内容各国管理当局可根据本国的会计和管理制度做出取舍。

（二）风险加权的计算

《巴塞尔协议》制定了资产负债表上各项资产和各项表外项目的风险衡量标准，即权数，权数从0到100%，风险越大，权数越大，各项资产额乘权数的金额相加即可得到加权风险资产总额。之所以要考虑权数，是因为资本的主要作用是防范银行风险，不同资产的风险不同，对资本的需求也是不同的。

（三）资本比率的规定

资本比率是指资本总额与加权风险资产总额的比率。按照《巴塞尔协议》的规定，各国在1992年银行的资本比率应不低于8%，其中，核心资本的比率不低于4%，2010年核心资本的充足率上调到6%。1997年8月，巴塞尔银行监管委员会正式通过了《银行业有效监管的核心原则》，为规范银行监管，提出了国际统一的监管准则，确定了一个有效系统所必备的25项原则，共分为七大类：①有效银行监管的先决条件；②获准经营的范围和结构；③审慎管理的法规和要求；④持续性银行监管手段；⑤信息要求；⑥监管人员的正当权限；⑦跨国银行业务。

三、中央银行监管的主要内容

由于各国金融的实际情况存在区别，各国在金融监管上也存在一定的差别，但总体来讲都是以《巴塞尔协议》为基础。银行业的监管主要集中在存款保险、对银行持有的资产进行限制和资本金要求、注册和银行检查以及银行的分业经营等方面。

我国中央银行对银行业的监管主要表现在以下几个方面：

（一）注册和审查

由于存在逆向选择的问题，银行可能会被投机者，甚至骗子所利用，为了防患于未然，将这些人挡在银行业之外，中央银行制定了商业银行建立的有关规定。在我国，设立商业银行的注册资本最低限额为 10 亿元人民币，城市合作商业银行的注册资本最低限额为 1 亿元人民币，农村合作商业银行的注册资本最低限额为 5000 万元人民币，注册资本应当是实缴资本。同时，设立商业银行，申请人应当向中国人民银行提交一系列文件和资料。

（二）资产负债比例管理

为了确保商业银行的清偿能力，商业银行贷款应当遵守下列资产负债比例管理的规定：①资本充足率不得低于 8%。②贷款余额与存款余额的比例不得超过 75%。③流动性资产余额与流动性负债余额的比例不得低于 25%。④同一借款人的贷款余额与商业银行资本余额的比例不得超过 10%。⑤分业经营。按照《中华人民共和国中国商业银行法》的规定，商业银行在中华人民共和国境内不得从事信托投资和股票业务，不得投资非自用不动产。

四、存款保险制度

存款保险是解决公众信心问题的手段，存款保险制度很好地防范了银行挤兑和银行恐慌现象的发生。

（一）美国的联邦存款保险制度

1933 年，美国联邦政府出面成立了联邦存款保险公司，专门为商业银行和互助储蓄银行的存款提供保险。联邦存款保险公司是隶属于联邦政府的一个独立的金融管理机构。它主要是通过经营商业银行等金融机构的存款保险来实现它的金融监管职能的，但它又不同于一般的保险机构，它不以营利为目的。

联邦存款保险公司主要通过两种方法处理银行倒闭的问题。一种方法是偿付法。联邦存款保险公司允许银行破产，运用递减的方式并在 10 万美元的保险额度内赔付存款，即金额越大，赔付的比例越小。一般来讲，存款 10 万美元的储户能收回其价值的 90% 左右。银行清理以后，联邦存款保险公司和该银行的其他债权人一样，从银行剩下的资产中获得应得的份额。另一种方法是购买和接管法。通常的做法是联邦存款保险公司找到一家愿意兼并倒闭银行的合作者来对银行进行重组，并由这家银行接管倒闭银行的所有存款。联邦存款保险公司可以通过提供补贴贷款或购买倒闭银行的较差贷款来对兼并者提供帮助。和第一种方法相比，它们的区别在于购买和接管法的实际结果是为所有的存款提供保证，而不仅仅是 10 万美元以下的存款。

自 20 世纪 70 年代以来，由于金融形势不稳定，许多西方国家建立了不同形式的存款保险制度。但是，存款保险制度的建立也带来了新的问题。首先，存款保险制度事实上加剧了道德风险。因为保险的存在增加了对冒险的刺激，就像买了汽车保险的司机会更加鲁莽地驾驶一样，一旦他们发生事故，就会有保险公司支付大部分的损失和修车的开支。由于存款者不会针对银行的经营状况来决定是否提款，银行将不再受约束，可能会冒更大的风险。导致对存款投了保的银行会冒更大的风险，这有悖于金融监管的初衷。而且，这里还有一个逆向选择的问题，即最想利用存款保险优点的银行正是那些最想进行风险活动的银行。例如，与技术好的驾驶者相比，技术不好的驾驶者更愿意选择折扣率（保险费与赔付额之比）低的汽车保险。受保的存款者不会对银行施加约束。爱冒险的企业家会发现银行业是一个最诱人的行业，因为他们能够从事高风险的活动。

（二）我国对建立存款保险制度的争论

由于存款保险制度在金融监管中的两面性，近年来，关于我国是否需要建立存款保险制度产生了争论。

主张建立存款保险制度的学者有以下几个方面的考虑：

1. 金融机构需要存款保险

目前，有不少商业银行存在大量不良贷款，据估计，不良贷款（含逾期未还而以后可能归还的）高达25%，银行业的资产业务已经出现了高风险的趋势，一旦经营不善，将直接威胁存款人的利益，对社会产生连锁性的破坏影响。如果商业银行参加了存款保险制度，当出现问题时，可以避免挤提风潮，进而避免整个金融体系因受个别破产银行的影响而出现大的震荡，将银行经营失败的社会成本降到最低。

2. 高速增长的居民储蓄需要保险

目前，我国居民的投资渠道不多，储蓄一直是大多数人的首选金融投资方式，储蓄存款是我国信贷资金的主要来源，也是银行对亿万储户的硬负债，到期必须足额还本付息。建立存款保险制度的本意就是保护存款人，特别是中、低额储户的利益。这样，存款人也不会轻易大量提款，金融机构的资金来源能够比较稳定，有利于金融业务活动的开展。

3. 完善的银行业监管体系需要存款保险

只有建立存款保险制度，才能在银行成为被保险人的同时，把对存款人的间接保护变成直接保护。因此，为了完善我国的银行业监管体系，需要建立存款保险制度。

4. 银行业的对外开放需要存款保险

我国的金融市场正处于对外开放的进程中，越来越多的外资银行进入中国市场开拓业务，从这一点讲，也有必要抓紧建立存款保险制度，与国际惯例接轨。

5. 存款保险制度有利于央行的宏观调控和银行业风险基金的筹措

与此同时，也有不少学者反对建立存款保险制度，主要理由如下：

1. 存款保险制度不能促进金融监管能力的提高和金融市场的完善

从世界范围来看，虽然美国等西方发达国家纷纷建立了存款保险制度，但是，值得指出的是，这些地区和国家建立存款保险制度是在金融监管已经相当严格、金融市场已经相当完善的制度背景下提出的，而这一点恰恰与中国当前的金融市场现状存在相当大的差异，不能期望通过建立存款保险制度来使国家逃避应当承担的责任。

应当承认，国家的隐性担保有维护金融市场稳定的作用，但是其负面影响同样是突出的。例如，在国家的隐性担保之下，严重的道德风险使存款人缺乏动力去监督，甚至关注银行的经营状况，导致银行对经营不善不负责任。同时，在国家的隐性担保体制下，国家对有问题银行的资助和对储户的保险职能是通过税收或增发货币实现的，最终成本由全体纳税人承担。反观我国近年来处理的多起金融机构破产案，包括中国农业信托投资公司、中国新技术创业投资公司、海南发展银行和广东国际信托投资公司等，其债务清偿责任基本上都是由国家直接或者间接承担的。

2. 存款保险制度本身也存在很大的制度缺陷和运行成本

关于存款保险制度的制度缺陷，我们在前面已经论述。另外，为了设立一个庞大的存款保险机构，必然需要建立一个庞大的、运行成本高昂的、官僚化运作的体系，这一体系的游戏规则很难保证其以金融体系的稳定、存款人利益的最大化为目标，也很难保证其处理银行危机的高效率。这已经被许多国家的存款保险机构的运行实例所证明。

所以，基于当前中国内地的金融市场状况和金融体系的风险状况，部分学者认为，中国现在并不适宜建立存款保险制度，只有大力推进金融体系的市场化改革、强化金融监管、放松金融管制、规范政府的金融行为、在适当的范围内通过市场化的方式推行部分经营陷入困境的金融机构进行破产清算，才能进一步讨论存款保险制度的设立问题。

综上所述，我国是否有必要建立以及建立什么样的存款保险制度，还有待进一步研究和探讨，我们可以借鉴外国的存款保险制度。

本章小结

中央银行是一国金融体系的核心和最高管理机构，它代表国家管理金融机构，制定和执行金融方针政策，享有国家法律赋予的货币发行权力和其他权力。按其独立性程度的不同，可分为独立性较强、独立性稍差和独立性较弱三种模式。中央银行的功能可以概括为发行的银行、银行的银行以及政府的银行三个层次。各国的中央银行都具有一定的独立性，即在法律授权的范围内制定和执行货币政策的独立性。中央银行的业务包括负债业务、资产业务和中间业务三类，不以营利为目的，不经营商业银行业务，保证资产的流动性和安全性，管理权相对独立。中央银行的权威地位体现为制定和执行货币政策。

本章习题

1. 为什么说中央银行是商品经济发展到一定阶段的产物，有其历史必然性？

2. 试从中央银行的独立性方面比较中国、美国、日本的模式。
3. 简要回答中央银行的性质和职能。
4. 比较公开市场业务与直接信用管制工具的异同点。
5. 运用所学知识,简要介绍《巴塞尔协议Ⅲ》的主要内容。

第九章
商业银行

【学习目标】

了解商业银行的产生与发展、组织制度以及我国商业银行的发展情况，系统学习商业银行的性质与职能、业务范围、经营管理理论、信用创造与伸缩。

【学习要求】

了解：商业银行的产生与发展；组织制度；我国商业银行的发展情况。
掌握：商业银行的性质与职能；业务范围；经营管理理论；风险管理以及资本金管理。

商业银行以获取利润为经营目标，以多种金融资产和金融负债为经营对象，以经营存贷款为主要业务，是具有综合性服务功能的金融企业。与其他金融机构相比，其业务量大，经营范围广泛，直接与工商企业进行业务联系，吸收可签发支票的活期存款，办理贴现、贷款和汇兑等业务，并以派生存款形式扩张和收缩信用。在各类金融机构中，它是历史最悠久、业务范围最广泛、对社会经济生活影响极大的一类。因此，商业银行是金融体系的主体，对国家经济的发展具有重要作用。

第一节 商业银行概述

一、商业银行的产生和发展

（一）商业银行的产生

银行业是一个古老的行业，它起源于古代的银钱业和货币兑换业。早在公元前2000年的古巴比伦、古代的希腊和罗马，就有了银钱业主和货币兑换商。他们通过从事货币的兑换、保管及异地支付业务聚集了大量的货币。由于存款人不会同时提取他们所托管的货币，所以，银钱业主只需将存款的一部分留下以应付日常的提款，其余的则可以贷出去收取利息。为了获得更多的资金来发放贷款,他们开始向存款者支付利息,而不是索要保管费。贷款和存款利息之间的差额便是银钱业主的利润,古代的银钱业开始向商业银行转变。

现代意义上的银行起源于文艺复兴时期的意大利。当时,意大利是欧洲各国商业贸易的中心。随着经济的发展,在威尼斯和其他几个城市出现了一些专门从事货币兑换的人。他们除了买卖外国货币,还接受活期和定期存款。活期存款的过户通常是根据存款人的口头通知进行的。这些经营货币的商人通常坐在长板凳上进行交易,所以,意大利人便把他们称为"Banco"——坐在长板凳上的人。英文中"Bank"(银行)一词便由此而来。而"Bankrupt"(破产)一词则源于存款人砸坏无力还债的银行家的长板凳这一意大利习俗。

历史上较早出现的银行是1171年成立的威尼斯银行和1407年成立的热那亚银行。当时,威尼斯和热那亚正是地中海沿岸沟通欧亚地区贸易的中心,可见,银行是为了适应商品经济的发展而形成的。到了中世纪,则有更多的银行建立,1609年在阿姆斯特丹、1619年在汉堡、1621年在纽伦堡、1635年在鹿特丹等地都相继成立了银行。

(二) 商业银行的发展

早期的银行具有浓厚的封建色彩,规模不大,资金有限,高额的利息吞噬了资本家的全部利润,使其无利可图。1694年成立的英格兰银行是最早出现的股份制银行,该行在一开始就正式规定贴现率在4.5%~6%,大大低于早期银行的贷款利率。英格兰银行的成立标志着现代银行制度的建立,也意味着高利贷在信用领域的垄断地位被打破。与早期银行比较,现代银行表现出三个特征:一是利息水平低;二是业务范围扩大;三是信用创造功能。

随着资本主义经济从自由竞争发展到垄断,生产的集中和垄断也促进了银行的集中和垄断。银行的集中是通过竞争的途径来实现的。在竞争中,大银行资本雄厚、信誉高、分支机构多、技术先进,能为客户提供大规模的信用资本,提供多种服务,大银行通过对中小银行的排挤、吞并,使其成为自己的分支机构,不断扩大自己的业务内容和经营规模。信用日益集中于大银行。几家大银行逐渐垄断了企业的信贷,使银企联系更加密切。大企业更加依赖于少数大银行,银行进一步加强了对企业的监督和控制。银行的集中与垄断并没有消除竞争,反而使竞争更加激烈。自20世纪80年代中期以来,随着金融领域竞争的加剧,银行业的合并又出现了新的特点,主要表现为通过银行合并组成垄断型的超大银行,使商业银行的业务不断开拓创新,向多元化、全能化、综合化的方向发展。

(三) 现代商业银行的发展趋势

1. 商业银行的并购趋势

随着全球经济金融一体化步伐的加快、金融业竞争的加剧以及金融业风险的提高,从20世纪80年代开始,商业银行出现了并购的浪潮,银行资本集中的趋势十分明显。近年来,银行并购的规模和金额不断扩大,银行跨国界兼并越来越多,金融危机中的兼并或收购越来越多,并购重组的网络化初露端倪。这是由竞争的环境和银行自身的要求促成的。首先,银行业竞争日益加剧,银行希望通过合并提高竞争能力和抵御风险的能力;其次,有些银行的业务受到限制,往往通过兼并业务范围较宽的银行或兼并收购有不同业务范围的银行来扩大本身的业务范围,增加利润来源;最后,银行希望通过购并来提高金融服务的质量。由于受自身业务网点的限制,有些银行希望通过银行之间的合并来扩大银行的服务空间,以满足客户的要求,提供更加方便的服务。

2. 商业银行业务的综合化及国际化趋势

传统的商业银行作为信用中介从事存款和贷款业务。20世纪70年代以后,这种局面逐渐改变。一方面是因为严重的金融危机导致银行倒闭,给储户造成了损失;通货膨胀的加剧使投资者无法通过银行存款来达到保值增值的目的,所以,投资者开始重新评价证券投资的风险和收益问题,并把资金投向证券市场。另一方面是因为人们开始通过养老基金和共同基金的投资来达到保值增值的目的。这种改变大大刺激了机构投资者的发展,加快了金融证券化的进程。从商业银行的角度来看,市场份额正在逐步减少,盈利的空间在缩小。随着非银行金融机构慢慢地蚕食原来属于商业银行的市场份额,商业银行也在考虑如何增强自身的竞争能力,提高市场占有率,混业经营就是商业银行考虑的主要出路。

当前,世界经济的不平衡发展促进了国际资本的流动,国际贸易的迅速增长向商业银行提出了更多的国际金融服务要求;浮动汇率制的建立为国际金融市场的发展提供了重要的条件;随着各国金融管制的放松和金融的自由化,发达国家普遍取消了对商业银行分业经营的限制,各国通过开放国内金融市场、放松外汇管制和设立离岸金融市场等手段使国际国内金融市场高度融合,推动了金融的国际化,也为商业银行业务的国际化提供了必要的环境。商业银行的业务国际化主要表现为传统的银行业务日益走向国际化,商业银行的营业额中,来自海外的份额超过了国内部分,国际化趋势明显。

3. 商业银行的电子化趋势

电子计算机的普遍运用和网络的普及给银行业的发展带来了一场科技革命。商业银行的业务处理趋于自动化、电子化主要体现在以下几个方面:一是目前广泛使用的银行自动化服务系统,如ATM机、POS机等,极大地方便了银行客户。二是信用卡的普及,既方便了客户,又为银行带来了可观的利润,已经成为各银行争夺的新的利润来源。三是银行内部业务处理和银行资金转账系统的电子化。大量的银行业务,如记账、运算、审核、清算和交割等都通过计算机进行,不但大大提高了效率,而且减少了许多人为失误。

二、商业银行的性质和职能

(一) 商业银行的性质

从商业银行的产生和发展历史来看,商业银行可表述为一种特殊的金融企业。具体可以从下面三个方面进行分析:首先,商业银行具有现代企业的基本特征,是国民经济的重要组成部分。它具有从事业务经营所必需的自有资本，依法设立，自主经营，照章纳税，独立核算，自担风险，自负盈亏，与其他企业一样，遵从商品经济的经营原则，以获取最大限度的利润为经营目标。其次，商业银行是一种金融企业。商业银行的经营对象是货币和货币资本，经营内容是货币的收付、借贷以及与货币运动有关的金融服务，活动领域是货币信用领域，它通过存款、放款和汇兑等业务活动为社会生产和流通服务，一般工商企业则直接在生产和流通领域从事商品的生产与交换活动。最后，商业银行是一种特殊的金融企业。与专业银行以及非银行金融机构相比，商业银行在实际业务等方面有许多区别，而且其数量多、分布广，与国民经济各部门联系最为密切，是一国金融机构体系的主体，在国民经济运行与发展过程中发挥着不容忽视的作用。

（二）商业银行的职能

商业银行的职能是其本质属性的延续和具体表现。职能是本质属性所固有的功能，而作用则是指通过职能的发挥对社会经济所产生的能动力和影响力。商业银行在现代经济活动中的职能主要有信用中介、支付中介、信用创造和金融服务四种。

1. 信用中介

商业银行本来是个信用受授的中介机构，信用中介是最基本也是最能反映其经营活动特征的职能。一方面，商业银行通过负债业务把社会上的各种闲散资金集中起来，形成银行负债；另一方面，商业银行通过授信业务把资金投向社会经济的各领域，形成银行资产。因此，商业银行既是社会借者的集中，又是社会贷者的集中。商业银行通过信用中介，全面、高效地融通社会货币资金，并通过借贷的利息差额获取利益，形成银行利润。商业银行的信用中介职能并不改变货币资金的所有权，只是把货币资金的使用权在资金盈余单位和资金短缺单位之间进行融通。货币资金使用权的改变，对社会经济的发展具有巨大的作用和影响。

2. 支付中介

商业银行作为货币经营机构，具有为客户保管、出纳和代理支付货币的功能，这就是支付中介职能。现代商业银行的支付中介和信用中介结合紧密，因为只有当客户在商业银行具有一定的存款，银行才能为客户代理支付和兑付现款，如客户存款不足，就会向银行申请贷款。而贷款又会转化为存款，需要进一步办理转账支付、提取现金等业务。现代商业银行作为居民、企业、机关和团体的货币保管者、出纳者和支付代理人，成为现代社会经济的现金出纳中心和转账结算中心，围绕商业银行形成了无始无终的支付链条和债权债务关系。

3. 信用创造

商业银行的信用创造职能是建立在信用中介职能和支付中介职能的基础之上的。长期以来，商业银行是唯一能够吸收活期存款、开设支票存款账户的金融机构，商业银行运用所吸收的存款发放贷款。在支票流通和转账结算的过程中，贷款又转化为派生存款，商业银行利用派生存款再增发新贷款，进而又产生新的派生存款。每次存款的派生存款都增加了商业银行的资金来源。因此，在整个银行体系中能够迅速形成高于原始存款数倍的派生存款。商业银行的信用创造职能充分发挥了货币对经济的第一和持续推动力作用。商业银行可以根据社会经济增长对货币资金的客观需要,通过派生存款提供相应的银行货币,以支付和促进企业单位的生产、流通与发展,形成现代社会经济高速发展的巨大支撑力量。

商业银行信用创造的制约机制还发挥着宏观经济调控的重要杠杆作用。在经济过热的情况下,中央银行及时提高存款准备金率,减少商业银行的贷款供给,缩减存款的派生能力,抑制通货膨胀;相反,若经济萎缩,则通过降低存款准备金率的政策措施来提高商业银行的信用创造能力,增加货币供给,刺激经济增长。这一调控对维护整个社会经济的持续、稳定和健康发展具有深远的现实意义。

4. 金融服务

金融服务是商业银行利用其在国民经济活动中的特殊地位及其在提供信用中介和支付中介业务过程中所获得的大量信息,运用电子计算机等先进手段和工具,为客户提供的其他服务。这些金融服务主要有担保、代收代付、代办保险、财务咨询、代理融通、信托、租赁、计算机服务、现金管理和基金管理等。

三、商业银行的组织制度

由于各国商业银行产生与发展的政治、经济和文化条件不同,因而,其组织形式存在一定差异。从组织结构看,有总分行制、单一银行制、集团银行制和连锁银行制;从业务结构看,有银行分业制和全能银行制。

(一) 按组织结构的不同划分

按组织结构的不同,商业银行分为以下四种类型:

1. 总分行制

总分行制又称分支银行制,是法律允许在总行之下,在国内外各地普遍设立分支机构,形成以总行为中心的庞大的银行系统和网络。目前,世界各国的商业银行普遍采用这种银行制度。总分行制按总行职能的不同,可分为总行制和总管理处制。

2. 单一银行制

单一银行制又称独家银行制,是一种不设分支机构或限设分支机构的商业银行组织形式。法律上只允许在银行总部经营,不允许在同一地区或不同地区设立分支机构。这种制度不能使同一家银行形成系统的网络,只能一级经营。单一银行制是一种传统的商业银行组织形式,典型的代表国家是美国。

3. 集团银行制

集团银行制又称银行持股公司制,它是由一个经济法人组织成立一家持股公司,再由该股权公司控制或收购一家或两家以上银行所形成的一种银行组织形式。被控股的银行在法律上是独立的,但其业务经营活动由股权公司控制。集团银行制一般有两种类型:一种是由大银行组织的银行性持股公司;另一种是由大企业组织的非银行性持股公司。

4. 连锁银行制

连锁银行制又称联合制,是由某一自然人或某个法人购买若干独立银行的多种股票,从而实现对这些银行控制的一种银行组织形式。被控股的银行在法律上是独立的,但实际上其业务经营权掌握在某一自然人或某个法人手中。它是与集团银行制相类似的一种银行制度。

(二) 按业务结构的不同划分

按业务结构的不同,商业银行分为两种:

1. 银行分业制

银行分业制是针对一国金融体制而言的。分业制是指法律上限定金融机构必须分门别类,各有专司,有专营短期金融的,有专营长期金融的,有专营有价证券买卖的,有专营信托业务的,等等。这种银行制度下的商业银行主要经营短期工商信贷业务,采用这种制度的国家以美国、英国和日本为代表。这种银行制度的形成以20世纪30年代资本主义经济危机的爆发为契机。

2. 全能银行制

全能银行制又称综合性银行制,是指商业银行在业务领域内没有什么限制,它可以经营所有的金融业务,为客户提供全方位的金融服务,如吸收和发放各种性质和期限的存款和贷款,代理发行、销售和包销证券,直接投资新兴企业,参与企业的决策和扩展过程,从事外汇、信托、保管、租赁、保险和咨询等金融业务。它的最大特点是不对商业银行业务与投资银行业务进行严格区分,是综合性银行。德国是实行全能银行制的典型代表,其产生的主要历史原因是德国的工业化开始较迟,资本市场较英国、美国落后,工商业在短期资金和长期资金上高度依赖银行,银行与工业之间一开始就建立了密切的联系,并在业务范围上采取了多样化的经营方式。

第二节　商业银行的主要业务

商业银行作为以盈利为目标的企业,其业务活动是以负债换取债权,通过负债经营与资产运用之间的期限转化和数量变换,在确保安全性与流动性的前提下,实现利润最大化。商业银行的特殊性决定了其特定的业务范围。按其业务性质,可分为信用业务和非信用业务。按资金的来源和运用,商业银行的业务可划分为负债业务、资产业务和中间业务。

一、商业银行的负债业务

商业银行的负债业务是指其资金来源的业务,其全部资金来源包括自有资金和吸收的外来资金两部分。资金来源是商业银行开展资产业务的前提和基础。商业银行的负债主要由下列项目构成：

（一）资本金业务

资本金是银行股东为赚取利润而投入银行的资金和保留在银行中的利润，它包括股本、资本盈余、各项准备金与公积金。资本金是商业银行开展业务的基础，资本金具有多方面的功能，其最主要的功能是弥补资产的风险损失和保护存款等借入资金不受损失，为银行的安全提供保障。显然，银行的自有资金越多，承受资产风险损失的功能就越强，银行的安全就越有保障。但过多的资本金会导致银行利润下降。因此，从安全和盈利两方面考虑，银行的资本金应以适度为原则。一般而言，银行应持有的资本金数额取决于商业银行的规模和资产风险，银行规模和资产风险越大，拥有的资本金应越多；反之亦然。

自有资本一般只占银行负债的很小部分，但这部分资本显示了商业银行的实力，它是吸收外来资金的基础。从严格意义上来说，商业银行的自有资本不是商业银行的负债，而是股东权益，是商业银行资金来源的重要组成部分。

（二）存款业务

这是商业银行最主要的资金来源，存款一般占商业银行资金来源的70%以上。同时，商业银行也是唯一能接受多种存款的银行，因而，也被称为存款银行。

商业银行的存款按不同标准可以划分为不同种类，按存款性质分为活期存款、定期存款和储蓄存款。

1. 活期存款

活期存款又称往来存款或支票存款，它是存款人可随时存入和提取的存款，支票是活期存款的支付凭证。活期存款主要用于支付，其不是为了获取利息，具有多倍扩张的能力，是商业银行创造信用的重要条件。传统的活期存款一般不支付或极少支付利息，商业银行只向客户免费提供结算服务。

2. 定期存款

定期存款即按事先确立的期限存放在银行并取得高利息的存款。存期通常有三个月、六个月、一年、三年、五年，甚至更长。存单一般不得自由转让，存款未到期前一般不得支取，但各银行为取得存户好感、争取更多的存款，一般都有所融通。定期存款是商业银行稳定的资金来源，对商业银行经营长期放款与投资业务具有重要意义。商业银行的定期存款除上述传统形式外，还有公开账户形式和可转让大额定期存单形式。

3. 储蓄存款

储蓄存款，即为积蓄货币和取得利息收入而开立的存款账户，分为活期与定期两种形式，一般使用存折或存单。由于银行可以稳定运用储蓄存款，因而，利率较高。储蓄存款多属个人存款，为保护存款者的利益，西方国家对储蓄存款业务的要求比较严格，一般只能由商业银行和专业的储蓄机构来经营，并且要负无限清偿责任。在20世纪70年代以前，商业银行的存款总额中活期存款一直占有绝大比重，但在70年代后，由于金融创新的影响及商业银行为适应长期放款和投资的需要，定期存款和储蓄存款的比重超过了活期存款的比重。这种存款结构的变化对商业银行的资产负债及其管理产生了重要影响，使放款和投资长期化，改变了资产负债的期限结构，法定存款准备和超额存款准备降低，商业银行由资产管理转向负债管理。

(三) 借款业务

商业银行的负债除了存款负债外，还通过其他负债方式借入资金。商业银行的借款业务主要有同业借款、中央银行借款、金融市场借款和结算过程中的短期资金占用等。

1. 同业借款

这是商业银行与其他金融机构之间的临时借款。它属于货币市场借款的一部分，主要用于解决临时性资金不足和资金周转的困难。

商业银行之间的同业借款一般有三种形式：第一种是同业拆借，这是商业银行与其他金融机构之间的临时借款，同业拆借一般都通过各商业银行在中央银行的存款账户进行。第二种是抵押借款，商业银行在资金紧张、周转不畅等情况下，可以客户的抵押资产或自己所持有的金融资产作为抵押品向其他银行取得放款。第三种是转贴现贷款，即将银行自己已贴现但仍未到期的票据交给其他商业银行或其他贴现机构，以取得资金的融通。

2. 向中央银行借款

中央银行作为最后贷款人向商业银行发放贷款或办理再贴现业务，以满足商业银行融通资金的需要。商业银行向中央银行借款主要有两种形式：一种是再贴现，即商业银行把自己已贴现但尚未到期的票据向中央银行再贴现。另一种是抵押贷款，这是商业银行以合格票据、银行承兑汇票和政府债券等为抵押品，向中央银行取得的贷款。一般地，中央银行对放款的控制比贴现更严，因而，商业银行不能过多地依赖这种方式取得资金。

3. 国际金融市场借款

为弥补资金不足，商业银行除了在国内货币市场借款，还可从国际金融市场借款。目前，最具规模和影响最大的国际金融市场是欧洲货币市场。在欧洲货币市场上吸收资金，不受利率管制，在税收及存款准备金要求方面也相对有利。西方商业银行主要是通过固定利率的定期存单、欧洲美元存单和本票等在欧洲货币市场上筹集资金。

4. 短期资金占用

这是商业银行在为客户办理转账结算等业务过程中占用的客户资金。自客户把款项交给汇出行起，至汇入行把该款项付给指定的收款人止，期间总有一定的时间间隔，在这一阶段，该款项的汇款人和收款人均不能支配，而为银行所占用。虽然占用的时间较短，但由于周转金额巨大，因而，银行占用的资金来源就相当可观。

商业银行除了通过以上途径获取所需资金外，还通过在市场上出售商业银行票据和银行承兑汇票以及发行金融债券等形式筹集资金。

二、商业银行的资产业务

资产业务是商业银行将其形成的货币资金加以运用的业务。商业银行通过各种形式获得资金，目的在于使用这些资金，并从中获得盈利。商业银行的资本越多，实力越雄厚，资产业务就越大。但是商业银行不可能将其吸收的资金全部运用出去，它必须保留一定的存款准备金和库存现金，以备存款客户提取。由于商业银行资金来源的特殊性，即以负债为主，其资金运用要按照盈利性和流动性的原则，最有效地配置资产业务结构。因此，商业银行的资产业务主要有现金资产业务、证券投资业务、票据业务和贷款业务。

(一) 现金资产业务

银行必须保留一部分现金和在中央银行的存款，以应付客户的提取，形成现金资产。现金资产是银行资产中最富有流动性的部分，基本上不会给银行带来直接的收益，法律对其持有量也有严格规定，它主要包括库存现金、交存中央银行的存款准备金等。

库存现金是指银行业务中保留的现钞，如硬币，主要是为了应付客户提款和银行本身的日常开支。对银行来讲，库存现金要适度，太多会影响银行收益，增加银行费用；太少则不能应付客户提取现金的需求，影响银行信誉，甚至造成挤提存款的现象，增加银行风险。

商业银行按法律规定，必须将其吸收存款量的一定比例交存中央银行作为法定存款准备金。它的最初作用是增强商业银行应付客户提取现金的能力，保证存款人的利益和维护银行业的稳定，现在已转变为中央银行贯彻货币政策的一个重要工具。

(二) 投资业务

商业银行的投资业务是指商业银行购买有价证券的经营活动，即证券投资业务。这是商业银行的一项重要的资产业务，是商业银行收入的重要来源之一。商业银行与投资银行都从事证券活动。按照投资的债券，商业银行的投资业务可分为四类：政府债券投资、政府机构债券投资、地方政府债券投资以及公司债券投资。

1. 政府债券投资

政府债券是商业银行投资的主要对象。商业银行购买的政府债券包括国库券、中期债券和长期债券三种。国库券是政府的短期债券，一般占银行持有的政府债券总额的1/3。商业银行乐意购买政府债券，因为这种债券风险低、流动性强、销售容易、价格稳定、收益较好，并且还可作为商业银行向中央银行贷款的抵押品。

2. 政府机构债券投资

政府机构债券是中央政府以外的其他政法部门或有关机构发行的债券，如财政部债券、国家保险公司债券和国家开发银行债券等。这类债券由政府提供担保，信誉较高，风险较低，商业银行愿意接受。政府机构债券各种期限都有，但一般以中长期为主。较长的期限让这类债券的流动性降低，但却具有高于政府债券的收益率。商业银行投资这类债券的目的是获利。

3. 地方政府债券投资

地方政府债券又称市政债券，是各级地方政府发行的债券。这类债券的一个重要特点是可以不缴纳国家所得税。此外，地方政府为了促进债券的销售，对这些债券所得的收益也免征地方所得税。地方政府债券的利率虽然看起来较低，但税后利率是很高的，因而受到商业银行的欢迎。地方政府也愿意同持有其债券的商业银行打交道。

4. 公司债券投资

商业银行对公司债券的投资兴趣不是很大，因为公司债券的风险一般较大，期限也较长，又不能免税，多数国家都禁止商业银行购买信用等级较低的公司债券。

(三) 票据业务

票据业务实质上属于银行的一种贷款业务，但由于票据业务具有自身的特殊性，因此，在这里单独介绍。商业银行的票据业务包括票据贴现和票据抵押贷款两种。

1. 票据贴现

票据贴现是银行买进未到期票据的业务。从形式上看，这是一种票据买卖，实际上是银行的一种信用业务。因为票据的付款人与持票人是一种负债关系，在票据未贴现以前，付款人对持票人负债；贴现以后，则对银行负债。因此，票据买卖实际上是债权的转移。商业银行主要贴现的票据有：银行承兑汇票、商业承兑汇票、商业期票、银行本票、汇票以及政府债券等。

2. 票据抵押贷款

这是一种由银行发放的、以未到期的票据为抵押的放款。票据抵押贷款与票据贴现有许多不同之处：首先，在票据抵押贷款中，银行并没有购买票据，票据的所有权没有转移；而票据贴现是银行购买了票据，银行成为票据的收款人。其次，银行在发放票据抵押放款时，所贷出的款项只是票据面额的一部分，通常是面额的 60%~80%；而票据贴现是银行按照票据金额扣除贴现利息后的余额。最后，两者的利息支付时间不同，票据抵押贷款是到期后收取利息，即利息支付在后；而票据贴现则是贴现业务发生时从票据面额中预扣利息，即利息支付在前。

(四) 放款业务

放款又称贷款，是银行将其所吸收的资金，按一定的利率贷放给客户，并约期归还的业务。放款是商业银行的主要资产业务，是银行运用资金取得利润的主要途径，也是其维持同客户良好往来关系的重要因素。放款的规模和结构，对商业银行的安全性、流动性、盈利性及经营成果具有关键性的意义，因而，放款是商业银行资产经营的重点。

1. 放款业务的种类

商业银行的放款业务种类很多，按不同的标准，可以划分为不同的种类。

第一，按照贷款的保证程度可以分为抵押贷款、担保贷款和信用贷款。抵押贷款是借款人以特定的抵押品为保证的贷款，如果借款人不履行债务，银行有权处理其用作保证的抵押品。

担保贷款是由借贷双方以外的、有相应经济实力的第三方为担保人而发放的一种贷款。担保贷款要求担保人出具证书，如果贷款到期时债务人不能如约归还贷款，则由担保人承担一般保证责任或连带责任。

信用贷款是指完全根据借款人的信用，即借款人的品德和财务状况，预期未来收益及过去的偿债记录发放的、无需任何担保品的一种贷款。

第二，按贷款的用途可以分为工商业贷款、不动产贷款、消费者贷款及投资贷款。工商业贷款是发放给工商企业的贷款，它一直是商业银行的主要贷款业务，其适用对象十分广泛，从工商企业生产和流通中的短期资金需要、季节性流动资金需要，直至设备投资和建筑投资中的长期资金需要。商业银行还对一些工商企业借款大户提供贷款承诺、循环贷款等优惠。

第三，按贷款的偿还方式可以分为一次还清贷款和分期偿还贷款。一次还清贷款要求借款人于贷款的最后到期日偿还其全部本金，但贷款利息可以分期偿付或还本时一次付清。分期偿还贷款的本息可以按月、季、半年或年支付，以减轻借款人的负担，这种贷款一般适用于不动产贷款和消费贷款。

2. 放款的原则

银行在贷款业务中要遵循商业银行经营管理的一般原则，即流动性、安全性和盈利性。同时，在贷款审查过程中，还必须遵循以下原则和要求，即"六C"原则。商业银行放款审查的"六C"原则包括：品德（Character）、能力（Capacity）、资本（Capital）、担保或抵押（Collateral）、环境（Condition）和连续性（Continuity）。此原则是商业银行在贷款审查、信用分析过程中常用的方法和原则，也是目前普遍流行的贷款原则。

三、商业银行的中间业务与表外业务

商业银行在经营资产负债业务的同时，还利用自己的网络优势从事结算、代理等中间业务。中间业务不占用或很少占用银行资金，但却可以给银行带来收益，随着中间业务发展为表外业务，银行从中获取的收益也越来越多。

(一) 中间业务和表外业务的含义

中间业务是银行的传统业务，表外业务是中间业务的深化和发展，广义的表外业务包括传统的中间业务。

1. 中间业务

中间业务是指银行接受客户委托，为客户提供各种服务，收取佣金、手续费和管理费等费用的一种业务。中间业务不占用或很少占用银行资产（除结算、租赁等极少数业务外）也不直接涉及银行自身资产负债金额的变化，但能为银行增加收益。在国际结算中，广泛使用的各种信用证以及信托、咨询等业务都属于传统的中间业务。

2. 表外业务

表外业务是指商业银行从事的不列入资产负债表内但影响银行当期损益的经济活动。由于这种业务不能直接从资产负债表中反映出来，所以叫表外业务。表外业务的概念有狭义和广义之分，狭义的表外业务是指未列入银行资产负债表，但同表内资产或负债业务关系密切的业务。按照与资产、负债业务的关系，这种表外业务又可称为或有资产业务、或有负债业务。

(二) 中间业务的主要内容

1. 结算业务

结算业务是银行代客户清偿债权债务、收付款项的一种传统业务。对商业银行来说，这是一项规模最大、风险最小、收益最稳定的典型中间业务。在社会经济生活中，由于商品交易、劳务服务以及其他资金往来，必然会发生货币收付和货币资金的转移等，需要相互结算。货币结算有两种形式：一是现金结算，二是转账结算。银行提供的结算业务主要是指转账结算。转账结算又称为非现金结算，是商业银行将款项从付款单位账户划转到收款单位账户，从而完成货币收付，并向委托人收取结算手续费的业务。它的特点是货币周转与银行信用业务联系在一起，通过单位在银行开立的活期存款账户上的货币资金转移来完成货币收付。银行结算的具体形式有支票结算、汇票结算和信用证结算。

2. 承兑业务

承兑业务是商业银行对客户签发的汇票或商业票据做出的付款承诺。客户在票据到期前或到期时，应将该笔款项存入承兑银行，用于支付汇票或票据款项。若客户无力支付款项，承兑银行要承担付款责任。商业银行办理的承兑业务使商业票据的付款更有保障，扩大了票据的流通范围。在一般情况下，商业银行办理承兑业务不占用资金，但为客户提供了信用保证，因此，要收取一定的手续费。

3. 信托业务

信托业务是指商业银行的信托部门接受客户的委托，代替委托单位或个人经营、管理或处理货币资金或其他财产，并从中收取手续费的业务。信托业务分为资金信托和财产信托两种。资金信托是指委托人将货币资金交存商业银行的信托部门，由其代为经营、管理或处理的业务活动。在资金信托业务中，既有不指定具体对象或用途的，又有指定具体对象或用途的。指定具体对象或用途的资金信托业务又叫定向信托。财产信托是指委托人将其实物财产委托给商业银行的信托部门向其指定或不指定的单位出租或转让的业务。被委托的财产包括不动产、运输工具、其他商品和物资等。

4. 租赁业务

租赁是指租用财产使用权的一种经济行为，涉及出租人和承租人。商业银行的租赁业务是指商业银行作为出租人向客户提供租赁形式的融资业务，包括融资性租赁、承租人订货和杠杆租赁。融资性租赁是指商业银行以出租人的身份向客户提供出租财产形式的信用的业务。承租人订货是指银行购买并租给承租人，按价款加利息分期缴纳租金。杠杆租赁是指商业银行以融通资金为目的，向出租人提供信用的业务。出租人选定设备，以该设备为抵押在银行获得贷款，并以设备租金归还贷款。

5. 代理业务

代理业务是指商业银行接受客户的委托，以代理人的身份代为办理一些双方议定的经济事务，并从中收取手续费的业务。例如，商业银行受财政部门的委托，代理发行和兑付国债；受企业部门的委托，代理发行股票和债券，代理清欠，代理收付；受政策性银行的委托，代理发放政策性贷款；等等。

6. 咨询业务

银行凭借自身在经济生活中的地位便利，向客户提供市场变化情况、利率及汇率变化趋势等经济信息，为顾客做经济预测、投资项目的可行性论证和企业财务状况分析等服务。

7. 银行卡业务

银行卡是由商业银行向社会发行的具有消费信用、转账结算、存取现金等全部或部分功能的信用支付工具，也是客户用以启动 ATM 系统和 POS 系统等电子银行系统进行各种金融交易的必备工具。银行在办理银行卡业务时可以获得手续费收入，也可以利用银行卡为持卡人理财，并从中牟利。

(三) 表外业务

这里介绍的表外业务是指狭义的表外业务。表外业务形式多样，但大体可以分为三类：贸易融通业务、金融保证业务和衍生工具交易业务。本节重点介绍金融保证类的表外业务。

1. 备用信用证业务

备用信用证是银行为客户开立的保证书。开证行应借款人的要求，以收款人（债权人）为信用证的受益人，开具一种特殊的信用证，其实质是对借款人的一种担保行为，保证在借款人破产或不能及时履行义务的情况下，由开证行向受益人及时支付本利。因此，备用信用证既具有信用证的特征，同时又属于担保合同的范畴。

备用信用证和商业信用证的区别是：在商业信用证业务中，银行承担的是第一付款责任，只要收款人提供合格的单据，银行就必须按合同履行支付义务；而在备用信用证业务中，银行承担的是连带责任，在正常情况下，银行与受益人并不发生支付关系，只有在客户未能履行其付款义务时，银行才代替客户履行付款责任。

2. 承诺业务

承诺业务是指银行向客户做出承诺，保证在未来一定时期内，根据一定的条件，应客户的要求提供贷款或融资支持的业务。承诺业务主要有信贷便利和票据发行便利两种。

信贷便利包括信贷额度和贷款承诺两种形式。信贷额度是一种非合同化的贷款限额，在这个额度内，商业银行将随时根据企业的贷款需要进行放款。

票据发行便利是指银行承诺帮助客户通过发行短期票据来筹资，如若筹资人发行的票据不能如期售完，承诺该业务的银行将按事先约定的价格买下。银行在赚取承诺费的同时，要承担信贷风险和流动性风险。

3. 贷款销售

贷款销售是指银行通过直接出售或证券化的方式将贷款转让给第三方的业务。通过贷款销售，银行不仅可以减少风险资产的比例、提高流动性、改善财务状况，还可以通过提供售后服务（如为贷款购买者代收本息等）取得一定的收入。根据协议，贷款购买者一般会保留对出售银行的追索权，即当借款人违约时，可以向出售行追索。因此，贷款销售业务对银行而言具有一定的风险。

第三节　商业银行的经营管理

为了促进经营目标的实现，商业银行在长期的经营活动中，逐渐形成了指导其业务经营活动的一些原则和理论。

一、商业银行的经营管理原则

盈利性、安全性和流动性是商业银行在经营管理中必须遵循的三项基本原则，银行必须对这三者之间的协调配合做出最佳选择。

（一）盈利性

银行的经营动机是为了获取利润，利润反映了商业银行的经营管理水平。商业银行在竞争中必须不断改善经营管理，采取各种措施以获取更多的利润。这些措施主要包括：合理调度头寸，把银行的现金准备压缩到最低限度；大量吸收存款，开辟资金来源，把这些资金用于能够获取较多收益的贷款和证券投资上，并尽可能避免呆账、坏账的损失；加强经济核算，采用先进的技术设备，提高劳动效率，降低费用开支，不断增加业务效益。

（二）安全性

安全性是使银行资产避免风险损失。因为银行贷款的发放存在着拖欠风险、利率风险，有可能发生贷款本金及利息不能按时收回的情况。如果出现这种情况，必然会导致存款不能按时按量兑付，引起客户提取存款，甚至出现挤兑现象，危及银行的经营前途。因此，要求银行加强对客户的资信调查和经营预测，在种类和客户方面适当分散银行资产，并与负债的规模保持一定的比例；遵守国家法令，执行中央银行的金融政策和制度，取得国家的法律保护和中央银行的支持；等等。

（三）流动性

流动性是银行能随时应付客户提取存款的支付能力。为了保证银行支付提款和发放贷款的能力，银行的流动性应包括资产的流动性和负债的流动性两个方面。资产的流动性是指银行资产在不蒙受损失的情况下迅速变现的能力。负债的流动性是指银行能以较低的筹资成本随时获得所需资金的能力。在商业银行的资产构成中，库存现金和中央银行的存款的流动性最强；国家债券的流动性较好；长期贷款、不动产抵押贷款和长期债券的流动性最差。为了保持流动性，银行应使库存现金和短期内可变现资产能够满足客户提现的需要。

以上三个原则既对立又统一。一般地，安全性与流动性是正相关的，流动性较强的资产，安全有保障，风险较小。但其与盈利性往往相矛盾，流动性强的资产，安全性好，盈利率一般较低。比如，现金资产的流动性最强，也最安全，但它不生利；反之，盈利性较高的资产往往流动性较差，风险较大。长期贷款就是如此。因此，银行经营管理的艺术就是要在各方面进行权衡和协调，在保证安全和流动的前提下，追求最大限度的利润。

二、商业银行的资产管理理论

资产管理理论又称流动性管理理论，它的核心是正确处理盈利性和流动性之间的关系。在商业银行产生以后的相当长的时期内，由于商业银行的资金来源和运用单一，其经营管理的重点主要在资产方面，由此形成了资产管理理论。该理论有三种形式：

（一）商业贷款理论

这是最早的资产管理理论。它是在 18 世纪英国银行管理经验的基础上发展起来的，该理论的核心内容是要求银行把贷款限定在短期商品流动贷款上，其理由主要是银行的存款大都是活期存款，不能用于长期放款。同时，商品流动贷款有一定的自偿性，不会因为无力偿还而影响银行资金的流动。该理论在商业银行发展的早期，在没有中央银行充当最后贷款人的条件下，对稳定银行经营有积极作用。但该理论本身存在着重要的缺陷，即没有考虑商品经济发展对银行信贷的影响，把银行活动限制在狭小的领域内。该理论认为，在正常的商业购销活动中所有贷款都会得到清偿，但事实上这只有在正常经济环境中才能成立，当经济不景气时，就不能提供流动性。正是由于这些缺陷，导致它无法满足商业银行经营管理的需要，因而，逐渐被新的资产管理理论所代替。

（二）资产转换理论

1918 年，莫尔顿（H. G. Moulton）提出了资产转换理论，这是一种保持资产流动性的理论，比商业贷款理论前进了一步。该理论有了进一步发展和完善，较适应当时的情况，扩大银行资产业务范围。该理论把银行保持流动性的前提理解为银行要有足够数量的可随时变现的资产，这在正常情况下可以保证，但在经济危机时，或证券抛售大大超过购买力时，也不能保证银行资产的流动性。同时，该理论把中央银行再贴现作为取得流动性的一个主要途径，但由于再贴现是中央银行执行货币政策的手段，因此，在货币紧缩时期，商业银行即便持有大量可供贴现的资产，也难以取得流动性。此理论对当今商业银行的流动性管理仍具有重要作用。

（三）预期收入理论

该理论由普罗克诺（Herbert. V. Prochnow）在 1949 年提出，这是一种关于资产选择的理论。该理论认为，贷款是不能自动清偿的，贷款的清偿都是以借款人的未来收入为基础的，如果一项投资的未来收入有保证，即使是长期放款，也能保持流动性和安全性；反之，如果该项贷款的预期收入不可靠，即便是短期放款也会发生危险。预期收入理论为银行业务经营的进一步扩大提供了理论依据，它指出了银行资产流动的经济原因，抛弃了从贷款期限来认识安全性和流动性的粗浅认识，这是商业银行经管理论的一大进步。该理论以预期收入为资产经营的标准，在预期不准确时往往会增加银行贷款的风险。

（四）超货币供给理论

20世纪五六十年代，超货币供给理论悄然兴起。该理论认为，银行信贷只是它达到经营目标的手段之一，除此之外，它还有许多可供选择的手段和同时达到的目标，因此，银行资产管理应超越货币的狭隘边界，更好地利用自身的信息资源，提供更多增值服务。根据这一理论，银行积极开展了投资咨询、项目评估、市场调查、信息分析、管理顾问和委托代理等多方面配套业务，使银行资产管理达到了前所未有的广度和深度，从而使银行获得了抗衡非金融企业大举入侵的武器，改善了银行的竞争地位。

（五）资产结构理论

J. 托宾和K. J. 阿罗倡导的资产选择理论对银行的资产管理理论具有独特的影响。阿罗理论的基本概念是"世界状态"和"不确定性"，世界状态是指外部世界某种表征的实际状况，不确定性是指人们并不了解事实上会出现什么世界状态。阿罗认为，任何证券都可被看作是一组由它可能得到的收益的集合，其中每份收益都与世界的某种未来状态相对应；任何资产结构都能表示为一个由其中的各种资产在不同世界状态下所得到的收益组成的矩阵。为进行资产选择的决策，必须把那些最能决定世界状态的经济变量筛选出来，进行预测和估算。实际证券的种类愈接近世界未来的状态和数目，证券市场就愈完善。银行资产应当尽可能多地反映世界状态，其资产结构的总收益取决于各种世界状态的概率分布，这也表示出了人们对不同世界状态收益的偏好程度。根据阿罗理论，银行资产管理应当在尽量多样化的前提下进行，尤其要注重分析把握那些最可能出现的收益高的世界状态，并设计出相应的资产形式。

三、商业银行的负债管理理论

商业银行的负债管理理论是从20世纪60年代开始发展起来的，这一理论认为，银行的流动性不仅可以通过加强资产管理来实现，还可以通过负债管理来实现，只要能借到资金，银行就可以扩大贷款，增加银行的收益。商业银行的负债管理理论在60年代以后成为银行流动性管理的主要依据，下面介绍几种具有代表性的负债管理理论。

（一）银行券理论

这是最古老的银行负债理论。早期银行为人们存入的金银或铸币开出银行券，凭此券取得相应的金银或铸币。但银行家发现，持券人一般不会同时要求兑现，银行券不必以十足的金银为基础，可以多发。于是，以票据贴现的方式多发银行券便成为银行牟取利润的主要手段，银行券也构成了银行的基本负债。其原理就是银行发行的负债要有足够的兑现准备，但兑现准备数额可以小于银行发出的负债总额，两者的比例视不同经济形势而变动。负债的适度性是银行券理论的核心。在传统金融制度下，这种适度性受金银贵金属的制约；在古典的中央银行制度下，又受中央银行发行的现金钞票的制约；在现代金融制度下，受中央银行的控制和商业银行自身保持流动性的能力的制约。

(二) 存款理论

各国建立中央银行制度之后，商业银行失去了发行银行券的职能，存款理论由此产生，并成为银行负债的主要理论。存款理论的最主要特征是稳健性或保守性倾向，它强调依照客户的意愿组织存款，遵循安全原则管理存款，根据存款的状况安排贷款，参考贷款的收益支付利息。

(三) 购买理论

该理论产生于20世纪六七十年代通货膨胀、继而滞胀并发的年代。购买理论的兴起标志着银行经营战略思想的重大转移。购买理论认为，银行对于负债并非消极被动、无能为力，它完全可以主动地负债，主动地购买外界资金，变被动的存款观念为主动的借款观念，变消极的付息负债为积极的购买负债。该理论也被人们称为"银行负债思想的创新"，甚至是"银行业的革命"。

(四) 销售理论

在20世纪80年代金融改革和金融创新风起云涌、金融竞争和金融危机日益加深的形势下产生了销售理论。它不再单纯着眼于资金，而把立足点放在金融服务上。它认为，银行是金融产品的制造企业，银行负债管理的中心任务是努力推销这些产品，并从中获得所需的资金和应有的报酬。

四、商业银行的资产负债管理理论

资产管理理论和负债管理理论均存在一些不足。资产理论过于偏重安全性与流动性，在一定条件下是以牺牲盈利为代价的；负债管理理论虽然能够比较好地解决流动性与盈利性的矛盾，但往往给经营带来很大的风险，导致安全性程度不够。资产负债管理理论产生于20世纪70年代中期，它通过资产和负债两方面的统一协调管理，较好地实现了安全、流动和盈利三个方面要求。它是在总结资产管理和负债管理的经验教训的基础上，结合现代商业银行的发展变化状况，围绕商业银行的经营目标和经营方针，逐步形成的比较系统、科学的商业银行经营管理方法。其基本观点是任何商业银行的经营管理都不能忽视资产和负债的协调管理，要把资产和负债结合起来进行管理，只有协调不同资产负债在利率、期限、风险和流动性等方面的搭配，才能保证银行的安全性、流动性及盈利性的综合实现。其核心内容在于分析资产负债之间的缺口，并围绕缺口探索解决问题的方法。该理论的产生是商业银行经营管理理论的一次重大变革，它使商业银行的经营管理更加完善，决策更具科学性。商业银行资产负债综合管理的方法较多，主要有利差管理、利率敏感性分析和缺口管理。

第四节 商业银行的风险管理

一、商业银行风险的特点和主要表现

(一) 商业银行的风险特点

商业银行风险是指商业银行在经营中由于决策失误、客观情况变化或其他原因使资金、财产和信誉遭受损失的可能性。商业银行作为经营货币信贷业务活动的企业，与一般工商企业及其他经营单位相比，最显著的特点是负债经营，即以客户的存款及其他借入款为主要的运营资金，通过发放贷款与投资获取收益，自有资金占资产总额的比例远低于其他行业。这一经营特点决定了商业银行本身就是一种具有内在风险的特殊企业。

其风险具有以下两个特点：第一，商业银行所面临的各种风险均直接表现为货币资金损失。因为商业银行经营的对象是货币资金。第二，商业银行风险涉及面广，商业银行业务渗透到社会经济生活的每个角落。同时，商业银行具有信用创造能力，可使商业银行的风险成倍扩大，并形成连锁反应，对整个经济体系形成潜在风险。

(二) 商业银行风险的主要表现

商业银行的风险有些是内在的，如信用风险、操作风险等；有些是外在的，如战争、天灾人祸等。从形成原因看，商业银行在经营过程中的风险主要表现为客户的各种违约行为、商业银行支付能力的不足、市场利率的变动、汇率的变化、国家宏观经济金融决策的不适宜或失误、商业银行重要人员的违规经营、其他国家或地区政治经济形势的变化等。

二、商业银行的风险管理

各国商业银行和银行监管当局采取了一系列措施和手段来建立风险管理体系，努力使风险降至最低。总体而言，商业银行的风险管理体系主要包括内部和外部两大部分。

(一) 商业银行的内部风险管理

商业银行的内部风险管理又称内部控制，是商业银行作为风险主体，为完成既定的

工作目标，对内部各职能部门及其工作人员从事的业务活动进行风险控制的方法、措施和程序的总称。具体说来，商业银行内部控制是一项内部管理机制，体现了商业银行自我控制、自我监督的特征，而且，这种机制具有明确的目的性，即要达到保证会计信息全面真实、业务合法、保护银行资产等目的。

商业银行内部控制制度的内容较多，涵盖范围较广，主要包括以下内容：一是组织机构。健全内控机构具体包括：明确领导机构的职责、权限，设计分工合理的内部职能机构和根据业务需要设立确保决策科学的各种委员会。二是业务规章制度。具体包括存款业务制度、信贷管理制度、证券交易的操作规程及授权制度等。三是会计管理制度。这是内部控制的重要组成部分，它分为财务会计和管理会计两个部分。

(二) 商业银行的外部风险管理

商业银行的外部风险管理，即金融监管机构对商业银行实施的监督。各国商业银行的监管一般都由专门机构负责，大多数国家是中央银行，有的国家设立其他一个或多个机构来负责。各金融监督机构对商业银行的规范涉及多个方面：第一，对商业银行开业的管理。详细规定银行开业必备的条件，如自有资本数量、银行行长的合格性等。第二，对商业银行业务活动范围的管理。管理是职能分工式还是综合式。第三，对存款经营的管理。对存款利率、吸收存款方式以及存款保险等问题加以规范。第四，对贷款业务的管理。对股东等内部人员贷款的数量、条件、贷款期限结构、单笔贷款最大数额等加以详细规范。第五，对分支机构的管理。是否允许设立分支机构，如允许，需要什么条件。第六，对财务、人事方面的管理等。

金融监管当局对商业银行实行监管的主要措施有：第一，建立完整的报表制度，规定报表的种类和时间，以便了解其经营状况；第二，加强对经理人员管理；第三；实行直接和间接控制；第四，制定有关的制裁措施。

从监管方法来看，主要有直接监管、委托监管和行业自律管理三种。其中，直接监管是各国最主要、最普遍运用的方法，其又包括金融行政管理和金融稽核管理两种具体方式。

三、商业银行的资本管理

商业银行风险管理的另一个重要方面是资本管理，即在《新巴塞尔协议》下对资本充足率和风险资产两方面进行平衡化管理。

(一) 1988 年的《巴塞尔协议》

20 世纪 70 年代以后，在新技术革命和金融自由化等因素的推动下，金融管制日益放松，金融创新使银行找到了更多的资金来源渠道，为银行实行负债管理提供了基础条件。但是，银行业的风险也在增加，一些国际性大银行的倒闭促使了巴塞尔委员会的诞生。1988 年，巴塞尔委员会为了更好地规范银行业的经营活动，颁布了《关于统一国际银行业的资本衡量与资本标准的协议》，简称《巴塞尔协议》。该协议对银行的资本比率、资本结构和各类资产的风险权数等方面作了统一规定。由此，商业银行的经营管理进入了资本管理阶段。

但是，1988年的《巴塞尔协议》存在如下缺陷：首先，对银行业面临的风险理解过于片面，不能真实反映银行经营面临的实际风险；其次，银行若能进行资本套利交易，往往不会改变资本充足率，但会降低银行资产的质量；再次，对不同国家存在歧视性政策；最后，忽视了商业银行自身稳健经营的内在动力。

(二)《新巴塞尔资本协议》的"三大支柱"

由于1988年的《巴塞尔协议》存在上述不足，因此，巴塞尔委员会于2004年6月公布了《新巴塞尔资本协议》，在构建新的资本充足率框架方面迈出了重要的一步。2010年，巴塞尔委员会对其再次进行修订。《新巴塞尔资本协议》的着眼点是通过坚持最低的资本要求，大幅提高最低资本要求的风险敏感度；核心思想是增强银行业的风险管理能力。

根据《新巴塞尔资本协议》的规定，资本管理与风险管理紧密相连。《新巴塞尔资本协议》作为一个完整的银行业资本充足率监管框架，由三大支柱组成，分别是：最低资本要求、监管当局对资本充足率的监督检查以及银行业必须满足的信息披露要求。其中，首要组成部分是最低资本要求，其他两大支柱是对第一支柱的辅助和支持。

(三) 实行资本管理的意义

《巴塞尔协议》为各国银行监管当局提供了资本管理的制度框架，使银行管理理论上升到了一个新的高度，通过资本约束来规范银行的经营活动。

第一，加强资本管理会促使银行努力提高资产质量。为了达到资本充足率要求，银行管理者在资本来源有限的情况下，积极地进行资产调整，减少风险权数较大的资产，增加风险权数较小的资产，以减少对资本充足率要求的压力。第二，促使银行努力增加资金来源。银行会积极进入市场寻求资金，或者增加股票发行，或者发行次级债券。在筹集外来资金困难的情况下，银行必须加强经营管理，提高经营管理水平，增加盈利，提高内源融资的比例。这就是银行资本管理的分子策略。第三，促使银行积极进行金融创新。银行可通过加强对资本金要求不高的中间业务的经营管理，增加收入来源、银行利润留成和资本积累，从而为银行扩大资产规模创造条件。第四，加强资本管理可促使银行转变经营理念。资本管理能起到统制银行所有经营管理活动的作用。它要求银行经营管理者树立全面质量管理的观念，既要重视对市场的开拓与管理，又要重视对信用风险、市场风险和操作风险等的防范与管理。

本章小结

商业银行是以获取利润为经营目标，以多种金融资产和金融负债为经营对象，以经营存贷款为主要业务，具有综合性服务功能的金融企业。按组织结构，可分为总分行制、单一银行制、集团银行制和连锁银行制；按业务结构，可分为银行分业制和全能银行制。商业银行的负债业务是指其资金来源的业务；资产业务是商业银行将其形成的货币资金加以运用的业务；中间业务是银行的传统业务；表外业务是中间业务的深化和发展。盈利性、安全性和流动性是商业银行在经营管理中必须遵循的三项基本原则。商业银行的经营管理理论主要包括资产管理理论、负债管理理论和资产负债管理理论等。此外，风险管理和资本管理也是重点问题。

 **本章习题**

1. 简要介绍近年来现代商业银行的发展趋势。
2. 如何理解商业银行的性质？
3. 比较中间业务与表外业务的异同。
4. 简要回答商业银行经营管理原则之间的关系。
5. 简要介绍商业银行风险管理的必要性和主要内容。

第十章
货币供求及其均衡

【学习目标】
系统学习货币供求的概念、影响货币供求的因素及货币供求均衡与调整。

【学习要求】
了解：货币供求的含义；影响货币供求的因素；货币供求失衡及调整。
掌握：凯恩斯学派的货币需求理论及发展；弗里德曼的货币需求理论。

第一节 货币需求的概念及影响因素

一、货币需求概念的理解

货币需求是指社会各部门在既定的收入或财富范围内能够而且愿意以货币形式持有的资产数量。在现代高度货币化的经济社会里，社会各部门需要持有一定的货币作为媒介来进行交换、支付费用、偿还债务、从事投资或保存价值，因此，便产生了货币需求。货币需求通常表现为在既定时点上社会各部门所持有的货币量。对货币需求含义的理解，需把握以下几点：

(一) 货币需求是一个存量概念

它考察的是在特定的某个时点和空间内，社会各部门在其拥有的全部资产中愿意以货币形式持有的数量或份额，而不是在某一段时间内，各部门所持有的货币数额的变化量。因此，货币需求是个存量概念，而非流量概念。尽管存量与流量和速度有关，但相关的货币需求理论研究的主要是存量问题。

(二) 货币需求量是有条件限制的，是一种能力与愿望的统一

它以收入或财富的存在为前提，是在具备获得或持有货币的能力范围之内愿意持有

的货币量。因此，货币需求需要同时具备两个条件：一是必须有能力持有货币；二是必须愿意以货币形式保有其财产。两者缺一不可，有能力而不愿意持有货币不会形成对货币的需求；有愿望却无能力获得货币也只是一种不现实的幻想。

（三）现实中的货币需求不仅包括对现金的需求，还包括对存款货币的需求

货币需求是所有商品、劳务的流通以及有关一切货币支付所提出的需求。这种需求不但现金可以满足，而且存款货币也同样可以满足。如果把货币需求仅仅局限于现金，显然是片面的。

（四）人们对货币的需求既包括执行流通手段和支付手段职能的货币需求，又包括执行价值贮藏手段职能的货币需求

两者的差别只在于持有货币的动机不同或货币发挥职能作用的不同，他们都在货币需求的范畴之内。

（五）宏观货币需求与微观货币需求

不同经济主体对货币的需求是不同的，可以从宏观和微观两个角度来考察：从宏观的角度出发，可以把货币需求定义为流通中的商品需要多少货币来作为它交换的媒介，后面要谈到的费雪方程式就是这种类型；从微观角度出发，可以把货币看作个人持有的一种资产，从剑桥学派提出现金余额学说后，经济学家主要是从这种角度来理解货币需求的。

（六）名义货币需求与实际货币需求

这是从货币的购买力角度分析货币需求的一种方法。在现实的经济生活中，通货膨胀使货币的名义购买力与实际购买力之间存在差异，导致了经济主体对货币数量的不同需求。名义货币需求是指不考虑价格变动的货币需要量，这种货币需求可以直接按照货币的面值来衡量和计算。实际货币需求是指经济主体在扣除了物价上涨因素后对货币的需要量，即以某一不变价格为基础来计算的货币需求量。名义货币需求与实际货币需求之间存在着联系，将名义货币需求用一个能够充分反映价格变动的指数，如 GDP 平减指数，来进行平减后，即可得到实际的货币需求。

二、影响货币需求的因素

现实生活中影响货币需求的因素大致有以下几种：

（一）收入状况

收入状况是影响货币需求的主要因素之一。一般情况下，收入状况包括收入水平和取得收入的时间间隔。经济主体取得收入的时间间隔与货币需求正相关，即取得收入的间隔时间越长，货币需求就越多；时间间隔越短，货币需求就越少。收入水平也与货

需求正相关，当经济主体的货币收入增加时，货币的需求也随之增加；当经济主体的货币收入减少时，货币需求也会减少。

（二）物价变动

物价变动与货币需求呈正相关。因为物价趋于上升之际，即使商品劳务的总量不变，其价格也要相应增长，经济主体需要持有更多的货币用于购买和支付。如果物价趋于下降，则会减少货币需求。

（三）市场利率

正常情况下，市场利率与货币需求是负相关的关系。有价证券的价格与市场利率反方向运动，有价证券价格的上升意味着市场利率的下降，而有价证券价格的下降则意味着市场利率的上升，因此，经济主体往往根据利率的变动，在持有货币还是持有有价证券之间做出选择，从而引起货币需求量的变动。如果市场利率上升，经济主体将因有价证券价格低廉而大量持有，以图日后谋利，使货币需求减少；如果市场利率下跌，经济主体将因证券价格高而抛售，以避免风险，使货币需求增加。

（四）信用的发达程度

在信用制度健全、信息比较发达的经济中，货币需求量较少。这是因为在一个信息发达、信用制度健全的经济中，相当一部分交易可通过债权债务的相互抵消来了结和清算。另外，经济主体比较容易获得贷款和现金，这就减少了作为流通手段的货币的需求量，人们的货币需求量也就因此减少。因此，信用发达程度与货币需求负相关。

（五）货币流通速度

货币流通速度与货币需求负相关。从动态角度看，一定时期的货币总需求量就是货币的总流量，它是货币平均存量与流通速度的乘积。在商品劳务总量不变的情况下，货币流通速度的加快或减缓势必会引起货币需求的减少或增加。

（六）人们的预期和偏好

预期和偏好均属于心理因素和主观意愿，具有一定程度的不确定性和复杂性。预期包括对市场利率的预期、对物价变动的预期和对投资利润率的预期。如果人们预期物价上涨，就会减少对货币的需求；预期投资利润率上升，就会减少对货币的需求。心理偏好因人而异，有的人偏好货币，有的人偏好其他金融资产，前者是增加社会货币需求的因素，后者是减少社会货币需求的因素。

第二节 货币需求理论

一、传统的货币数量说

传统的货币数量说主要包括费雪的现金交易说和剑桥学派的现金余额说。

(一) 费雪的现金交易方程

现金交易数量说的代表人物是美国著名经济学家费雪（1867~1947年）。费雪于1911年在《货币的购买力》一书中，提出了以交易方程式而著称的现金交易数量说，又称现金交易说。费雪认为，影响物价水平的因素主要有三个：①流通中的货币量；②货币的流通速度（即一年内同一货币用于购买商品的平均次数）；③商品的交易量。分别用 M、V、T 来表示上面三个变量，用 P 表示物价水平，费雪的现金交易数量说可以表示为：

$$MV = PT \text{ 或 } P = MV/T \tag{10-1}$$

从式（10-1）可以看出：若 V 与 T 不变，则 P 与 M 呈同方向变动；若 M 与 T 不变，则 P 与 V 同方向变动；若 M 与 V 不变，P 与 T 反方向变动。由此，费雪得出结论，假定状态下的物价水平（P）与货币流通数量（M）同方向变动，与货币流通速度（V）同方向变动，与用货币进行的商品交易量（T）反方向变动。在以上三个关系中，第一个关系特别值得强调，因为这个关系构成了货币数量说。根据第一个关系，费雪断言，在货币流通速度与商品交易量不变的条件下，物价水平是随着流通货币数量的变动而成正比例变动的，这是货币数量说的基本观点。

费雪之所以得出以上结论，是因为他把货币数量（M）看作是直接影响物价水平（P）的多种因素中最活跃的因素。而货币的流通速度（V）和商品交易量（T）虽也有变化，但程度甚小，故基本上是常数，对物价的影响甚微。因此，费雪认为，货币数量的变动，对货币流通速度没有什么影响，对商品交易量影响不大，货币数量的变动主要影响物价水平。

(二) 剑桥学派的现金余额方程

现金余额数量说简称"现金余额说"，其主要代表人物是英国剑桥学派的马歇尔和庇古，故又称剑桥方程式。

马歇尔和庇古等在考察货币的作用时，选取了与现金交易数量说不同的角度，强调了人们对货币的主观需求因素。马歇尔认为，现金余额是指一国人们以通货形态保持其购买力的数额，即货币需求。他认为，物价变动的原因在于人们手中保留的现金余额的变动。当人们手中保留的现金余额增加时，整个社会的货币需求增加，货币流通速度就会减慢，物价就会下跌，币值就会上升；反之，当货币需求减少时，货币流通速度就会加快，物价就会上涨，币值就会下跌。

庇古对马歇尔的观点又加以系统化，并用方程式表示：

$$M = KPY \text{ 或 } P = M/KY \tag{10-2}$$

式中，M 表示人们对货币的需求数量，或人们手中持有的货币量；K 表示货币量与国民收入或国民生产总值之比率，$K = 1/V$；P 表示商品的价格水平；Y 表示按固定价格计算的国民收入或国民生产总值。

由于 K 是货币的流通速度（V）的倒数，即 $K = 1/V$，故，此公式又可以改写为 $P = MV/Y$。

(三) 现金余额说与现金交易说的关系

剑桥学派的现金余额说与费雪的现金交易说尽管在表述上有所不同，但其基本观点是一致的，都认为物价水平和货币数量之间存在着一种因果关系，物价水平与货币数量成正比例变化，与货币价值成反比例变化。

现金余额说与现金交易说的区别表现在以下两个方面：①现金交易说研究的是货币流量，即流通中用以交易的货币量；现金余额说研究的是货币存量，即人们手中持有的准备用以购物的货币量。②现金交易说强调的是客观因素（如商品交易量、货币流通量等），现金余额说强调的是人们的主观意志和主观愿望（即人们持有货币的量）。

二、凯恩斯的货币需求理论

凯恩斯在探求人们对货币的需求和持有货币的动机时，接受了庇古的两个意见，一是为了日常交易的需要；二是为了预防意外。凯恩斯把第一个需求称为交易动机，把第二个需求称为预防动机。接着，凯恩斯又提出了第三个动机——投机性动机。投机性动机是凯恩斯货币需求理论的最大特色。

凯恩斯这样解释投机动机：人们只持有两种资产货币和长期债券，而债券的市场价格与市场利率成反比，如果利率上升，则债券价格下跌；如果利率下跌，则债券价格上涨。由于人们对未来利率变动的预期存在很大的不确定性，因此，人们在持有金融资产时，必然在货币与债券之间进行选择，以获利或免遭损失。如果预期利率下跌，则人们愿意少存货币，多买债券；如果预期利率上升，则人们愿意卖出债券，多存货币。这就是人们出于投机动机对货币的需求。

凯恩斯认为，影响人们流动性偏好的动机主要有三项：交易动机、预防动机和投机动机。在这三个动机中，预防动机中的防备意外部分可归于交易动机，未能预测的机会部分可归于投机动机。于是，凯恩斯就把货币需求分为两个部分：一是交易需求，由获得的收入多少决定，即 $L_1 = L_1(Y)$；二是投机（资产）需求，由利率的高低决定，即 $L_2 = L_2(i)$。这里，L_1 为交易需求，是国民收入 Y 的增函数；L_2 为投机（资产）需求，是利率的减函数，若用 L 表示货币需求，则有：

$$L = L_1(Y) + L_2(i)$$

$$L_1(Y) > 0, L_2(i) < 0 \tag{10-3}$$

凯恩斯认为,当利率降到某一最低点时,货币需求会无限增大,这时无人再愿意持有债券,都愿意持有货币。当利率过低时,流动性偏好就具有绝对性。这就是著名的"流动性陷阱"。

凯恩斯的货币需求理论是建立在"未来的不确定性"和"收入是短期资产"这两个假设之上的,采用了大量的心理分析方法,突破了西方经济学传统的货币理论研究范围,将货币作为宏观经济中的一个重要的经济变量和政策变量来研究,比传统的货币数量理论的研究层次更高。20 世纪 50 年代以后,一些经济学家发展了凯恩斯的货币需求理论。

三、弗里德曼的货币需求理论

弗里德曼(Milton Friedman)的货币需求理论是在继承剑桥学派现金余额学说的基础上,吸收凯恩斯的流动偏好学说而形成和发展起来的,被誉为当代货币主义。

弗里德曼接受了剑桥学派的观点,认为人们持有货币不仅仅是因为要交换,还因为货币是财富。他认为,货币数量学说不是产出、货币收入或价格水平的理论,而是货币需求理论。

弗里德曼认为,影响人们持有实际货币的因素包括四个方面:①财富总额。个人所能持有的货币量以其财富总额为上限。由于个人财富难以计量,他提出了"恒久性收入"的概念,即现在收入与过去收入加权计算的收入。恒久性收入越高,所需的货币越多。②财富构成。即人力财富与非人力财富之间的比例。人力财富是指个人在将来获得收入的能力,非人力财富即物质财富。未来的人力财富总会转化为现实的非人力财富,在转化过程中,需要货币。人力财富的比例越高,所需准备的货币就越多。③金融资产的预期收益率。持有货币的收益率一般等于零,持有其他金融资产,如股票、债券、定期存单等的收益率一般大于零。因此,其他金融资产的收益率越高,持有货币的数量就会越少。④其他因素。指不属于上述三个方面,但又影响货币需求的各种随机因素。

弗里德曼认为,在剑桥方程式 $M_d = KPY$ 中,P、Y 是影响货币需求的许多变量中的两个变量,K 代表其他变量,实际上是货币流通速度的倒数(1/V)。而影响货币流通速度的因素是相当复杂的,如财产总量、财产构成、各种财产所得在总收入中的比例以及各种金融资产的预期收益率等。因此,人们的资产选择范围非常广泛,并不限于凯恩斯主义的货币需求理论中的二元资产选择——资产与债券。基于上述认识,弗里德曼提出了自己的货币需求函数模型:

$$M_d = f\left(Y_p, W; r_m, r_b, r_e, \frac{1}{P}\frac{d_p}{d_t}; u\right) P \tag{10-4}$$

式中,M_d 表示名义货币需求;f 表示函数符号;Y_p 表示恒常收入;W 表示人力资本占非人力资本的比率;r_m 表示存款利率;r_b 表示预期公债收益率;r_e 表示预期股票收益率;$\frac{1}{P}\frac{d_p}{d_t}$ 表示预期物价变动率;u 表示其他随机变量;P 表示一般物价水平。

如果式（10-4）两边同时除以 P，则得：

$$\frac{M_d}{P} = f\left(Y_p, W; r_m, r_b, r_e, \frac{1}{P}\frac{d_p}{d_t}; u\right) \quad (10\text{-}5)$$

式中，$\frac{M_d}{P}$ 为实际货币需求量。

弗里德曼不仅关心名义货币需求量，还特别关心实际货币需求量。弗里德曼将影响货币需求量的诸多因素划分为三组。

第一组，恒常收入 Y_p 和财富结构 W 来源于总财富，它是构成总财富的各种资产的预期贴现值的总和。在其他三个条件不变的条件下，收入越多，货币需求越多。人力资本收益是影响货币需求的又一因素。一个人的财富是人力资本与非人力资本之和。在总财富中，人力资本的比重越大，创造的收入越多，对货币的需求量就越大；反之，则相反。可见，第一组因素与货币需求量呈同方向变化。

第二组，各种资产的预期收益和机会成本。它包括 r_m、r_b、r_e 和 $\frac{1}{P}\frac{d_p}{d_t}$ 四项。r_m、r_b、r_e 分别是三种不同金融资产的预期收益率。一般来说，存款、债券和股票等资产的收益越高，人们就越愿意把货币转化为这些资产，货币需求量就越少。相反，资产收益越低，人们就越愿意抛售证券，提取存款，持有货币。$\frac{1}{P}\frac{d_p}{d_t}$ 是物价变动因素对货币需求量的影响。从理论上分析，物价上涨意味着货币贬值、通货膨胀，持有货币意味着损失，这时，人们就会把货币迅速用于消费或变成其他财富；相反，当预期物价下降时，人们更愿意持有货币，以满足流动性偏好。可见，r_m、r_b、r_e 和 $\frac{1}{P}\frac{d_p}{d_t}$ 同货币需求量呈反方向变化。

第三组，各种随机变量 u。它包括社会富裕程度、取得信贷的难易程度和社会支付体系的状况等。

尽管弗里德曼在他的货币需求函数中列举的因素相当多，但他十分强调恒常收入的主导作用。弗里德曼认为，在激烈的市场竞争中，r_m、r_b、r_e 受市场利率影响的幅度不大，r_b-r_m、r_e-r_m、r_b-r_e 的差额很小，因此，完全可以用市场名义利率 r 来代替。因为市场名义利率等于实际利率 i 和预期物价变动率 $\frac{1}{P}\frac{d_p}{d_t}$ 之和，即 $r=i+(\frac{1}{P}\frac{d_p}{d_t})$，r 本身就包含 $\frac{1}{P}\frac{d_p}{d_t}$。这样，式（10-5）可化简为：

$$\frac{M_d}{P} = f(Y_p, r) \quad (10\text{-}6)$$

经过简化的弗里德曼货币需求函数似乎同凯恩斯的货币需求函数基本相同，尤其是自变量十分相似。但两者也存在着较大的差别，主要表现在以下三个方面：

第一，两者强调的侧重点不同。凯恩斯的货币需求函数非常重视利率的主导作用。凯恩斯认为，利率的变动直接影响着就业和国民收入的变动，最终会影响货币需求量。

而弗里德曼则强调恒常收入对货币需求量的重要影响,认为利率对货币需求量的影响是微不足道的。

第二,上述分歧导致凯恩斯主义与货币主义在货币政策传导变量的选择上存在分歧。凯恩斯主义认为应是利率,货币主义坚持是货币供应量。

第三,凯恩斯认为,货币需求量受未来利率不确定性的影响,因而不稳定,货币政策应"相机行事"。而弗里德曼认为,货币需求量是稳定的、可以预测的,因而,单一规则是可行的。

第三节 货币供给

货币供给是指一定时期内一国银行体系向经济中投入、创造、扩张(或收缩)货币的行为。货币供给是一个经济过程,即银行体系向经济中注入货币的过程。而且在一定时点上会形成一定的货币数量,称为货币供给量。

一、货币供给的内生性与外生性

货币供给的内生性和外生性问题,是货币理论研究中具有较强政策意义的一个问题。通常,经济学家们总是用"货币供给究竟是外生变量还是内生变量"这样的命题来判断货币当局与货币供给之间的关系。外生变量又称为政策性变量,是指在经济体制中易受外部因素影响、由非经济因素所决定的变量,它是由政策决策人控制,并用作实现其政策目标的变量。内生变量又叫非政策性变量,是指经济机制内部由纯粹的经济因素所决定的变量,不为政策所左右。

如果说货币供给是外生变量,其含义是,货币供给这个变量并不是由经济因素,如收入、储蓄、投资和消费等因素所决定的,而是由货币当局的货币政策所决定的,货币当局能够有效地通过对货币供给的调节来影响经济进程。如果说货币供给是内生变量,就是说,货币供给的变动不是由货币当局决定的,起决定作用的是经济体系中的实际变量以及微观主体的经济行为等因素。货币供给总是被动地决定于客观经济过程,货币当局并不能有效地控制其变动。货币政策的调节作用,特别是以货币供给变动为操作指标的调节作用,有很大的局限性。

货币供给首先是一个外生变量,中央银行能够按照自身的意图运用政策工具对社会的货币量进行扩张和收缩,货币供给量的大小在很大程度上受这些政策的影响。货币供给量的变动受制于客观经济过程,除了受中央银行政策工具的左右外,还受制于经济社会中其他经济主体的货币收付行为,因此,货币供给同时又是一个内生变量。

目前,我国中央银行对货币供给具有强大的控制力,中央银行承担着不可推卸的调控责任。随着我国改革开放的推进和市场化程度的提高,货币供给的内生性在增强,中央银行对货币供给的调控需要适时调整,并不断提高调控能力。

二、商业银行存款货币的创造

(一) 原始存款与派生存款

在金融体系中,商业银行最重要的特征是能以派生存款的形式创造或收缩货币,从而非常强烈地影响货币供应量。因为商业银行是唯一可以经营活期存款的金融中介机构,而活期存款是货币供给的组成部分,商业银行通过其经营活期存款的机制,创造出活期存款,从而创造了货币,这个特征也是商业银行与其他金融机构最重要的区别。

商业银行最初吸收到的、能引起准备金相应增加的存款称为原始存款。银行在经营活动中,只需要保留一小部分的原始存款作为付现准备,其余部分可用于放款。客户在取得银行贷款后,一般并不立即提取现金,而是转入其在银行的活期存款账户,这时,银行一方面增加了放款,另一方面增加了活期存款。银行在用转账方式发放贷款、贴现和投资时创造的存款,即为派生存款。在信用制度发达的国家,银行的大部分存款都是通过这种经营活动创造出来的。可见,原始存款是派生存款创造的条件,派生存款是信用扩张的条件。

(二) 商业银行创造存款货币的前提条件

现代银行采用的部分准备金制度和非现金结算制度是商业银行创造信用的基础,也是商业银行创造存款的前提条件。

部分准备金制度又称为法定准备金制度,是国家以法律形式规定存款机构的存款必须按一定比例,以现金和在中央银行存款形式留有准备的制度。对于吸收进来的存款,银行必须按一定的比例提留存款准备,其余部分可以用于放款。如果在100%的全额准备金制度下,银行不能用所吸收的存款去发放贷款,银行就没有创造存款的可能。部分准备金制度是银行信用创造能力的基础,对一定数量的存款来说,准备金比例越大,银行可用于贷款的资金就越少;准备金比例越小,银行可用于贷款的资金就越多。所以,部分准备金制度是银行创造信用的前提条件。

非现金结算制度可以使人们以开出支票的形式对货币支付银行之间的往来进行转账结算,不需要使用现金。如果不存在非现金结算,银行不能用转账的方式去发放贷款,一切贷款都必须付现,无法派生存款,银行也就没有创造信用的可能。因此,非现金结算制度也是商业银行创造信用的前提条件。

(三) 商业银行创造存款货币的过程

在采用部分准备金和非现金结算制度的情况下,商业银行会将其吸收的存款扣除掉准备金之后,全部用于对外发放贷款,客户在取得贷款之后,并不提取现金,而是全部存入其在银行的账户中。接受了这笔新存款的银行,在扣除了准备金之后,又可以将剩余部分用于发放贷款,这样,又会产生新的存款和新的贷款,不断循环延续下去,就可以创造出大量的存款。

下面举例说明商业银行存款的创造过程。为了便于分析商业银行创造存款的过程，假设：①每家银行只保留法定存款准备金，而不持有超额准备金，其余部分全部贷出；②客户收入的一切款项均存入银行，而不提取现金；③法定存款准备金率为20%。

假设 A 企业将 10000 元人民币存入第一家银行，该行增加原始存款 10000 元，按照 20% 的比例提取 2000 元法定存款准备金，将剩余的 8000 元全部贷给 B 企业，B 企业用其来支付 C 企业的货款，C 企业将款项存入第二家银行，使其存款增加 8000 元。该银行提取 1600 元法定存款准备金后，又将剩余的 6400 元贷给 D 企业，D 企业用来向 E 企业支付货款，E 企业再将收到的款项存入第三家银行，该行继续提取准备金并进行贷款，这样一直循环下去，直到递减为零，存款创造过程终结，这时，整个银行体系的存款将达到 50000 元，具体过程见表 10-1。

表 10-1 商业银行创造存款货币的过程

银行名称	存款增加数（元）	按20%提取法定准备金	存款增加数（元）
第一家银行	10000	2000	8000
第二家银行	8000	1600	6400
第三家银行	6400	1280	5120
第四家银行	5120.00	1024.00	4096.00
第五家银行	4096.00	819.20	3276.80
第六家银行	3276.80	655.36	2621.44
第七家银行	2621.44	524.29	2097.15
第八家银行	2097.15	419.43	1677.72
第九家银行	1677.72	335.54	1342.18
第十家银行	1342.18	268.44	1073.74
⋮	⋮	⋮	⋮
总计	50000	10000	40000

上述过程的代数表达如下：

银行存款总额 = $10000+10000(1-20\%)+10000(1-20\%)^2+\cdots+10000(1-20\%)^n$

$= 10000[1+(1-20\%)+(1-20\%)^2+\cdots+(1-20\%)^n]$

$= 10000/1-(1-20\%) = 10000/20\% = 50000(元)$

如果以 R 代表原始存款，它也等于银行体系的准备金总额；r_d 代表法定准备率；D 代表整个银行体系的存款总额，则上述公式可表示为：

$$D = \frac{R}{1-(1-r_d)} = \frac{R}{r_d} \qquad (10-7)$$

由表 10-1 可知，在部分准备金制度下，10000 元的原始存款可使整个银行体系共发放贷款 40000 元，使活期存款总额增至 50000 元，活期存款总额超过原始存款的数额就是这笔原始存款所派生的存款总额。通过以上分析可以看出，银行的信用扩张能力取决于两大因素，即原始存款数额的大小和法定存款准备金率的高低。用公式可以表示为：

$$\Delta D = \Delta R \times \frac{1}{r_d} \qquad (10-8)$$

式中，ΔD 表示经过派生的活期存款的变动总额；ΔR 表示原始存款的变动总额；r_d 表示法定存款准备金率。

从以上公式可知，活期存款的变动与原始存款的变动之间明显存在着一种倍数关系，用 k 来表示，则可以表示为：

$$\Delta D = \Delta R \times k \qquad (10-9)$$

由式（10-9）可知：

$$k = 1/r_d$$

假定公式中的 R 为已知量，银行由派生存款所创造的存款货币的最大扩张倍数为 k，称为派生倍数，它是 r_d 的倒数，法定存款准备金率越高，存款扩张的倍数值就越小；法定存款准备金率越低，扩张的倍数值就越大。

第四节 中央银行对货币供给的控制

一、中央银行创造银行券

中央银行作为发行银行垄断了银行券的发行权，是全国唯一的现钞发行机构，流通中的现金都是通过中央银行的货币发行业务流出的。中央银行发行的银行券——现金也是基础货币的主要构成部分。在现代不兑现的信用货币流通体制下，中央银行发行银行券要遵循三个原则：一是垄断发行原则；二是货币发行要有可靠的信用作保证；三是要具有一定的弹性。

二、中央银行对基础货币的影响

基础货币又称强力货币，是指流通于银行体系之外的现金通货和商业银行的存款准备金之和。现金通货包括纸币和辅币。存款准备金包括商业银行的库存现金及其在中央银行的存款。基础货币是中央银行直接控制的变量，也是银行体系存款货币的创造基础。中央银行向商业银行扩大基础货币供给，商业银行的存款货币创造能力就加强；中央银行向商业银行收缩基础货币供给，商业银行的存款货币创造能力就减弱。因此，在现代银行体系中，中央银行对宏观经济活动的调节在很大程度上是通过变动基础货币来实现的。中央银行对基础货币的影响主要体现在以下几个方面：

（一）中央银行通过商业银行等金融机构债权的变动来影响基础货币量

这是影响基础货币的最重要因素。一般来说，中央银行对商业银行的债权增加意味着中央银行对商业银行再贴现或再贷款资产增加，还说明通过商业银行注入流通的基础货币增加，同时也说明通过商业银行注入流通的基础货币增加，使货币供给量得以多倍扩张。相反，如果中央银行对金融机构的债权减少，就会使货币供应量大幅收缩。通常认为，在市场经济条件下，中央银行对这部分债权有较强的控制力。

（二）中央银行通过变动国外净资产数额来影响基础货币量

国外净资产由外汇、黄金占款和中央银行在国际金融机构的净资产构成。其中，外汇和黄金占款是中央银行用基础货币来收购的。一般情况下，若中央银行不把稳定汇率作为政策目标的话，则对通过该项资产业务投放的基础货币有较大的主动权；否则，中央银行就会因为要维持汇率的稳定而被动进入外汇市场进行干预，这样外汇市场的供求状况对中央银行的外汇占款有很大影响，导致通过该渠道投放的基础货币受到比较大的限制。

（三）中央银行通过变动政府的债权净额来影响基础货币量

中央银行对政府债权净额的增加通常通过两条渠道进行：一是直接认购政府债券；二是贷款给政府以弥补财政赤字。无论哪条渠道都意味着中央银行通过财政部门把基础货币注入了流通领域。

第五节　货币均衡

在现实经济生活中，人们对货币的需求是由各种复杂的因素共同决定的。经济学家可以用不同的函数公式将决定和影响货币需求的因素表达出来，但却无法直接去统计现实存在的货币需求。人们能够知道的货币需求实际上就是现实生活中已经存在着的货币供应量。但是，这种相等显然是根据名义货币需求量与货币供应量的联系来判断的，它不是真正的货币均衡。真正的货币均衡是指货币供给与由经济的实际变量或客观因素所决定的货币需求相符合。

一、均衡的类型

均衡与失衡是在现代经济学中使用频率较高的概念。不同学者对这一问题有着不同的理解，其中主要有：

（一）瓦尔拉斯均衡

一般均衡分析理论是由瓦尔拉斯提出的。一般均衡分析理论从市场上所有商品与要素的供给、需求和价格是相互依存、相互作用的前提出发，考察了各种商品与要素的供给及需求以及均衡状态条件下的价格决定问题。这里的瓦尔拉斯均衡，即供给与需求完全相等时的状态。其要点可归纳为三个方面：

第一，均衡是一种市场结清状态，在所分析的市场上供求完全相等，既无滞存，又不存在短缺；

第二，均衡的实现取决于供给和需求间的相互作用，需通过价格调整来获得；

第三，经济运行中的微观经济主体只能根据价格信号来做出理性的选择。

根据这一分析，若当且仅当市场上的供给完全等于需求，则市场运行处于瓦尔拉斯均衡；反之，则会出现瓦尔拉斯失衡。因此，瓦尔拉斯均衡要求整个经济运行必须处于完全和谐的状态，但这显然与现实状况不符，是一种理想状态。许多学者对之进行了质疑，主要的质疑理论有凯恩斯均衡和科尔纳均衡。

（二）凯恩斯均衡

凯恩斯认为，瓦尔拉斯均衡是一种理想的状态，它代表着传统经济学的均衡概念，无法对现代经济运行做出合理解释。此后，凯恩斯在20世纪30年代经济大萧条的现实基础上，提出了非充分就业均衡，即凯恩斯均衡这一观点。在需求约束型经济中，普遍存在的是非自愿失业和非自愿商品供给过剩，由于愿意提供的供给大于用于交换的有效需求，因此，现实经济运行中的均衡是由有效需求来决定的。所以，凯恩斯均衡是由有效需求所决定的非充分就业均衡。

（三）科尔纳均衡

凯恩斯均衡是从供给大于需求的需求约束型经济出发来质疑瓦尔拉斯均衡的，而科尔纳均衡则是从需求大于供给的资源约束型经济出发对瓦尔拉斯均衡提出挑战的。科尔纳同样认为，在现实经济的运行过程中，瓦尔拉斯均衡并不存在，客观存在的是广义的均衡和正常状态下的均衡。广义的均衡即为短缺和滞存都不超过一定幅度时的均衡，而正常状态下的均衡是指均衡本身就是一种正常状态，改变这种正常状态便是均衡到失衡的过渡。科尔纳均衡是广义的均衡与正常状态下的均衡的有机结合，也称为非瓦尔拉斯均衡。

二、均衡的含义

通过上述分析可知，在现实经济生活中，人们对货币的需求是由各种复杂的因素共同决定的。即使经济学家可用不同的函数公式将决定和影响货币需求的因素表达出来，也无法直接去统计现实存在的货币需求。人们能够知道的货币需求实际上只是现实中已经存在着的货币供应量。无论货币怎样供应、供应多少，它都会以一定的方式为人们所持有，表现出人们对它的需求。从这个意义上讲，货币供给与货币需求在数量上总是相等的，不存在非均衡的问题。但是，这种相等显然是根据名义货币需求量与货币供应量的联系来判断的，它不是真正的货币均衡。真正的货币均衡状态表现为在市场上既不存在实际交易量大而购买力不足所导致的商品滞销现象，也不存在实际交易量小而购买力过多而导致的商品短缺现象。

因此，货币均衡是指货币供给与由经济的实际变量或客观因素所决定的货币需求相符合。具体而言，货币均衡的内涵可归纳为以下几点：

第一，货币供需完全相等是一种偶然现象。货币均衡是货币供需作用的一种状态，是货币供给与需求大体表现一致，而非货币供给与货币需求在数量上完全相等。

第二，货币均衡是动态的过程。货币均衡允许货币供需在短期内有可接受的不一致状态，也不要求在某一时间上货币供给与需求完全相等，只要在长期内是大体一致的即可。

三、货币均衡的意义

在现代经济社会中，金融调控与导向的作用日益显现。货币不仅是现代经济中商品交换的媒介，还是国民经济发展的内在要求；货币供需的相互作用制约并反映了国民经济运行的全过程，并且有机地将国民经济运行与货币供需的相互作用联系在一起。可以说，货币的均衡不但是国民经济均衡的综合反映，而且是国民经济稳定与健康发展的前提保障。只有货币均衡才能保证币值稳定，从而进一步使价格、利率和汇率这些调节国民经济的重要杠杆充分发挥微观与宏观调控作用，最终促进经济发展。

第六节 货币失衡及调整

一、货币失衡的概念

货币失衡又称货币供需的非均衡，是指在货币流通过程中，货币供给偏离货币需求，从而使两者之间出现不相适应的货币流通状态。其基本存在条件可以表示为：$Md \neq Ms$。货币失衡是经济不稳定的重要因素，尤其是在经济过热或过冷的条件下，中央银行货币供给面临着两种不同方向的货币信贷压力。通过价格运动判断，一国总供求失衡与货币失衡一般表现为显著的通货膨胀，甚至通货紧缩。

二、货币失衡的类型

（一）货币供给量小于货币需求量

若我们以货币均衡为出发点，那么货币供给小于相对应的货币需求的第一类货币失衡可能由下面原因所致：

其一，随着经济的发展，商品生产和交换的规模不断扩大，但货币供给量并没有及时增加，导致经济运行中货币吃紧。在金属货币流通的条件下，这种情况不止一次地出现过，但在纸币流通条件下这种情况出现的概率很小。因为，在金属货币流通下，货币供给量的增加，在一定程度上受制于金属币材的开采；在纸币流通下，作为货币当局的中央银行增加纸币供给极为容易。

其二，在经济运行中的货币供给量与货币需求量大体一致的情况下，中央银行实施的紧缩性货币政策减少了货币供给量，导致流通中的货币紧缩，国民经济的正常运行受到了抑制，使本来供需均衡的货币运行走向供给小于需求的货币失衡状态。

其三，在经济危机阶段，由于信用链条断裂，正常的信用关系遭到破坏，社会经济主体对货币的需求急剧增加，中央银行的货币供给量相对滞后于货币需求的增加，从而导致货币供需失衡。

(二) 货币供给量大于货币需求量

在纸币流通条件下，经济运行中的货币供给量大于相应的货币需求量是一种经常出现的失衡现象。造成货币供给量大于货币需求量的原因有很多，主要有：

其一，政府财政赤字面向中央银行透支。政府财政收支若发生赤字，在中央银行没有事先准备的条件下，政府财政的透支无疑会迫使中央银行增发货币，从而导致货币供给量增加过量，造成货币供需失衡。

其二，在经济发展中，政府的高速经济增长政策迫切地需要货币资本的支撑，在中央银行无足够的货币资本实力的情形下，农行信贷规模的不适当扩张，造成了信贷收支逆差和货币资本扩张，导致货币供给大于其需求。

其三，由于前期货币供给量相对不足、产品积压和再生产过程受阻，为促成经济运行的正常进行，中央银行实行扩张性的货币政策。但由于力度把握不适当，导致银根过度放松，货币供给量的增长速度超过了经济发展的客观需要，形成了过多的货币供给，诱发了高通货膨胀。

其四，从开放经济看，在经济欠发达、结构刚性的发展中国家，货币条件的相对恶化和国际收支失衡使国民经济运行仅靠进出口机制来弥补收支逆差极为困难，汇率高估和本国货币的贬值致使货币供给量急剧增长，导致货币供需失衡。

货币失衡是一种与货币均衡相对应的概念，总量意义上的货币失衡与结构意义上的货币失衡并不是非此即彼的简单替代关系，客观事实往往是货币总量失衡与结构失衡相互交织、相互联系，以至于难以分辨。所以，中央银行在货币政策操作中，控制货币供需均衡往往以总量均衡与结构合理为目标。

(三) 结构性货币失衡

结构性货币失衡主要发生在发展中国家，是指在货币供给与需求总量大体一致的总量均衡条件下，货币供给结构与对应的货币需求结构不相适应。结构性货币失衡往往表现为短缺与滞留并存，经济运行中的一部分商品、生产要素供过于求，另一部分又供不应求。其原因在于社会经济结构的不合理。因此，结构性货币失衡必须通过经济结构调整加以解决，而经济结构的刚性往往又使其成为了一个长期的问题。

三、货币失衡的调整

中央银行对货币供需由失衡到均衡的调整主要通过以下四种方式：

（一）需求型调整

需求型调整是指在货币供给量大于货币需求量的货币失衡状态下，从增加货币需求量入手，使之适应货币供给量；反之，当货币供给量小于相应的货币需求量时，从减少货币需求量的角度入手，使之与货币供给量相适应。需求型调整从需求方入手来调整货币需求，从而填平货币供需失衡的缺口，以实现货币供需均衡的目标。为方便起见，本章仅讨论了当货币供给量大于货币需求量时由失衡到均衡的调整过程。

由于货币需求量是经济系统运行的内生变量，因此，对货币需求量的调整更多地在中央银行之外进行。主要包括以下几个方面：①增加商品市场上的供给，由商品市场上的供给引导需求，从而实现货币市场上对货币需求的增加。②中央银行动用金银外汇储备，与此同时，积极扩大进口，从而扩大国内市场上的商品供给。③大幅度地提高商品价格水平，通过货币需求量的增加来相应地吸收过多的货币供给量，从而实现货币供需均衡。

（二）供给型调整

供给型调整是指中央银行在货币供给量大于货币需求量的货币失衡状态下，从紧缩货币供给量入手，使之适应货币需求量；当货币供给量小于相应的货币需求量时，中央银行从扩张货币供给量入手，使之迎合货币需求量。中央银行在对失衡的货币供需进行调整时，以货币需求量为参照系，通过对货币供给量的相应调整，使之适应货币需求量，并在此基础上实现货币供需由失衡状态到均衡状态的调整。本节旨在研究货币供给量大于货币需求量情况下的调整对策设计。供给型调整的主要内容有：

1. 中央银行角度

从中央银行的角度来看，其主要对策有：其一，在金融市场上卖出有价证券，以直接回笼流通中的货币；其二，提高法定存款准备率，以紧缩商业银行的贷款扩张能力；其三，减少基础货币供给量。

2. 商业银行角度

从商业银行的角度来看，商业银行对于货币供给量大于相应货币需求量的失衡到均衡的调整可采取如下对策：其一，停止向客户发放新贷款；其二，对已到期的贷款不再转期，坚决收回；其三，将未到期的贷款提前收回。

3. 政府财政角度

从政府财政的角度来看，可以通过政府税收措施将一部分社会经济主体的存款转入政府财政在中央银行的金库存款，即将一部分现实的购买力转化为潜在的购买力，从而达到在实质上紧缩货币供给量的效果。主要措施有：其一，政府可减少对有关微观经济主体的财政拨款；其二，可相应地增发政府债券，以直接减少社会各经济主体的货币持有量；其三，在税收上，可增设新的税种、降低税基和提高税率等。

4. 经济运行中个人角度

从经济运行中个人的角度来看，可以通过个人收入资本化的途径来疏导流通中偏多的货币供给量。所谓个人收入资本化，是指将经济运行中个人可支配收入的一部分转化为投资资本，既包括直接投资资本，又包括间接投资资本，从而将个人可支配收入由消费领域引导至生产投资领域。

（三）混合型调整

混合型调整实际上是供给型调整和需求型调整的有机结合。在货币供给量大于货币需求量的货币失衡状态，中央银行并不是单纯地压缩货币供给量，也不是单纯地增加货币需求量，而是同时从供给与需求两个方面入手，既进行供给型调整，又开展需求型调整，以尽可能实现货币供需均衡，不至于带来过大的经济波动；反之，在货币供给量小于货币需求量的货币供需失衡状态，中央银行在增加货币供给量的同时，压缩相应的货币需求量，以尽快而有效地实现货币供需的均衡。

（四）逆向型调整

逆向型调整是指面对货币供给量大于货币需求量的货币供需失衡状态，中央银行并不是压缩货币供给量，而是通过增加货币供给量的途径来促进货币供需全面均衡。其具体内涵是：若货币供给量大于货币需求量，同时存在着尚未充分利用的生产要素，而且还存在着某些供不应求的短缺产品，那么社会经济运行对此需求量很大，而可供能力又相对有限，在这种情况下，可以通过对这类产业的追加投资和发放贷款，以促进供给的增加，并以此来消化过多的货币供给，达到货币供需由失衡到均衡的调整。虽然这种逆向型调整没有供给型调整那么见效，且在短期内还会扩大货币供需失衡的局势，但只要中央银行在调整过程中把握机会，适度调整调控力度，便能成功地实现货币供需由失衡到均衡的调整。

本章小结

货币需求是指社会各部门在既定的收入或财富范围内能够而且愿意以货币的形式持有的资产数量。在现代高度货币化的经济社会里，社会各部门需要持有一定的货币作为媒介来进行交换、支付费用、偿还债务、从事投资或保存价值，因此，产生了货币需求。货币需求通常表现为一国在既定时点上社会各部门所持有的货币量。货币供给是指一定时期内一国银行体系向经济投入、创造和扩张（或收缩）货币的行为。货币供给是一个经济过程，即银行体系向经济中注入货币的过程。而且在一定时点上会形成一定的货币数量，称为货币供给量。不同学者对货币均衡有着不同的理解。在现实经济中，货币失衡主要表现为货币供求不相等，其调整机制主要包括需求型调整、供给型调整、混合型调整及逆向型调整。

 **本章习题**

1. 简要比较费雪方程与剑桥方程。
2. 对比传统的货币数量说，阐述凯恩斯流动性偏好理论的独创性。
3. 简述商业银行的存款派生机制。
4. 货币均衡的社会现实意义。
5. 简述从货币失衡到货币均衡的调整对策。

第十一章
通货膨胀与通货紧缩

【学习目标】

理解通货膨胀与通货紧缩的定义，掌握通货膨胀和通货紧缩对经济的影响及治理对策。

【学习要求】

了解：我国通货膨胀与通货紧缩的现状。
掌握：通货膨胀和通货紧缩对经济的影响及其对策。

通货膨胀是当今世界各国经济发展中普遍存在的问题，通货膨胀研究是西方经济理论中的一个重要组成部分；被长期忽视的通货紧缩在近几年也成为世界关注的经济问题。如何科学地定义和衡量通货膨胀与通货紧缩，解释通货膨胀与通货紧缩的原因及治理通货膨胀及通货紧缩是本章的主要内容。

第一节 通货膨胀概述

一、通货膨胀的定义

在纸币本位制和物价自由浮动的条件下，通货膨胀是因为货币供应量超过商品流通的客观需要量，从而引起货币不断贬值和一般物价水平持续上涨的经济现象。在物价受抑制的条件下，通货膨胀可定义为由于货币供应量超过了客观需要量，从而引起货币贬值、物价上涨和货币流通速度减慢的经济现象。

综上所述：第一，通货膨胀通常是一个由货币引起的经济现象。第二，从短期（静态）看，通货膨胀指的是实际货币供给量超过了由现实商品供给量决定的货币必要量；从长期（动态）看，指的是实际货币供给量超过了经济自然增长率决定的客观需要的货币量。第三，通货膨胀既可能表现为持续的、一贯的价格上涨，又可能表现为非价格信号的持续增长（计划经济也有通货膨胀；开放市场，价格与国际价格一致，也有通货膨胀）。第四，并非所有的价格上涨都具有通货膨胀性质。第五，通货膨胀是一个持续的过程。我国学者认为，通货膨胀是在纸币流通情况下，由于货币供应量过多，使有支付能力的货币购买力大于商品可供量，从而引起货币贬值、物价上涨的经济现象。

在西方经济学文献中，通货膨胀还有以下几种解释：第一，通货膨胀指的是需求过度的一种表现，在这种状态下，过多的货币追逐过少的商品。第二，通货膨胀是如下条件下的物价水平上涨现象：无法准确预期，能引发进一步的上涨过程；没有增加产出和提高就业效应；其上涨速度超过安全水准；有货币供应的不断增加来支撑；具有不可逆性。第三，通货膨胀是货币总存量、货币总收入或单位货币存量、单位货币增长过快的表现。第四，通货膨胀是货币客观价值的下跌，其度量标准包括：黄金价格；汇率；在官方规定金价或汇率条件下对黄金、汇率的过度需求；等等。

二、通货膨胀的衡量尺度

从世界各国的实际做法看，度量通货膨胀的程度主要采取三个标准：消费物价指数、批发物价指数和国内生产总值冲减指数。

（一）消费物价指数

消费物价指数度量通货膨胀的优点在于：消费品的价格变动能及时反映消费品供给与需求的对比关系，直接与公众的日常生活相联系，在检验通货膨胀效应方面有其他指标难以比拟的优越性，多数国家度量通货膨胀通常是采取这一尺度。其局限性在于，消费品只是社会最终产品的一部分，不足以说明全部的情况。

（二）批发物价指数

批发物价指数度量通货膨胀的优点是，能在最终产品价格变动之前获得工业投入品及非零售消费品的价格变动信号，进而能够判断其对最终进入流通的零售商品价格变动可能带来的影响。这个指标的变动规律同消费物价的变动规律有显著区别。在一般情况下，即使存在过度需求，其波动幅度也常常小于零售商品的价格波动幅度。因而，在使用它判断总供给与总需求对比关系时，可能会出现信号失真的现象。

（三）国内生产总值冲减指数

国内生产总值冲减指数是一个能反映综合物价水平变动情况的指标。它的优点是覆盖范围全面，能度量各种商品价格变动对价格总水平的影响。但它容易受价格结构因素的影响。例如，虽然与公共生活密切相关的消费品的价格上涨幅度已经很高，但其他商品价格的变动幅度不大，导致出现国内生产总值冲减指数虽然不高，但公众的日常消费支出已明显增加的情况。它的主要用途是对国民经济的综合指标进行名义值与实际值的换算。

以上三种物价指数是衡量通货膨胀的主要指标。由于这三种物价指数涉及的商品和劳务不同，计算口径也不同。因此，即使在同一国家的同一时期，各种物价指数所反映的通货膨胀程度也是不同的。一般说来，在衡量通货膨胀时，用得最多的是消费物价指数。

三、通货膨胀的类型

按照价格上升的速度，通货膨胀可分为温和的通货膨胀、奔腾的通货膨胀和超级通货膨胀。其中，温和的通货膨胀指每年物价上升的比例在10%以内；奔腾的通货膨胀指年通货膨胀率在10%~100%；超级通货膨胀指通货膨胀率在100%以上。

按照对不同商品价格的影响程度，通货膨胀可分为平衡的通货膨胀和非平衡的通货膨胀。其中，平衡的通货膨胀，即每种商品的价格都按相同的比例上升；非平衡的通货膨胀，即各种商品价格的上升比例并不完全相同。

按照人们的预期程度，通货膨胀可分为未预期到的通货膨胀和预期到的通货膨胀。其中，未预期到的通货膨胀，即价格上升的速度超出人们的预料，或者人们根本没有想到价格会上涨。并不是所有的通货膨胀都是可以预期的。在一个开放的世界中，由于影响价格水平变动的因素多种多样，并且变化莫测，因此，在大多数情况下，通货膨胀都是不可预期的。

第二节 通货膨胀的成因、影响及治理

一、通货膨胀的成因

关于通货膨胀的原因，经济学家提出了种种解释，可大致分为三个方面：一是传统货币数量论，这种解释强调了货币在通货膨胀过程中的重要性；二是从总需求与总供给的角度来解释；三是从经济结构因素变动的角度来说明通货膨胀的原因，即结构性通货膨胀。

（一）作为货币现象的通货膨胀

货币数量论在解释通货膨胀方面的基本思想是，每一次通货膨胀背后都有货币供给的迅速增长。对费雪方程式 $MV=PY$ 进行变换，可得：

通货膨胀率=货币增长率-货币流通速度变化率+产量增长率

根据方程，通货膨胀来源于三个方面，即货币流通速度的变化、货币增长和产量增长。如果货币流通速度不变且收入处于其潜在水平上，则显然可以得出，通货膨胀的产生主要是货币供给增加的结果。货币主义强调货币和货币政策的重要作用，认为通货膨胀只是一种货币现象，通货膨胀的最根本原因是货币供给量多于需求量，通货膨胀是一

定会到处发生的货币现象。

(二) 需求拉动的通货膨胀

需求拉动的通货膨胀又称超额需求通货膨胀,是指总需求超过总供给所引起的一般价格水平的持续显著上涨。供给表现为市场上的商品和服务,需求表现为用于购买和支付的货币,因此,这种通货膨胀又称为"过多的货币追求过少的商品"。对此,凯恩斯主义和货币主义有不同的理论解释。

1. 凯恩斯主义的需求拉动通货膨胀理论

凯恩斯学派认为,货币数量的增加不会直接影响物价,而是首先使利率下降,而后增加投资,然后通过乘数效应,使总需求更大幅度地增加。

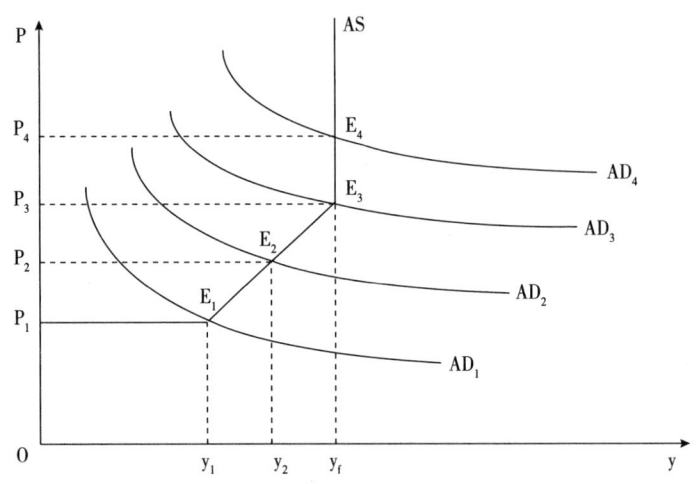

图 11-1 凯恩斯主义的需求拉动通货膨胀理论

凯恩斯学派认为,社会总需求的增加是否会引起物价上升和通货膨胀,还要视供给的情况而定。由图 11-1 可知,总供给曲线 AS 起初呈水平状,总需求的增加不会引起价格水平的上涨。在当总产量达到 y_1 以后,继续增加总需求,就会遇到生产过程中所谓的瓶颈现象,即由于劳动、原料和生产设备等不足而使成本提高,从而引起价格水平上涨。当总产量达到充分就业的产量 y_f 时,整个社会的经济资源全部得到利用。价格水平从 P_1 上涨到 P_2 和 P_3 的现象被称作瓶颈式的通货膨胀。在达到充分就业的产量 y_f 以后,如果总需求继续增加,总供给就不再增加,因而,总供给曲线 AS 呈垂直状。这时,总需求的增加只会引起价格水平的上涨。

2. 货币主义的需求拉动理论

与凯恩斯学派的需求拉动理论相比,货币学派更加强调货币供给量的变化对总需求的直接影响,并强调货币供给的外生性。以弗里德曼为代表的现代货币数量说认为,通货膨胀主要是一种货币现象,是由货币量比产量增加更快造成的。货币量的作用为主,产量的作用为辅。

(三) 成本推动的通货膨胀

成本推动的通货膨胀又称成本通货膨胀或供给通货膨胀，是指在没有超额需求的情况下，由供给成本提高所引起的一般价格水平的持续和显著上涨。成本推动通货膨胀理论把推动通货膨胀的成本因素归结为工资和利润，所以，成本推动通货膨胀理论又分为两种，即工资推动通货膨胀理论和利润推动通货膨胀理论。

1. 工资推动通货膨胀理论

工资推动通货膨胀是指由不完全竞争的劳动市场造成的过高工资所导致的一般价格水平的上涨。工资推动通货膨胀理论把这种工资和价格的螺旋上升运动视为通货膨胀的直接原因，把工会导致的不完全竞争的劳动市场视为通货膨胀的根源。

2. 利润推动通货膨胀理论

利润推动通货膨胀是指垄断企业和寡头企业利用市场势力谋取过高利润所导致的一般价格水平的上涨。如果市场是垄断市场或寡头垄断市场，垄断企业和寡头垄断企业就可以利用其垄断的优势，通过控制产量和提高产品价格来获取高额的垄断利润，这必然会推动价格水平上升，并使价格水平的上升速度超过生产成本的增长速度，从而引发通货膨胀。在总需求曲线不变的情况下，包括工资推动通货膨胀和利润推动通货膨胀在内的成本推动通货膨胀可以用图 11-2 来说明。

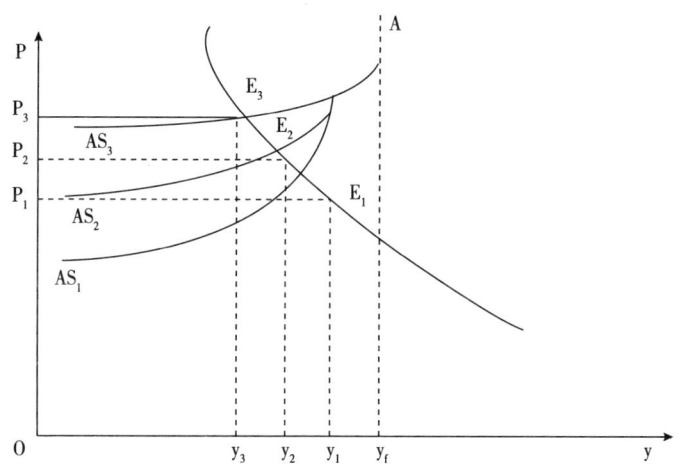

图 11-2 成本推动型通货膨胀

如图 11-2 所示，总需求是既定的，不发生变化，变动只出现在供给方面。当总供给曲线向左移动的时候，对应的价格水平不断上涨，总产量不断下降。

(四) 结构性通货膨胀

在经济运行过程中，在既不存在需求拉动，也不存在成本推动的情况下，经济结构因素的变化也可能会导致价格水平的持续、显著上涨，引发通货膨胀，这就是结构性通货膨胀。这种理论认为，通货膨胀的起因不在于需求增加或成本上升，而在于经济结构本身所具有的特点。从经济结构本身所具有的特点来看，国民经济中的各个部门各具特点且千差万别，这是导致结构性通货膨胀的根源。

在现代社会，货币工资的增长速度通常是由生产率较高的部门、处于发展上升阶段的部门和开放度较高的部门决定的。如果出现这种情况，在工会追求工资均等化和公平原则的压力下，在劳动市场竞争的作用下，那些劳动生产率较低的部门、发展缓慢处在衰退阶段的部门和非开放的部门，其工资的增长速度会向生产率提高较快、正处于上升期和开放度高的先进部门看齐，使整个社会的货币工资增长速度具有同步增长的趋势。如果整个社会的工资增长速度都向那些先进的经济部门看齐，势必会造成全社会的工资增长率高于社会劳动生产率的平均增长率，这必然会导致价格水平的普遍上涨，从而引发通货膨胀，这种通货膨胀就是结构性通货膨胀。

(五) 通货膨胀的持续

通货膨胀不是价格水平的一次性改变，而是价格水平的持续上升（见图11-3）。

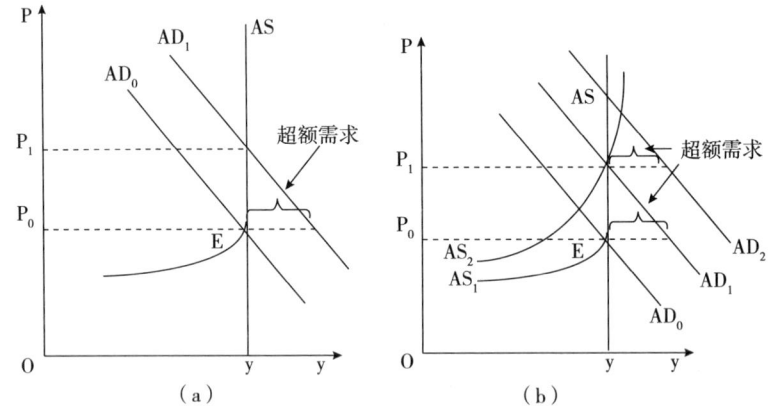

图 11-3 通货膨胀持续

在图 11-3 (a) 中，经济初始时处于均衡点 E。假定出现总需求冲击，总需求曲线从 AD_0 移到 AD_1，价格上升到 P_1。价格上升会引起工资提高，较高的工资使总供给曲线向上移动，反映为图 11-3 (b) 总供给曲线由 AS_1 移动到 AS_2，更高的工资率带来的更多货币收入使总需求曲线由 AD_1 移动到 AD_2。在新的价格水平 P_1 下，新的总需求曲线 AD_2 与新的总供给曲线 AS_2 之间仍有差距，于是又出现一个对商品的超额需求，导致价格进一步上涨，引发了另一轮的工资的上涨。

二、通货膨胀对经济的影响

通货膨胀与经济增长之间不存在简单的对应关系。许多实证分析表明，不同国家、不同时期的通货膨胀与经济增长的关系是不确定的。既有高经济增长率和高通货膨胀率的"双高"现象，又有高经济增长率和低通货膨胀率的"高低"现象及低经济增长率和低通货膨胀率的"双低"现象，还有低经济增长率和高通货膨胀率的"低高"现象，即"停滞膨胀"现象。通货膨胀与经济增长到底是怎样一种关系，从观点上说，大体可以分为三类，即促进论、促退论和中性论。

所谓促进论，就是认为通货膨胀具有正的产出效应。如果是对长期不合理的价格体系进行调整和放开，特别是提高初级产品价格和制约经济增长的某些基础产业产品和服务的价格，尽管在一定时期内会造成物价水平的普遍上升，但是由于这种价格调整有利于经济结构的调整，有利于生产要素趋向于按照市场供求关系进行流动和配置，在调整后的比价关系不再复归的条件下，可以为经济持续增长创造一个合理的经济结构基础。

所谓促退论，就是一种认为通货膨胀会损害经济成长的理论。在没有实现充分就业，即存在闲置资源、有效需求不足的条件下，政府通过采取扩张的财政政策和货币政策刺激有效需求，结果在物价水平上升的同时，经济（收入）也实现了增长。但是，当面临物价普遍上涨而产生的提高收入的压力时，由成本推进的通货膨胀一般不会再使经济继续增长，只能促使物价水平持续增长。

有时通货膨胀在形成初期可能会对经济增长产生有限而短暂的正面效应，一旦通货膨胀变得比较严重，则不利于经济增长。在通货膨胀形成初期，物价水平的上涨幅度会高于货币工资的增长幅度，这时的通货膨胀是比较温和的。通货膨胀没有被预期，劳动者暂时没有提高工资的强烈要求，生产者也可以从商品价格上涨快于工资成本提高的过程中获得利润，于是就会增加生产和就业，从而对经济增长产生正面效应。一旦通货膨胀变得比较严重，社会各方面对其产生了预期，成本增加和物价上涨就会轮番出现，从而对经济增长产生负面效应。正是由于通货膨胀的这种"产出效应"，才有了关于通货膨胀能否促进经济增长的纷争。我们不否定在一定的条件下，通货膨胀与经济增长之间存在着相互促进的关系。这里有两种截然不同的情况：一种是由于刺激需求产生通货膨胀，进而具有了"产出效应"，带动了经济增长。另一种是在促进经济增长过程中，需求的拉动、成本的推进或经济结构的调整，引发了通货膨胀。因此，要判断通货膨胀能否具有"产出效应"，关键是要看通货膨胀是由什么原因引起的，是在什么条件下产生的。但是现实表明，通货膨胀的"产出效应"有着严格的条件限制，即使在有效需求不足的条件下，通货膨胀对经济增长的促进作用也是有限的和短暂的。

所谓中性论，就是一种认为通货膨胀对产出和经济成长既无正效应又无负效应的理论。这种理论认为，由于公众预期，在一段时间内他们会对物价上涨做出合理的行为调整，因此，通货膨胀各种效应的作用就会相互抵消。

三、通货膨胀的治理

通货膨胀是一种病态经济的反映，它不仅会给经济发展造成危害，影响经济的正常增长，降低社会经济效益，对投资和经济造成长期损害，还会带来许多社会不安定因素。通货膨胀是一种极为复杂的经济现象，在经济和社会生活诸多方面产生了严重的破坏作用。通货膨胀产生的原因不同，采取的对策也不同。抑制通货膨胀的对策一般有以下几种：

(一) 宏观紧缩的财政政策

紧缩的财政政策通常是针对货币供应量超过货币必要量、社会总需求超过社会总供给引起而采取的紧缩总需求的政策，通过紧缩消费支出、投资支出和政府支出，使社会总需求接近总供给，从而稳定物价。紧缩需求有两种做法：

1. 紧缩性货币政策

它是通过中央银行利用存款准备金率、再贴现率和公开市场业务紧缩信贷总规模来减少投资以达到压缩市场货币供应量的目的。中央银行还可以运用选择性政策工具、信用管制工具等来影响商业银行，通过紧缩信贷总规模来达到压缩市场货币供应量的目的。

2. 紧缩性财政政策

由于财政政策直接影响政府和个人消费支出，因此，紧缩的财政政策就是削减政府开支、压缩公共工程支出、提高个人所得税，使消费者可支配的收入减少，以降低消费者的消费支出。通过减少政府和个人支出，以缩小对商品的需求。

(二) 物价和收入政策

对于由成本推动的通货膨胀，价格的上涨是由工人要求增加工资等因素推上去的，不是市场的过度需求拉上去的，若对此实行紧缩的货币和财政政策，尽管压缩了总需求，也不能保证成本下降、物价平稳、根治通货膨胀，反而会导致经济衰退和失业率增加。因而，应采取以管制物价和工资为内容的收入政策，由政府拟定物价和工资标准，劳资双方共同遵守，其目的一方面是降低通货膨胀率，另一方面不致造成大规模失业。具体做法是：

1. 强制性管制

政府通过立法程序，规定物价和工资上升率的限度，或将物价和工资冻结在一个既定的水平上，违者将受到法律制裁。

2. 自愿性劝导

政府用劝导的方法，让人们接受政府所要采取的物价和收入政策，从而使劳资双方自愿约束价格和工资的变动。

(三) 供应政策

紧缩政策通过压缩总需求来实现总需求与总供给的平衡，以治理需求拉动型通货膨胀。供应政策是既压缩总需求，又运用刺激生产增长的方法来增加供应，一方面解决总需求与总供给的平衡问题以平抑物价，另一方面不致引起失业率的增长，甚至还可能降低失业率。供应政策的实施改变了过去只限于解决过度需求的单一做法，从解决过度需求和增加供应两方面来解决总需求超过总供给的状况，以稳定物价，缓解通货膨胀。

第三节　通货紧缩概述

一、通货紧缩的定义

所谓通货紧缩，就是指价格总水平，即商品和服务价格持续、普遍地下降。价格是货物和服务价值的货币表现，价格普遍持续下降说明单位货币所反映的商品价值在增加，即通货在收缩，因而，通货紧缩与通货膨胀一样，也是一种货币现象。通货紧缩所反映的物价下跌现象是普遍的、持续的。个别货物和服务价格的下降，是由某些货物或服务供大于需，或技术进步、市场开放、生产效率提高降低了成本所致，反映了不同货物和服务之间比价的变化，不是通货紧缩；货物和服务价格的暂时或偶然下跌，是受消费心理变化、季节性因素等某些非货币因素影响而引起的价格变化，它们与货币本身没有必然联系，也不是通货紧缩。

通货紧缩主要有三个特征：一是物价持续下跌，货币供应量持续减少；二是有效需求不足，失业率居高不下；三是经济全面衰退，GDP 负增长或大幅度下滑。因此，通货紧缩往往与货币供应量减少、股市下跌、公司利润下降、失业人数增加、经济增长率降低，甚至经济衰退相联系。总之，通货膨胀与通货紧缩都是经济发展中的一种非良性现象，都来源于宏观经济的不平衡和不协调，只不过前者表现为需求过大、供给不足，后者表现为供给过大、需求不足。再次需要注意的是，不能把物价持续低位运行看成是通货紧缩，物价下降与通货紧缩不是一码事。通货紧缩是指用减少流通中货币量的办法来缓解通货膨胀的措施。因此，只有在流通中的货币量少于实际需要量时，才可能出现通货紧缩；只有流通中的货币量严重不足，导致物价水平持续下降，说明出现了通货紧缩现象。

二、通货紧缩的成因

第一，经济运行与通货紧缩。造成通货紧缩，一般有以下原因：社会总供给大于总需求是导致国家出现通货紧缩的主要原因。一般是在通货膨胀时期，商品供不应求，销售顺畅，在良好的投资回报率引诱下，金融机构通常也会满足企业的贷款需求，贷款规模不断扩大，市场利率随之走高。但是，随着国家采取从紧的经济政策，投资的边际收益不断下降，企业取得高额利润的预期开始被打破。为了偿还债务，企业竞相抛售资产，从而引发商品市场的价格大战，使价格不断走低。投资需求和消费需求的萎缩导致市场饱和、产出滑坡、贸易下降、失业增加。在企业效益下降的影响下，金融机构出现的不良资产随着时间的推移以及经济环境的恶化，其规模不断增加。面临金融机构大量的不良资产，银行系统内部形成了信用紧缩的明显倾向。同时，名义利率全面下降，实际利率不断上升，受此影响，企业效益进一步下滑，金融机构的资产质量进一步恶化，从银行渠道将储蓄转化为投资的行动受阻，通货紧缩日趋严重。

第二，产业结构与通货紧缩。产业结构不合理，导致一部分低水平产品生产过剩，而高技术产品则发展不足，在居民需求层次提高的情况下，出现结构性生产过剩，过剩产品价格下降。

第三，经济政策与通货紧缩。在出现通货膨胀的情况下，国家实行紧缩的财政政策和货币政策。紧缩政策执行到一定阶段，就要防止紧缩政策掌握不当而走向通货膨胀的反面——通货紧缩。世界各国的实践证明，过度紧缩的财政政策和货币政策确实曾导致通货紧缩。有的经济学家认为，通货膨胀被制止时，不产生一个经济增长迟缓和失业超过平时的过渡时期，这样的例子在历史上还未见过。

第四，心理预期与通货膨胀。当企业对经济发展失去信心，认为经济效益难以保证，会缩减投资。当居民预期未来支出要增加，而收入的增加要减缓时，也会缩减消费，增加储蓄。投资与消费需求缩减的情况会提高生产能力，导致商品过剩，加剧社会总供求的不均衡，导致价格下降，加剧通货紧缩。

第五，国外经济与通货紧缩。随着经济全球化的发展，一个国家的经济问题也会影响到与其经济联系紧密的其他国家。例如，2008年经济危机，出现经济危机的国家经济衰退、货币贬值、国内需求减少、商品以低廉的价格进入国际市场，而人民币升值，导致出口减少、进口商品价格下降，加大中国国内商品供大于求的矛盾，加剧中国的通货紧缩。

第四节　通货紧缩的影响及其治理对策

一、通货紧缩的影响

第一，通货紧缩往往是因为总需求对总供给的偏离。不管这种偏离起因于何处，它都意味着经济总量的失衡，其宏观表现是，实际产出低于潜在产出或实际经济增长率低于潜在增长趋势，也就是说，经济中出现了产出缺口，并且产出缺口与通货紧缩相互促进，使失衡不断恶化。

第二，通货紧缩具有自我维持和自我加剧的特性。持续的供过于求迫使厂商不得不靠降价或削减产量来消化库存，导致失业增加，收入下降，总需求进一步下降，从而引发新一轮降价和削减产量。当人们预期到价格还会再下降时，即使收入不变，降价也会促使人们推迟购买，以等待将来更低的价格出现。价格下降，需求不增反减，这与古典经济学中的供求模型所描述的情形完全背离。因此，当通货紧缩发生时，市场在宏观上失灵了。

第三，当通货紧缩发生时，身处其中的市场主体出于维护自身利益而做出的理性选择不但不会改善自身的处境，而且还会使自身的处境恶化。在这种情况下，微观主体既没有能力又没有动力来扭转危害型通货紧缩，相反，他们却有动力使之加剧。产出缺口的持续存在必然会使一部分经济资源处于闲置状态，这意味着社会经济效益的损失和总福利水平的下降，市场在宏观上的失灵将损害经济运行的效率，甚至会出现市场混乱、秩序失控的不正常现象。面对市场失灵、秩序失控，微观主体不但无力扭转，而且还会使其恶化。商品和劳务供大于求压迫物价下降，物价下降引起投资下降，投资不足致使技术进步滞后，新产品和新劳务难以产生，创新不足则收入难增，继而导致消费不振，如此不良循环，一方面导致银行不良资产增多，另一方面导致银行普遍慎贷、惜贷，以至于货币供应量增长幅度下降。所有这些原因必然会促使宏观经济政策走上治理通货紧缩的前台。

二、通货紧缩的治理

通货紧缩表现为货币流通阻滞，因此，治理通货紧缩应从增加需求入手，包括增加投资需求、消费需求和出口需求。具体的对策有：

其一，实施适度宽松的货币政策。主要是扩大财政开支，兴办公共工程，增加财政赤字，减免税收。

其二，实施适度宽松的财政政策。主要是下调法定存款准备金率，甚至实行零准备金率，下调利率，增加贷款，包括消费贷款、出口贷款和住房信贷等。与此同时，中央银行增加再贴现和再贷款，以增加商业银行提供贷款的能力，通过增加贷款和货币供应量来缓解通货膨胀。

其三，推动产业结构调整。利用经济紧缩时生产力过剩、价格下跌的时机，促进企业重组，以调整产业结构，调整资源配置，消除过剩生产力。

其四，提高居民收入。在经济力量允许的情况下，确保居民收入能够稳定增加，增强居民对未来收入的预期信心，增加居民的消费需求。

 本章小结

通货膨胀是由货币供应量超过商品流通的客观需要量而引起货币不断贬值和一般物价水平持续上涨的经济现象。通货膨胀是一种病态经济的反映，它不仅会给经济发展造成危害，影响经济的正常增长，降低社会经济效益，对投资和经济造成长期损害，而且还会带来许多社会不安定因素。通货紧缩就是指价格总水平，即商品和服务价格持续、普遍下降的经济现象。通货紧缩表现为货币流通阻滞，因此，治理通货紧缩应从增加需求入手，包括增加投资需求、消费需求和出口需求。

 **本章习题**

1. 如何理解通货膨胀的概念?
2. 通货膨胀如何度量?
3. 试述通货膨胀的危害及治理。
4. 什么是通货紧缩,它如何分类?
5. 简述通货膨胀与通货紧缩的治理。

第十二章 货币政策

【学习目标】

学习货币政策的最终目标与传导机制的重点掌握货币政策工具的运用及其实施效果。

【学习要求】

了解：货币政策的最终目标、中介指标及传导机制。
掌握：货币政策工具的运用及其实施效果。

货币政策是指中央银行为实现一定的经济目标，运用各种工具调控货币供给量和利率等中介指标，进而影响宏观经济的方针和措施的总和。货币政策是国家重要的宏观经济政策之一。中央银行在国家法律授权的范围内或在中央政府领导下制定货币政策，并运用其拥有的货币发行特权和各种政策手段组织货币政策的实施。货币政策的主要内容包括四方面：货币政策最终目标、货币政策工具、货币政策中介指标、货币政策传导机制。

第一节 货币政策最终目标理论

一、货币政策最终目标的内容

20 世纪 30 年代以前，西方各国普遍信奉"自由放任"原则，认为资本主义市场经济是一架可以自动调节的机器，能够自行解决经济运行中的矛盾。当时，西方社会普遍存在各种形式的金本位制度，维持金本位制被认为是稳定货币的基础。因此，维持货币币值的稳定及物价稳定是当时货币政策的主要目标。

20 世纪 30 年代，世界经济大危机震撼了世界。在这场大危机中，美国的物价水平下跌了 20%，实际国民生产总值减少了 31%，失业率高达 22%。各国政府及经济学家开始怀疑金本位制的自动调节机制，纷纷放弃金本位制度。1936 年，凯恩斯的《就业、利息和货币通论》问世，系统地提出了国家调节经济的理论，以解决失业问题。1946年，美国国会通过《就业法案》，正式将充分就业列入经济政策的目标。从此，充分就业成为货币政策的主要目标之一。

20 世纪 50 年代末期以后，国际贸易得到了迅速发展。在长期推行凯恩斯主义的宏观经济政策后，各国普遍出现了不同程度的通货膨胀，国际收支状况日益恶化，美国的经济实力削弱，国际收支出现巨额逆差，以美元为中心的国际货币制度受到了严重威胁。在此期间，美元出现了两次大危机。许多国家密切关注这种态势的发展，相应提出了平衡国际收支的经济目标。在此期间，经济增长理论在西方国家广泛流行，许多国家为了保持自身的经济实力和国际地位，纷纷把发展经济、促进经济增长作为货币政策目标的重点。因此，中央银行的货币政策的最终目标也相应地发展为四个，即稳定币值、充分就业、经济增长和平衡国际收支。

（一）稳定币值

由于通货膨胀的负面影响，维持价格稳定成为了一个重要的政策目标。通货膨胀会导致价格信号失真，致使国民收入分配紊乱，在使一些经济单位受益（提升了它的相对购买力）的同时，会使另一些单位遭受损害（降低了它的相对购买力）。在这一进程中，不可避免地造成了社会不同利益集团之间的紧张局面。通货膨胀导致的价格信号失真，增加了投资者对未来判断的不确定性，降低了投资。而投资的减少又会减缓国家资本存量的增长速度，从而降低生活水平的提高速度。而且，通货膨胀会造成个人理性行为与整个社会最优之间的偏差，扭曲资源配置。例如，在通货膨胀时期，公司或个人会花费更多的时间用于财务事务，包括了解套期保值和其他抵御通货膨胀影响的方法。从社会福利的角度讲，这些行为造成了资源浪费，因而是无效率的。通货膨胀通过搞乱商品和服务的价格形态，进而损害价格机制配置资源的效率，从而降低经济效率。

但是，抑制通货膨胀的目标并非物价越低越好。价格总水平的绝对下降会带来通货紧缩。通货紧缩将严重影响企业和公众的投资和消费预期，制约其有效投资需求和消费需求的增长，使企业销售下降，存货增加，利润下降，导致企业倒闭，失业率上升，经济增长停滞，甚至严重衰退，陷入经济危机。因此，抑制通货膨胀和避免通货紧缩是保持币值稳定的不可分割的两个方面。

（二）充分就业

所谓充分就业，就是指任何愿意工作并有工作能力的人都可以找到一个有报酬的工作，这是政府宏观经济政策的重要目标。非充分就业表明存在社会资源，特别是劳动力资源的浪费。失业者生活质量的下降会导致社会的不稳定，因此，许多国家都把充分就业作为重要的宏观经济目标之一。但是，充分就业并不是追求零失业率。由于摩擦性失业、结构性失业、季节性失业和过渡性失业的存在，一定程度的失业在经济正常运行中是不可避免的，这种失业被称为自然失业（Natural Unemployment）。而由总需求不足所导致的失业才是应该尽量避免的。因此，充分就业的目标就是把失业率降低到自然失业率水平。货币政策对国民经济发展的规模、速度、结构以及经济周期变动等方面具有重要影响,特别是在经济衰退、失业严重的时候,实行扩张性的货币政策,对扩大社会总需求、促进经济发展、降低失业具有重要意义。

(三) 经济增长

经济增长是指一个国家或地区人力和物质资源的增长。经济增长既是提高一国国民的社会物质生活水平的必要保障,又是保持一国经济实力和国际地位乃至国家安全的必要条件。一个国家的经济实力,是决定其在国际经济和政治格局中竞争能力的重要因素,因此,加速经济发展对发展中国家尤为重要。一国经济为了有效地竞争并且快速增长,必须有效地利用自己的资源,并为增加生产潜力而进行投资。低于潜在水平的增长将会导致资源浪费,高于潜在水平的增长将会导致通货膨胀和资源破坏。

宏观经济目标的增长就是长期稳定的增长。过度追求短期的高速甚至超速增长可能会导致经济比例的严重失调、经济的剧烈波动。货币政策作为国家干预经济的重要手段,保持国民经济的长期稳定增长是其政策目标。

(四) 平衡国际收支

国际收支状况是一个国家或地区同世界其他国家之间的经济关系,反映了该国或地区在一定时期对外经济往来的综合情况。国际收支平衡(Balance of Payments Equilibrium)是指本国或地区对外经济往来中的全部货币收入和货币支出大体平衡的一种状态。国际收支平衡是保证国民经济持续稳定增长和经济安全,甚至政治稳定的重要条件。一个国家的国际收支无论是逆差还是顺差,都会给该国经济带来不利影响。巨额的国际收支逆差可能会导致外汇市场对本币信心急剧下降,资本大量外流,外汇储备急剧下降,本币大幅贬值,并引发严重的货币和金融危机。20世纪90年代的墨西哥金融危机和亚洲金融危机就是这方面的最好例证。长期的巨额收支顺差,一方面会使大量的外汇储备闲置,造成资源浪费;另一方面为购买大量的外汇储备而增发本国货币,可能会导致或加剧国内通货膨胀。此外,巨额的经常项目顺差或逆差还可能会引起国际贸易摩擦。当然,相比之下,逆差的危害比顺差更大,因此,各国调节国际收支失衡主要是为了减少,甚至消除国际收支逆差。

货币政策在调节国际收支方面具有重要作用。在资本项目自由兑换的情况下,提高利率能吸引国际资本流入,降低资本项目逆差或增加其盈余。汇率的变动对国际收支平衡具有重要影响。本币贬值有利于促进出口,抑制进口,降低贸易逆差或增加其盈余,但却不利于资本项目的平衡。因此,货币政策的目标之一,就是要通过内外经济政策的协调,实现国际收支平衡。

二、货币政策最终目标之间的关系

货币政策的四个最终目标是国家经济政策战略目标的组成部分,它们既有一致性,又有矛盾性,各国在制定货币政策时,必须充分考虑到这一点。同时实现四个目标是非常困难的，在实际经济运行中，在通过某种货币政策工具实现某一货币政策的同时，常常会干扰其他货币政策目标的实现。

（一）稳定币值与充分就业之间的矛盾

至少在短期内，失业率与稳定币值之间存在着一种此消彼长的关系。要保持充分就业，就必须扩大生产规模，增加货币供应量，这会导致币值下降；相反，如果要抑制物价上涨，就要紧缩银根，压缩生产规模，这又会导致失业增加。稳定币值与充分就业之间表现出的矛盾关系可以表现在菲利普斯曲线上。菲利普斯曲线表明了通货膨胀率与失业率之间的负相关关系，这种关系增加了政策制定和政策实施的难度。

（二）经济增长与国际收支平衡之间的矛盾

简单地讲，经济迅速增长，就业增加，收入水平提高，一方面会导致进口的增加，可能造成经常账户的逆差；另一方面，经济基本面的强势必将使本国货币走强，这将对本国出口造成不利影响，可能会使经常账户和金融账户出现逆差。不管哪种情况，都将导致本国国际收支的恶化。要消除逆差，可以考虑压缩国内需求，但紧缩的货币金融政策将导致经济增长缓慢，甚至衰退，引发失业率增高。

（三）稳定币值与经济增长之间的矛盾

对于这个问题，存在很多争议。有的学者认为，通货膨胀可以作为经济增长的推动力；也有学者认为，通货膨胀与经济增长是形影不离的；还有学者认为，除非保持币值稳定，否则不能实现持续的经济增长。从根本上讲，经济的增长与发展为保持币值稳定提供了物质基础，两者在根本上是统一的，关键在于采取什么样的政策来促进经济增长。虽然通过通货膨胀来刺激经济发展，暂时可能奏效，但最终会使经济发展受到严重影响。因为通货膨胀会导致物价恶性上涨，反过来迫使政府采取反通货膨胀的政策，最终会降低经济增长速度。总之，既要保持高速的经济增长，又要防止通货膨胀，这确实是一道难题。

在实际经济运行中，既要达到合理的经济增长率、较低的失业水平，又要稳定币值，保持国际收支平衡，四者兼顾是非常困难的。事实证明，货币政策的各个目标之间的矛盾是客观存在的。强调一个或两个目标，其他目标就可能会向相反的方向发展；要实现一个目标，就可能会牺牲其他目标。因此，在制定货币政策时，要根据本国所面临的实际问题和程度上的差异，在一定时期内选择一个或两个目标作为货币政策的主要目标。例如，美英两国对货币政策的四大目标较为兼顾；日本则侧重于稳定币值、平衡国际收支和提高国内有效需求水平；德国对通货膨胀十分警惕，把稳定币值置于首要位置，甚至可以为此牺牲经济增长。

第二节 货币政策中介指标

一、货币政策中介指标的选择依据

在现实经济中，运用货币政策工具往往难以直接实现货币政策的最终目标。因此，在货币政策工具与最终目标之间还需要确定一些适宜的中介指标，使货币政策工具能够直接对这些中介目标施加作用或产生影响，再由中介变量的变动来实现货币政策的最终目标。这种从货币政策工具到中介指标再到最终目标的传递过程，就是货币政策的传导机制，有关内容将在后续章节讨论。一般来讲，作为一个性能良好的货币政策中介指标（Intermediate Target of Monetary Policy），必须符合以下四个标准：

其一，相关性。中介指标必须与最终目标密切相关，它们的变动必然会对最终目标产生可预测的影响。作为中介指标的货币供给量和利率，对作为最终目标的经济增长、币值稳定和就业等具有可预测的影响力。通过对货币供给量或利率的控制，即可实现对最终目标的控制。

其二，可测性。中介指标能被进行迅速和精确的测量是对最终目标进行有效控制的前提。一方面，中央银行能够迅速获取这些指标的准确数据；另一方面，这些指标必须有较明确的定义并便于观察、分析和监测。作为中介指标，只有在政策"偏离轨道"时它能比最终目标更快地发出较为准确的信号，才是有用的。

其三，可控性。中介指标必须是中央银行能进行有效控制的金融指标。用经济学家的话讲，中介指标变量不应该是内生的，或者受商业周期和通货膨胀等因素的影响。理想中的中介指标变量是完全外生的，并且完全由中央银行控制。然而，在现实中，建议作为中介指标的变量既不是完全外生的，又不是完全内生的。

其四，抗干扰性。中介指标的变量应能较准确地反映政策效果，并且较少受外来因素的干扰。只有排除干扰，才能通过货币政策工具的操作实现最终目标。

二、货币政策的近期中介指标

（一）准备金、再贴现率、公开市场业务

准备金作为基础货币的一部分，它的多寡直接影响着市场银根的松紧，是中央银行各种货币政策工具能够直接影响的指标。准备金可以分为准备金总额、法定准备金和超额准备金等，法定准备金率作为中央银行货币政策的工具，它的变化会直接导致准备金数量的变化，进而影响货币数量。

再贴现率的变化可以影响再贴现贷款数量的增减，进而影响商业银行借入准备金的

数量，从而影响货币数量。

中央银行通过公开市场业务买卖债券，可以影响商业银行的非借入准备金数量，从而影响货币数量。公开市场业务是中央银行最常用的货币操作工具。

(二) 基础货币

货币供给量等于基础货币乘以货币乘数，在货币乘数一定或变化可测的情况下，通过调节基础货币就可以控制货币供应量。尤其是在金融市场发展比较落后、现金流通比率较高的情况下，与单纯准备金相比，基础货币与货币供给量以及最终目标的相关性更强。

三、货币政策的远期中介指标

(一) 利率

利率作为中介指标的优点是：① 不仅能够反映货币与信用的供给状态，还能够表现供求状况的相对变化情况；② 中央银行能够运用政策工具进行较为有效的控制；③ 数据易于及时收集和获得；④ 作用力大，影响面广，与货币政策的最终目标的相关性强。因此，很多国家都将利率作为中介目标。

但是，利率作为中介指标也有缺点：① 中央银行能够控制的是名义利率，对经济产生实际影响的是预期实际利率，而预期实际利率很难准确计量，通货膨胀率数据的获取又比较费时；② 利率对经济活动的影响依赖货币需求的利率弹性。货币需求的利率弹性既受经济体制的影响，又受金融市场发达程度的影响，同时，在经济运行的不同时期，货币需求的利率弹性又存在差异。

(二) 货币供应量

货币供应量作为中介指标的优点：① 能直接影响经济活动；② 中央银行对货币供应量的控制力较强；③ 与货币政策的意图联系紧密；④ 不易混淆政策性效果和非政策效果。

但是，货币供应量作为中介指标也有缺点：① 中央银行对货币供应量的控制力不是绝对的，货币供应量既取决于基础货币的变化，又取决于货币乘数的变化，后者的受控因素不受中央银行的完全控制，如现金存款比率、超额准备金比率等主要受公众和银行行为的影响。虽然中央银行可通过利率等对其施加影响，但这种影响是不确定的。② 货币政策调节货币供应量存在时滞问题。③ 货币供应量还有货币层次选择的问题。一般来说，货币供应量有 M1、M2 和 M3 等多个层次。在金融市场比较落后、信用工具较少的情况下，现金是主要信用工具，控制住现金的供给也就在很大程度上控制住了货币量的供给。在此情况下，现金应作为中央银行的控制重点。

第三节　货币政策工具理论

一、存款准备金政策

存款准备金是存款货币银行按吸收存款的一定比例提取的准备金。它由两部分构成：一部分是自存准备，通常以库存现金和中央银行的超额准备金两种形式存在；另一部分是法定准备金，即根据法律规定，商业银行必须按某一比例转存中央银行的部分。现代存款准备金制度是各国中央银行执行货币政策的一个重要工具。

(一) 法定准备金政策的含义

法定准备金政策是中央银行在法律赋予的权利范围内，通过规定或调整商业银行缴存到中央银行的存款准备金的比率，控制和改变商业银行的信用创造能力，间接控制社会货币供应量的活动。目前，大多数国家都在法律上规定法定存款准备金比率，并赋予中央银行调整法定存款准备金比率的权限。因此，可以看出，法定准备金政策是法定存款准备金政策的简称。

世界上最早在法律上规定存款准备金银行的是美国路易斯安那州银行法 (1824年)；最早将存款准备金集中于中央银行的银行是英格兰银行，18 世纪，英国的私人银行就将准备金的一部分存入英格兰银行，用于银行间的转账结算；最早规定商业银行必须向中央银行上缴存款准备金的文件是美国《联邦储备法》(1913 年)；美联储最早获得改变准备金比率的权力 (1935 年)，并将法定准备金率作为中央银行货币政策的工具使用。

(二) 法定准备金政策的作用

1. 保证商业银行等存款货币银行资金的流动性

存款货币银行为了应付客户的提现需要，要保持一定的现金准备。但是，保持现金准备对存款货币银行来说是一种负担。因为保持现金准备没有利息收入，还要为此支付保管费用、存款利息和员工的工资等，所以，作为以营利为目的的金融机构，理性的行动是尽量减少现金准备，其结果是常常发生流动性危机，历史上这种例子比比皆是。因此，各国普遍设立了存款准备金制度，要求存款货币银行将准备金存入中央银行，保证存款货币银行资金的流动性和清算能力。

2. 调节货币供应量

假定法定准备金比率为 10%，商业银行根据经验为了应付客户的提现需要，另外持有 10% 的现金 (超额准备)。因此，就有了银行体系的资产负债表，如表 12-1 所示。

表 12-1　银行体系资产负债表（1）

资产		负债
现金（超额准备）	50 亿元	存款 500 亿元
法定准备金	50 亿元	
贷款、证券	400 亿元	

假定现在中央银行将法定准备金比率提高到15%，由商业银行自主决定的超额准备金比率降为5%，那么，银行体系的资产负债表如表12-2所示。

表 12-2　银行体系资产负债表（2）

资产		负债
现金（超额准备）	25 亿元	存款 400 亿元
法定准备金	60 亿元	
贷款、证券	300 亿元	

如果商业银行觉得5%的现金（超额准备）难以满足客户的提现要求，那么，应该恢复10%的现金准备。通过收回一部分贷款或卖出一部分证券，补充现金（超额准备），银行的资产开始收缩。与此同时，购买商业银行出售的证券和归还商业银行贷款的企业或个人也不得不减少在银行的存款，商业银行开始减少负债。根据存款货币创造理论，这个过程一直进行到总资产等于400亿元时结束，商业银行系统的资产负债表如表12-3所示。同理，调低法定准备金比率将会按相反过程扩张信用。

表 12-3　银行体系资产负债表（3）

资产		负债
现金（超额准备）	40 亿元	存款 400 亿元
法定准备金	60 亿元	
贷款、证券	300 亿元	

一般说来，为了应付非预期债务的收回和发生，商业银行总是需要持有超额准备金。从整个银行体系来看，超额准备金处于平均水平。但是，就个别银行来看，每家银行的经营方针各不相同。有些银行的经营方针比较稳健，持有较多的超额准备金，而有些银行比较冒险，持有的超额准备金较少。一旦中央银行提高法定准备金比率，持有超额准备金较多的银行可以动用超额准备金来满足法定准备金比率的要求。而持有超额准备金较少的银行该怎么办呢？现代金融体系已经建立了满足银行短期资金需求的短期同业拆借市场，持有超额准备金较少的银行可以立刻在同业市场拆入资金，以满足法定准备金比率的要求。

由此可见，法定准备金比率的调整可通过两条渠道来影响货币供应量。第一条渠道是影响同业市场利率。虽然就整个银行体系来说，同业拆借市场的资金拆出拆入在内部进行，似乎并不影响货币供应量，但自法定准备金比率提高以后，银行闲置资金的数量马上变化，相比拆出资金的数量，拆入资金的需求增加将引起同业拆借市场利率的上升，并传导到资本市场，进一步引起信贷收缩。第二条渠道是调整存款货币银行的超额准备金，通过资产和负债的扩张和收缩来影响货币的供应量。当然，这两条渠道也不是泾渭分明的，作用过程是很复杂的，上述例子也是高度简化的。但是，法定准备金政策调节货币供应量的效果非常明显是无可争辩的事实。

（三）法定准备金政策工具的特点

如上所述，法定准备金政策的优点是非常明显的。首先，对货币供应量具有极强的影响力，力度大、速度快、效果明显，是中央银行收缩和放松银根的有效工具。其次，对所有存款货币银行的影响是均等的。这不像公开市场操作或再贴现政策，只对参与市场操作或申请中央银行贷款的银行发生作用。但是，上述优点有时也是缺点。准备金比率的微小变动会通过银行信用的收缩和扩张产生放大作用，增加经济的波动，难以成为日常使用的政策工具。另外，也可能会使超额准备金比率较低的银行立即陷入流动性困境，导致金融不稳定。如果小银行持有与大银行相同的超额准备金，法定准备金比率的提高极易造成小银行的流动性危机。从某种意义上来说，存款准备金制度对小银行并不公平。因此，美国对小银行要求的法定准备金比率较低。

（四）准备金政策的变化趋势

由于中央银行对法定准备金不支付利息，因此，法定准备金就成为了对缴付准备金的金融机构征收的一种赋税，削弱了其在金融市场的竞争力。于是，产生了逃避法定准备金的金融创新，很多变相存款应运而生，而非存款货币金融机构已经具备种类繁多的筹资工具，仅对存款货币银行征收准备金显然是不公平的，长此以往，存款货币银行的竞争力更加岌岌可危。鉴于此，1990年12月，美国取消了定期存款的法定准备金；1992年4月，将支票存款的准备金比率降为10%。加拿大取消了所有两年以上期限存款的法定准备金。瑞士、新西兰和澳大利亚的中央银行也已完全取消法定存款准备金。

二、再贴现政策

（一）再贴现政策的含义

再贴现是指商业银行或其他金融机构将贴现所获得的未到期票据向中央银行转让。对中央银行来说，再贴现是买进商业银行持有的票据，流出现实货币，扩大货币供应量；对商业银行来说，再贴现是出让已贴现的票据，解决一时的资金短缺困难。整个再贴现过程实际上是商业银行和中央银行之间的票据买卖和资金让渡过程。

所谓再贴现政策，就是中央银行通过制定或调整再贴现利率来干预和影响市场利率，从而调节市场货币供应量的一种金融政策。

(二) 再贴现的条件

这包括两个方面的内容：首先是从中央银行获得再贴现的主体资格。大部分国家规定，能够从中央银行获得再贴现的主体是商业银行等存款货币银行。其次是中央银行再贴现的对象。大部分国家规定，向中央银行申请再贴现的票据必须是以生产和流通中的商品为依据、能自行清偿的短期商业票据。例如，美联储规定申请再贴现的票据必须具备以下条件：商业票据不得超过 90 天，农产品交易的票据不得超过 9 个月；必须是根据交易行为产生的自偿性票据；必须是直接从事农、工、商业的借款人出具的票据；投机或长期资本支出产生的票据不得申请再贴现。英格兰银行规定，申请再贴现票据必须有两家国内信誉极佳企业的签署，并且其中一家必须是承兑人；未到期的国库券申请再贴现必须距到期日一个月以内。

(三) 再贴现的利率

当商业银行急需资金时，可以以其对工商银行贴现的票据向中央银行进行再贴现。再贴现率实质上就是中央银行向商业银行的放款利率。中央银行提高再贴现率，就是不鼓励商业银行向中央银行借款，限制商业银行的借款欲望，这就会影响商业银行的资金成本和超额准备金的持有量，从而影响商业银行的融资决策。同时，商业银行会因融资成本上升而提高对企业放款的利率，从而减少社会对借款的需求，达到收缩信贷规模和货币供应量的目的；反之，中央银行降低再贴现率，会出现相反的政策效果。再贴现率一般是短期利率，最长不超过 1 年。

(四) 再贴现政策的作用

中央银行调整再贴现率会产生四种影响。第一，影响商业银行等存款货币银行的准备金和资金成本，从而影响它们的贷款量和货币供应量。再贴现率的变动，会引起商业银行从中央银行获得资金的成本变化，进而增加或减少再贴现贷款，引起准备金的增加或减少。准备金多于或少于预期水平，只能增加或缩减贷款，引起货币供应量的变化。第二，再贴现政策可通过两个途径影响和调整信贷结构，即规定再贴现票据的种类和对再贴现票据实行差别再贴现率。第三，再贴现率的升降可产生货币政策变动方向和力度的告示作用，影响公众预期。第四，再贴现政策可使中央银行发挥最后贷款人的作用，增强金融系统的信用和稳定。

(五) 再贴现政策的局限性

再贴现政策最大的优点是中央银行可利用它来履行最后贷款人的职责，并在一定程度上体现中央银行的政策意图，既可以调节货币总量，又可以调节信贷结构。但它同样存在一定的局限性。

第一，调整贴现率的告示效应是相对的，有时并不能准确反映中央银行货币政策的意图。如果市场利率相对于再贴现率正在上升，则再贴现贷款将增加。这时，即使中央银行并无紧缩意图，但为了控制再贴现贷款规模和调节基础货币的结构，它也会提高再贴现率，以使其与市场利率变动保持一致。但这可能被公众认为是中央银行正在转向紧缩性货币政策的信号。告示效应此时并没有正确表达中央银行货币政策的意图，更好的办法可能是直接向公众宣布中央银行的货币政策意图。

第二，当中央银行把再贴现率定在一个特定水平上时，市场利率与再贴现率之间的利差将随市场利率的变化而发生较大的波动。这些波动可能导致再贴现贷款规模乃至货币供应量发生非政策意图的较大波动。

第三，利用再贴现率的调整来控制货币供给量的主动权并不完全在中央银行。虽然中央银行能够调整再贴现率，但不能强迫商业银行增加或减少借款。相对于公开市场操作，再贴现政策的效果更难控制，再贴现率也不能经常随着市场利率的变动而反复变动，这样会导致缺乏灵活性。

三、公开市场业务

（一）公开市场业务的含义

简言之，公开市场业务就是中央银行在公开市场买卖证券的行为。中央银行通过在公开市场买进或卖出有价证券，改变存款货币银行的准备金，影响货币供应量和利率，实现货币政策的目标。

公开市场是指非金融机构甚至个人也能参与的金融市场。事实上，虽然信用形式和信用工具的迅速发展为中央银行的公开市场业务提供了客观物质基础，但是很多国家因为公开市场的规模、运转机制和效率尚不能满足公开市场业务的要求，公开市场业务实际上是在同业市场进行的。因此，公开市场业务改称同业（或金融）市场业务似乎更合适。不过传统的教科书都已约定俗成，这里依然沿用传统的说法。

（二）公开市场业务的内容

公开市场业务的内容主要有以下四个方面：第一，确定买卖证券的品种和数量，制定操作计划。第二，决定操作方式的长期性或临时性。长期性的目的是保证存款货币银行的流动性，临时性则是为了消除因季节性等因素突然大量提现或存款增加，造成存款货币银行流动性不足或过剩的波动。第三，选取中介商。选取的标准是资金实力、业务规模和管理能力。第四，确定交易方式。主要有现券交易和回购交易两种。其中，回购交易是指卖（买）方在卖出（买入）证券的同时，与买（卖）方约定在将来某个时间，按照某个价格买入（卖出）相同数量的同种证券的交易。卖出并约定将来买入的交易，称为正回购；买入并约定将来卖出的交易，称为逆回购。

（三）公开市场业务的特点

公开市场业务有以下特点：

（1）公开市场业务要想取得较好的效果，需要有较发达的证券市场，包括证券的数量和规模、适当的期限结构以及健全的规章制度。

（2）公开市场业务的主动权完全在中央银行，操作规模、时机以及实施步骤完全受中央银行控制，可以比较准确地实现政策目标。

（3）具有较强的可逆性，一旦发现错误，可立即实施逆向操作进行纠正。

（4）国内外资本的流动、国际收支的变化、金融机构和社会公众对经济前景的预期和行为以及货币流通速度的变化可能会抵消公开市场政策的作用。

（四）公开市场业务的作用

公开市场业务的作用有以下两条：

1. 调控存款货币银行准备金和货币供给量

中央银行通过在金融市场买进或卖出有价证券，可直接增加或减少商业银行等存款货币机构的超额储备，从而影响存款货币银行的贷款规模和货币供应量。

2. 影响利率水平和利率结构

中央银行在公开市场买卖有价证券可从两个方面影响利率水平：一方面，当中央银行买进有价证券时，证券需求增加，证券价格上升，市场利率下调；另一方面，商业银行准备金数量的变化可通过乘数作用使货币供给增加，进一步引起市场利率水平下降。当中央银行卖出有价证券时，通过这两个途径的传导，市场利率将上升。此外，中央银行在公开市场买卖不同期限的有价证券可直接改变市场对不同期限证券的供求状况，从而使利率结构发生变化。

公开市场操作只有与其他货币政策配合使用，才会有较好的效果，如与法定准备金政策、再贴现政策配合使用等。

第四节　货币政策传导机制理论

一、货币政策传导机制的内涵

货币政策的传导机制是指货币当局在确定货币政策之后，从选用一定的货币政策工具进行操作开始，到实现最终目标，所经过的各种中间环节相互之间的有机联系及因果关系的总和。中央银行在实施货币政策的过程中，要不断地通过对中介指标的监测、分析来判断货币政策的有效性，以便中央银行及时调整货币政策的方向、力度和时机，加强与其他宏观经济政策，特别是与财政政策的配合，从而提高货币政策的有效性。

二、凯恩斯的货币政策传导机制理论

凯恩斯认为，货币政策主要通过两个途径发挥作用：一是货币与利率之间的关系，即流动性偏好；二是利率与投资之间的关系，即投资的利率弹性。它的具体思路是：货币供给突然增加后，首先发生的是利率下降，而后又促进投资增加。如果消费倾向为已知量，通过乘数作用，可促进国民总收入的增加。

凯恩斯学派的货币政策传导机制表述如下：

$$M_s\uparrow \to r\downarrow \to I\uparrow \to E\uparrow \to Y\uparrow \tag{12-1}$$

式中，M_s 表示货币供给量；r 表示利率；I 表示投资；E 表示总支出；Y 表示收入。具体来说，当中央银行采取扩张性货币政策时，商业银行体系的超额准备金必然增加，商业银行体系的放款能力增强；随着放款的增加，货币供给量增加，货币市场的均衡被打破，货币供给大于货币需求，使利率降低；利率降低意味着资本边际效益提高，投资有利可图，从而促使投资增加；通过乘数效应，直接增加了社会总需求，从而使收入增加。

若采取紧缩性的货币政策，传导机制与上述情况相反。货币政策的效果如何，取决于以下四个因素：① 货币政策对货币供应量的影响取决于基础货币和货币乘数；② 货币供应量的变化对利率的影响；③ 利率变化对投资水平的影响；④ 投资水平对收入水平的影响。这一传递过程是个有机整体，任何环节出现阻塞，货币政策效果必将减弱或者无效。

三、货币学派的货币政策传导机制理论

以弗里德曼为代表的货币学派对凯恩斯学派的货币政策传导机制理论提出了强烈的批评，认为货币供应量的变化不是通过利率间接对国民收入产生作用的，而是直接对其产生影响的。根据该学派的观点，货币政策传导机制学说的理论基础是信贷货币数量论和永久收入假说。与传统货币数量论所认为的货币流通速度是稳定的观点不同，弗里德曼认为，货币的流通速度是货币需求的函数，而货币需求由永久性收入决定。所谓永久性收入，指的是过去、现在和将来收入的平均数，它和个人收入预期相适应。

在永久性收入假说的基础上，货币学派认为，若实施扩张性的货币政策，货币市场均衡将会被打破。相对于股票、债券、实物资本和耐用物品等资产来说，个人和公司持有的货币数量超过了他们愿意持有的水平。这种非均衡引发了一轮资产替代，人们通过购买股票、债券、汽车和住宅等非货币资产来减少手中过多的货币。这种替代一直进行到非货币资产的持有量和货币资产的持有量恢复到均衡破坏前的水平，经济才重新达到均衡。在这一点上，同住宅和耐用消费物品存量增长一样，股票和债券价格也上涨。他们认为，货币对国民收入影响的途径是多种多样且不断变化的，要想弄清货币政策的全部传导机制是不可能的。实际上也没有必要搞清全部传递机制，只要能证明货币变动与国民收入变动的相关性就可以了。

四、货币政策时滞

货币政策能否取得预期的效果，与货币当局决策的正确与否、中央银行的宏观金融调控能力、商业银行对中央银行政策的配合程度等方面有关，但也常常受制于货币政策

自身传导机制的顺畅程度,这就是通常所说的货币政策的作用时滞问题。就总体过程而言,货币政策的时滞可分为内部时滞和外部时滞。

(一) 内部时滞

内部时滞指作为货币政策操作主体的中央银行制定和操作货币政策所需要的时间。当经济形势发生变化时,中央银行认识到应当调整政策,并着手制定新政策,修正政策的实施方位或力度,操作政策工具。内部时滞又可以分为认识时滞和决策时滞两个阶段。

1. 认识时滞

认识时滞是指从确定有实行某种货币政策的需要,到货币当局认识到存在这种需要所耗费的时间。这段时滞之所以存在,主要有两个原因:一是搜集各种信息资料需要耗费一定的时间;二是对各种复杂的社会经济现象进行综合性分析,做出客观的、符合实际的判断需要耗费一定的时间。

2. 决策时滞

决策时滞是指制定政策的时滞,即从认识到需要改变政策,到提出一种新的政策所需耗费的时间。这段时滞之所以存在,是因为中央银行根据经济形势研究对策、拟订方案,并对所提方案做可行性论证,最后获得批准,整个制定过程的每一个步骤都需要耗费一定的时间。这部分时滞的长短,取决于中央银行对各种信息资料的占有程度和对经济、金融形势的分析、判断能力,体现了中央银行决策水平的高低和金融调控能力的强弱。

(二) 外部时滞

外部时滞是指实施货币政策的时滞,即从新政策制定到它对经济过程发挥作用所需耗费的时间,这是指作为货币政策调控对象的金融部门及企业部门对中央银行实施货币政策的反应过程。当中央银行开始实施新政策后,金融部门对新政策的认识、金融部门对政策措施的反应、企业部门对金融形势变化的认识、企业部门的决策、新政策的作用,每一步都需要耗费一部分的时间。外部时滞又可分为操作时滞和市场时滞两个阶段。

1. 操作时滞

操作时滞是指从调整政策工具到其对中介目标产生作用所耗费的时间。中央银行要调整政策工具的操作方向或力度,需要通过工具变量的反应,传导到中介变量,这段时滞之所以存在,是因为在实施货币政策的过程中,无论使用何种政策工具,都要通过工具变量的变动来影响中介变量以产生效果。而政策能否生效,主要取决于商业银行及其他金融机构对中央银行政策的态度、对政策工具的反应能力以及金融市场对中央银行政策的敏感程度。

2. 市场时滞

市场时滞是指从中介变量发生反应到其对目标变量产生作用所需耗费的时间。货币政策要通过利率的变动,经由投资的利率弹性产生效应;或者通过货币供应量的变动,经由消费的收入弹性产生效应。不光企业部门，私人部门对货币收入的变动做出反应也有一个滞后过程，投资或消费的实现同样有一个滞后过程。各种政策工具对中介变量的作用力度大小不等，社会经济运行对中央银行的宏观金融调控措施的反应也是具有弹性的。因此，中介变量的变动能否对政策目标变量产生作用，取决于调控对象的反应。

外部时滞的长短主要取决于政策的操作力度和金融部门、企业部门对政策工具的弹性大小。外部时滞较为客观，不像内部时滞那样可由中央银行掌握，它是一个由社会经济结构、产业结构、金融部门的行为等多种因素综合决定的复杂变量。因此，中央银行对这段时滞很难进行实质性的控制。

本章小结

货币政策是指中央银行为实现一定的经济目标，运用各种工具调控货币供给量和利率等中介指标，进而影响宏观经济的方针和措施的总和。其中，货币政策的最终目标主要包括稳定币值、充分就业、促进经济增长和平衡国际收支，四个目标既有一致性，又有矛盾性，同时实现是非常困难的。货币政策能否取得预期的效果，与货币当局决策的正确与否、中央银行的宏观金融调控能力、商业银行对中央银行政策的配合程度等方面有关，但也常常受制于货币政策自身传导机制的顺畅程度、中介指标性能的良好程度和货币政策工具的合适程度。

本章习题

1. 请简要介绍货币政策的最终目标及其相互之间的关系。
2. 货币政策的近远期中介指标有哪些？
3. 介绍公开市场业务的特点及作用。
4. 论述凯恩斯学派的货币政策传导机制理论。
5. 论述货币学派的货币政策传导机制理论。

第十三章
开放经济下的货币政策理论

【学习目标】

学习开放经济下的宏观经济模型蒙代尔—弗莱明模型，即 IS-LM-BP 模型，并根据该模型分析货币政策的实施效果。

【学习要求】

了解：开放经济下的 IS 曲线；开放经济下的 LM 曲线；BP 曲线及其三种形状。
掌握：IS-LM-BP 模型；开放经济不同情况下的货币政策效果。

蒙代尔—弗莱明模型是由美国经济学家罗伯特·蒙代尔（Robert A. Mundell）和英国经济学家马库斯·弗莱明（J. Marcus Fleming）在封闭条件下的 IS-LM 模型的基础上，引入国际收支因素，于 20 世纪 60 年代中期所形成的开放经济下的 IS-LM-BP 模型。它是开放条件下的宏观经济模型，也是分析开放条件下货币政策效力的主要工具。本章将在简单论述蒙代尔—弗莱明模型，即开放经济下的 IS-LM-BP 模型之后，利用这一模型对开放经济下货币政策的效力进行分析。

第一节　IS-LM-BP 模型概述

一、模型假设前提

IS-LM-BP 模型分析的对象是一个开放的小型国家，对国际资金流动采取了流量分析。流量分析方法认为，利率是影响国际资金流动的关键因素，一个国家的利率提高可以带来持续的资金流入。IS-LM-BP 模型分析的前提有三点：第一，总供给曲线是水平的。这意味着产出完全由总需求确定。另外，名义汇率与实际汇率之间不存在区别。第二，即使在长期，购买力平价也不存在。因此，浮动利率制下汇率完全依据国际收支状况进行调整。第三，不存在汇率将发生变动的预期，投资者持风险中立态度，因此，两国利率相同时，在两个国家的投资没有区别。

二、开放经济下的 IS 曲线

开放经济下的 IS 曲线是考虑开放因素后,反映商品市场均衡的曲线,即国内总供给等于总需求。开放经济下,对一国商品的总需求是由私人消费、私人投资、政府支出和商品净出口构成的,即:

$$Y_D = C + I + G + X - M$$

式中,前三项合称为国内吸收,用 A 表示,即:

$$A = C + I + G$$

后两项为商品的净出口,也就是贸易账户余额(简称"贸易余额"),用 T 表示,即:

$$T = X - M$$

吸收函数为:

$$A = \bar{G} + I + C = \bar{A} + aY - bi \qquad \bar{A} = \bar{G} + \bar{I} + \bar{C}$$

式中,$\bar{A}$ 为与国民收入无关的自主性吸收;a 为边际消费倾向;b 为投资的利率弹性,即随着利率的增加而导致投资需求下降的数量。

贸易余额函数为:

$$T = \bar{T} - mY \qquad 0 < m < 1$$

式中,$\bar{T}$ 为与本国国民收入无关的自主性贸易余额;m 为边际进口倾向,即国民收入增长中用于进口支出的比例。

此时的商品市场均衡条件为:

$$Y = Y_D = A + T = \bar{A} + aY - bi + \bar{T} - mY$$

即:

$$Y = \alpha(\bar{A} - bi + \bar{T}) \tag{13-1}$$

式中,$\alpha = \dfrac{1}{1-a+m} = \dfrac{1}{s+m}$,s = 1 - a 为边际储蓄倾向。式(13-1)给出了在其他条件(如政府支出、汇率)不变的情况下,维持开放经济下商品市场均衡时的国民收入与利率之间的关系。将这一关系用图 13-1 表示,就得到了开放经济下的 IS 曲线。

由图 13-1 可知,IS 曲线的斜率为负,因为当利率降低时,投资需求增加,总需求水平随之增加,为维持商品市场的平衡,必须提高国民收入水平。当自主性吸收或自主性贸易余额发生变化时,IS 曲线会发生平移。政府支出是自主性吸收的组成部分,因此,政府支出增加会增加自主性吸收,从而导致 IS 曲线向右平移。在满足马歇尔—勒纳条件时,本币的实际汇率贬值会导致自主性贸易余额改善,因此,本币的实际汇率贬值会也导致 IS 曲线向右平移。

三、开放经济下的 LM 曲线

开放经济下的 LM 曲线所反映的是货币市场均衡,是反映货币市场均衡时国民收入

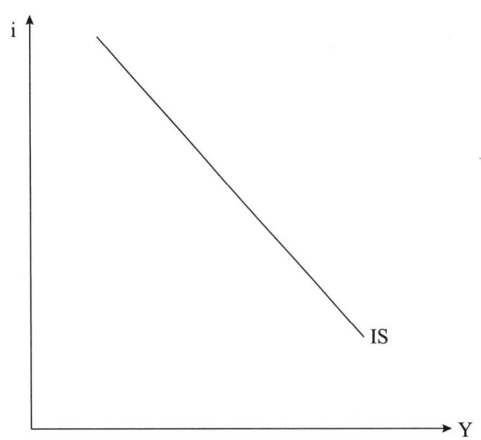

图 13-1 开放经济下的 IS 曲线

与利率组合情况的曲线。这一均衡条件为货币总供给等于货币总需求,即:

$$\frac{M_s}{P} = L_D(i, Y) = kY - hi \quad (k>0, h>0)$$

式中,M_s 表示名义货币供给,P 为价格水平,M_s/P 即为对名义货币供给用价格水平进行调整后的实际货币供给水平。L_D 为实际货币需求,根据凯恩斯的货币需求理论,可分为交易性需求、预防性需求及投机性需求。前两者的主要影响因素是收入,呈正相关的关系;后者的主要影响因素是利率水平,呈负相关的关系。如果要固定名义货币供给水平,令 $M_s = M_0$,即可得到:

$$Y = \frac{1}{k}\left(hi + \frac{M_0}{P}\right) \quad (13-2)$$

式(13-2)反映了维持货币市场均衡的利率水平与国民收入的组合,即图 13-2 所示的 LM 曲线。

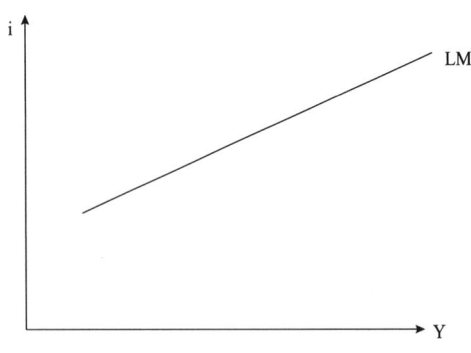

图 13-2 开放经济下的 LM 曲线

由图 13-2 可知,开放经济下,LM 曲线的斜率为正,因为对于既定的货币供给,当利率提高时,货币投机性需求减少,为维持货币总供求的平衡,必须增加国民收入,以增加交易性需求。当名义货币供给水平或物价水平发生变化时,LM 曲线会发生移动。

如果名义货币供给增加,在物价水平不变的情况下,LM 曲线会向右移动。如果物价水平下降,在名义货币供给不变的情况下,LM 曲线也会向右移动。

四、BP 曲线

BP 曲线是反映国际收支平衡,也就是外汇市场均衡的曲线。国际收支等于贸易差额和资本与金融账户差额之和,即:

$$BP = T + K$$

式中,T 为贸易差额;K 为资本与金融账户差额,反映了国际金融资本流动的情况。在此,对外贸易和国际金融资本流动都包含在国际收支的范围内。

根据本章开始部分对 IS-LM-BP 模型的描述,利率是影响国际金融资本流动的关键因素,且不存在汇率变动的预期,所以有:

$$K = K(i, i^*)$$

将 BP = T + K 展开,可得到外汇市场的均衡条件:

$$BP = T(q, Y) + K(i, i^*) \qquad (13-3)$$

式中,q 为实际汇率(直接标价法),i 和 i^* 分别为本国利率和世界利率水平。利率对国际金融资本流动的影响大小取决于资金流动对利率的反应程度,即资金流动的利率弹性。根据资金流动对利率的反应程度,可以衡量出不同程度的资金流动性。BP 曲线表示维持国际收支均衡的各种收入和利率水平的组合。由于资金流动性不同,BP 曲线有三种形状,如图 13-3 所示:

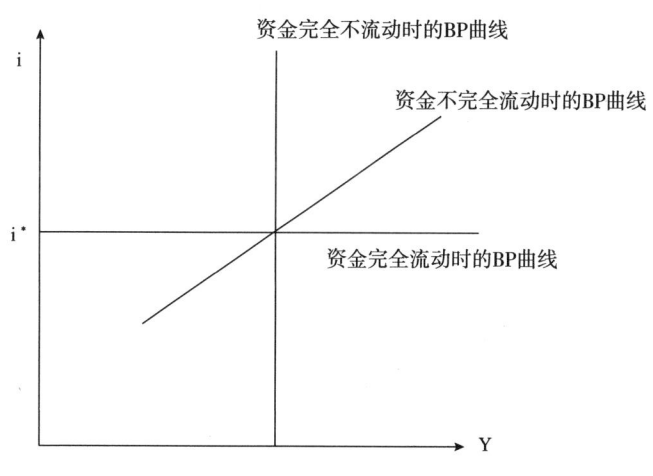

图 13-3 BP 曲线的三种形状

(一)当资金完全流动时,BP 曲线是水平线

当资金完全流动时,本国金融市场与国际金融市场完全一体化,资金可以迅速且自由地进入和流出本国,不存在流动的障碍和成本。由于假定风险中立以及对汇率的静态预期,因此,当该国利率水平与世界利率水平一致时,该国的国际收支处于平衡状态,

资金的迅速流动弥补了任何形式的经常账户收支不平衡的缺陷。此时,BP 曲线是一条水平线,即世界利率线 i^*,汇率的贬值对其没有影响。

(二) 当资金完全不流动时,BP 曲线是垂直线

资金完全不流动时,$K=K(i, i^*)=0$。此时,$BP=T(q, Y)=0$ 对于某一实际汇率水平 q_0,存在着与之对应的能使经常账户平衡的收入水平 Y_0,BP 曲线即贸易账户线,表现为与这一收入水平垂直的直线,和利率没有关系。根据 $T=\overline{T}-mY$,本币实际汇率的贬值会使 $\overline{T}$ 增加,从而使 BP 曲线右移。

(三) 当资金不可完全流动时,BP 曲线斜率为正

当资金不完全流动时,本国金融市场与国际金融市场的一体化程度低,资金流动受信息、交易成本等因素的限制,存在流动的成本。此时,BP 曲线是一条斜率为正的曲线,这是因为对于既定的汇率水平,收入增加所引起的贸易逆差需要通过提高利率来吸引资金流入以进行弥补。从图 13-3 可知,资金不完全流动时的 BP 曲线,通过世界利率线 i^* 和贸易账户曲线的交点。本币实际汇率的贬值会使贸易账户曲线向右移动,因此,BP 曲线也会向右移动。

第二节 基于 IS-LM-BP 模型的货币政策分析

汇率制度分为固定汇率制度和浮动汇率制度,资本流动的政策又分为完全流动、完全不流动和部分流动三种,为简化起见,本节仅分析浮动汇率制度下资本流动的三种情况。

一、资金完全流动时浮动汇率制度下的货币政策分析

当资金完全流动时,开放经济的平衡状态如图 13-4 所示。由于此时影响国际收支平衡的决定因素是资本和金融账户,所以,我们假定在汇率变动对资金流动没有影响的前提下,汇率变动对 BP 曲线没有影响。

如图 13-5 所示,货币扩张使本国利率下降,导致本国资金外流,从而使本币贬值,这将推动 IS 曲线右移,直至与 LM 曲线相交于 E' 点,在 E' 点,利率水平等于世界利率水平,收入水平提高。

二、资金完全不流动时浮动汇率制度下的货币政策分析

当资金完全不流动时,国际收支平衡体现为经常账户的收支平衡。此时的经济平衡状态如图 13-6 所示。

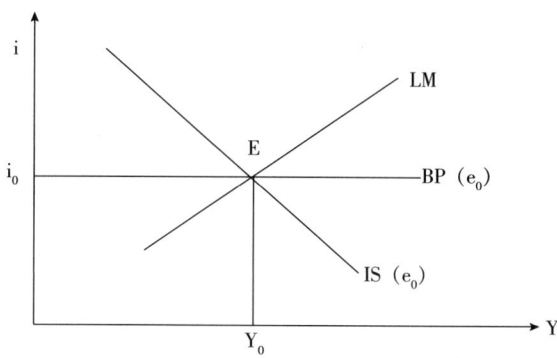

图 13-4　资金完全流动时浮动汇率制下的经济平衡

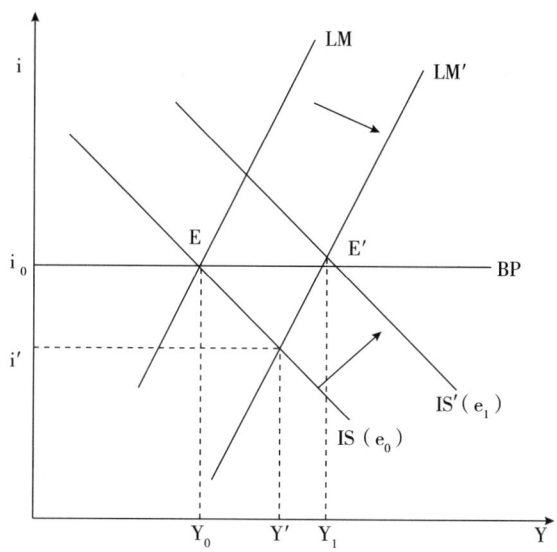

图 13-5　资金完全流动时浮动汇率制下的货币政策分析

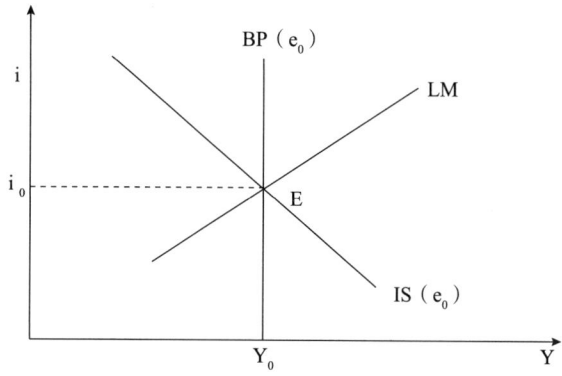

图 13-6　资金完全不流动时浮动汇率制下的经济平衡

如图 13-7 所示,扩张性货币政策使 LM 曲线右移至 LM′,致使收入提高,利率下降,国际收支出现赤字。汇率浮动会使本币汇率贬值,从而使 BP 曲线及 IS 曲线右移,直至三条曲线重新交于新的均衡点 E′。当经济均衡时，汇率贬值，收入提高，利率下降。

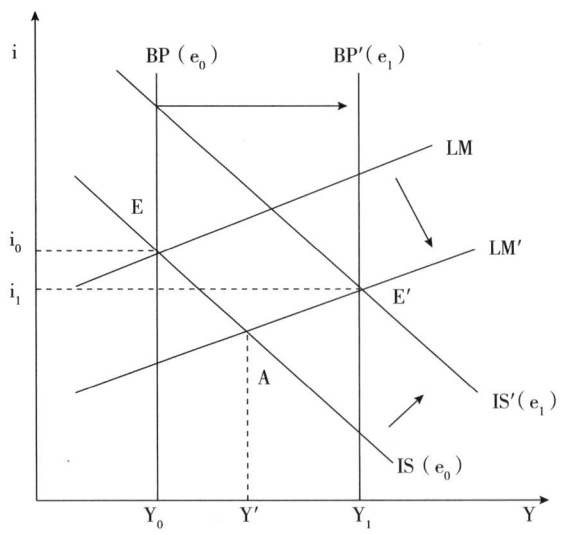

图 13-7　资金完全不流动时浮动汇率制下的货币政策分析

三、资金不完全流动时浮动汇率制度下的货币政策分析

当资金不完全流动时，经济平衡状态如图 13-8 所示。

如图 13-9 所示，扩张性的货币政策使 LM 曲线右移至 LM′，致使收入上升，利率下降。收入的上升和利率的下降将使国际收支状况恶化，导致本币贬值。本币贬值会使 IS 曲线、BP 曲线均向右移动，直至三条曲线交于新的均衡点 E′。当经济均衡时，收入增加，本币贬值，利率水平同初期相比难以确定，这取决于各条曲线的相对弹性。如果利率较初期上升了，说明经常账户恶化了，因为需要更多的资金流入来弥补经常账户赤字。从经常账户本身来说，这意味着贬值对其的正效应小于收入增加对其产生的负效应。如果利率较初期下降了，则情况相反。

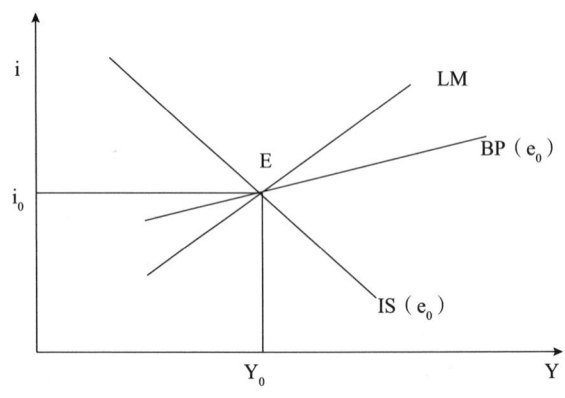

图 13-8　资金不完全流动时浮动汇率制下的经济平衡

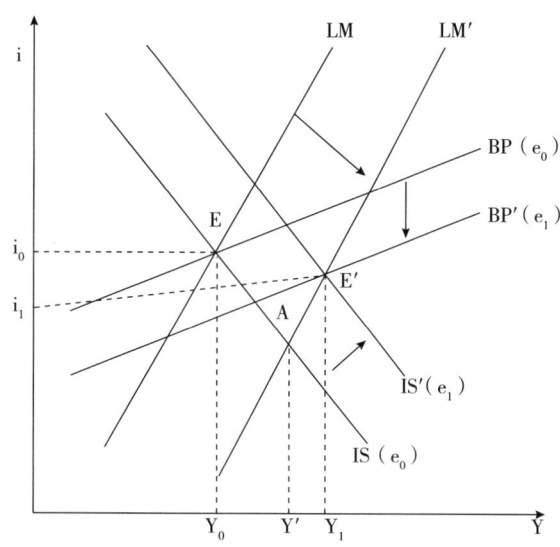

图 13-9 资金不完全流动时浮动汇率制下的货币政策分析

本章小结

蒙代尔—弗莱明模型是分析开放条件下宏观经济运行的基本模型，该模型以 IS-LM 模型为基础，引入国际收支因素，形成了开放经济下的 IS-LM-BP 模型。它是分析开放经济条件下货币政策效力的主要工具。在浮动汇率制度下，货币政策的效果依赖于资本的流动性；在固定汇率制度下，货币政策无效。

本章习题

1. 为什么存在向上倾斜的 BP 曲线，其倾斜程度由什么因素决定？
2. 请说明实际汇率贬值对 BP 曲线的影响。
3. 试分析固定汇率制下，资金完全流动时采取扩张的货币政策能否达到增加国民收入的政策效果。
4. 试分析浮动汇率制下，资金完全不流动时货币政策是否有效。
5. 试分析资金不完全流动时货币政策的效果。

第十四章

金融创新与发展

【学习目标】

系统学习金融创新的内涵、分类、发展及动因,理解掌握金融深化的相关理论以及金融创新与金融深化的关系。

【学习要求】

了解:金融创新的发展过程;金融深化理论的发展过程。

掌握:金融创新的内涵、动因及趋势;金融深化理论对发展中国家的启示;金融创新与金融深化的关系。

第一节 金融创新的概述

一、金融创新的内涵

从经济学的角度讲,创新的本意是指创造或引进新的经济事物,它包括技术创新和制度创新两种。技术创新指的是与新产品的制造、新工艺的过程或设备的首次商业应用有关的技术、设计、制造及商业的活动。制度创新指的是规范人的社会经济活动的行为准则或规则的创造革新。金融创新也不例外,既包括金融工具(金融技术)创新,又包括金融制度的创新。

微观层面的金融创新指金融工具的创新。美国 Barron's Educational series Inc 出版的《银行辞典》对金融创新作出如下定义:支付制度促进银行及一般金融机构作为资金供求中介作用的减弱或改变,它包括四个方面:

第一,信用创新型,如用短期信用来实现中期信用,以及分散投资者独家承担贷款风险的票据发行便利等;

第二,风险转移创新型,它包括能在各经济机构之间相互转移金融工具内在风险的各种新工具,如货币互换、利率互换等;

第三,增加流动性创新型,它包括能使原有的金融工具提高变现能力和可转换性的新金融工具，如长期贷款的证券化等；

第四，股权创造创新型，它包括使债权变为股权的各种新金融工具，如附有股权认购书的债券等。

国际清算银行（BIS）在 1986 年出版的《近期国际银行业的创新》一书中将金融创新定义为：金融创新是按照一定的方向改变金融资产特性（收益、风险、期限、流动性）组合的过程。

中观层面的金融创新是指 20 世纪 50 年代末 60 年代初期以后，金融机构特别是银行中介功能的变化，它可以分为工具创新、机构创新、市场创新及制度创新。大多数关于金融创新理论的研究均指此层面的创新。黄达认为，金融创新就是突破金融业务多年的传统经营局面，在金融工具、金融方式、金融技术、金融机构以及金融市场等方面进行明显的创新和变革。

宏观层面的金融创新是将金融创新与金融史上的重大历史变革等同起来，认为整个金融业的发展史就是一部金融创新史，金融创新涉及的范围相当广泛，不仅包括金融技术的创新、金融市场的创新、金融服务和产品的创新、金融企业组织和管理方式的创新以及金融服务业结构上的创新，而且还包括现代银行业产生以来有关银行业务、银行支付和清算体系、银行的资产负债管理乃至金融机构、金融市场、金融体系和国际货币制度等方面的历次变革。北京大学陈岱孙和厉以宁主编的《国际金融学说史》将金融创新定义为：金融创新就是金融领域内建立的新的生产函数，是各种金融要素的新的结合，是为了追求利润机会而形成的市场改革。

综上所述，结合创新的定义和金融的发展史，我们可以这样理解金融创新（Financial Innovation）：金融创新是金融当局或金融机构为了更好地实现金融资产的流动性、安全性和盈利性目标，利用新的观念、新的技术、新的管理方法或组织形式，改变金融体系中基本要素的搭配和组合，推出新的工具、新的机构、新的市场、新的制度，创造和组合一个新的高效率的资金营运方式或营运体系的过程。

二、金融创新的分类

从不同的角度，金融创新有六种不同的分类方法。

（一）根据金融创新的主体不同，可分为管理创新和市场创新

管理者创新又叫公共创新，主要来自公共部门，是政府为了达到管理的目标而在金融立法和管理条例方面做出的涉及资金流动和货币政策执行的明确变化。市场创新又称私人创新，是指金融市场上自发涌现出的金融产品、金融工具或服务。它是由市场主导的金融业改革，中央银行对这些新的金融工具一般不进行事前控制。

（二）根据金融创新所发挥的功能不同，可分为风险转移创新、流动性增强创新、信用创造创新和股权创造创新四类

风险转移金融创新，即允许经济行为人在他们中间转移金融头寸内的价格风险或信

用风险的新工具和新技术。流动性增强创新，即增加现有金融工具的现金性、流动性和可转让性，代表了加强资产流动性的新工具。信用创造金融创新，即拓宽经济行为人通过信贷供应者的渠道，使经济行为人从传统信用渠道转向非传统信用渠道。股权创造金融创新，即拓宽经济行为人通向股权融资的渠道的创新。

（三）按照金融创新是否主动，可分为进取型创新和防御型创新

进取型创新是指创新主体为寻求更大的发展，对现有的金融资源进行拓展与开发，并获取超额利润的创新。防御型创新是指由于需求方面环境和交易成本的变化，迫使金融机构采用创新方式以防御这种不利的金融环境，保持自己的市场参与份额。

（四）按照金融创新的来源不同，可分为原创型创新和引入型创新

原创型金融创新是指金融主体依靠自己的力量开发出原本没有的金融产品。引入型金融创新是指金融主体引入金融工程师或国外的金融创新产品，或者把别人创造的产品改造成为自己所用的产品的一种特殊的创新。

（五）按照金融创新的动机不同，可分为提高金融效率的创新、规避管制的创新、转移风险的创新和谋求最大利润的创新

提高金融效率的创新主要包括金融观念的创新、金融组织的创新和金融市场的创新。规避管制、转移风险和谋求最大利润的创新主要包括金融工具的创新和金融市场的创新、清算支付系统的创新，其中，金融工具的创新异常活跃。

（六）按照金融创新的表现形式不同，可划分为金融工具创新、金融机构创新、金融市场创新与金融制度创新四类

金融工具创新包括金融技术创新、金融产品创新、金融交易方式或服务创新等；金融机构创新包括金融组织结构创新和金融机构内部经营管理创新等；金融市场创新包括新兴区域金融市场或者新金融产品交易市场的出现等；金融制度创新包括各种货币制度创新、信用制度创新、金融管理制度创新以及与制度安排相关的金融创新等。

第二节　金融创新的发展

一、金融创新的起步阶段

金融创新的起步阶段以银行的产生和汇票、股票及债券的出现为代表。1587年建立的威尼斯银行是比较具有现代意义的银行。中世纪的威尼斯凭借其优越的地理位置成为著名的世界贸易中心，各国商人云集于此，为了顺利地进行商品交换，需要把各自携带的大量

的各地货币换成威尼斯地方货币，于是就有了专门的货币兑换商，从事货币兑换业务。

随着商品经济的发展，货币收付的规模日益扩大，各地商人为了避免长途携带大量金属货币带来的不便和危险，便将用不完的货币委托货币兑换商保管，后来又发展为委托货币兑换商办理支付和汇兑。

货币兑换商发现，这些长期大量积存的货币余额相当稳定，可以用来发放高利贷，获取高额的利息收入。因此，货币兑换商便从原来被动接受客户委托保管货币，转而变成积极主动地揽取货币保管业务，并降低保管费甚至不收保管费，到后来还给委托保管的客户一定的好处，保管货币业务便演变成了存款业务。同时，货币兑换商根据经验，改变了以前全额准备、以防客户兑现提款的做法，部分准备金制度，其余所吸收的存款则用于贷款取息。此时，货币兑换商也就演变成了集存款、贷款、汇兑支付和结算业务于一身的早期银行。17世纪银行这一新型的金融机构由意大利传播到欧洲其他国家。

中世纪城市商业经济的兴起，以及重商主义的兴盛，促进了商业贸易的发展，为商业贸易提供融资的借贷活动和各种形式的借贷工具也得到了极大的发展。1408年，佛罗伦萨立法承认了有限公司，为股票融资创造了有利条件。14世纪末至15世纪初，热那亚出现了现代股票的雏形。汇票的出现解决了长途贸易中的现金转移支付和信贷融资等方面的棘手问题。可以说，中世纪以后的商业贸易的扩展和15世纪航海技术的进步推动了商业的发展，也引发了信用活动的繁荣和金融工具的多样化，而私人财富在欧洲的积累，促进了包括储蓄业务在内的各项金融业务的发展。至16世纪，转账支票、票据交换、股票、债券以及证券交易都已产生并蓬勃发展，甚至在18世纪还发生了南海泡沫事件。这些金融制度的发展和完善一方面为工业革命的到来提供了有力支持，另一方面生动地表明了新的金融大厦的脆弱性。

可以看出，在第一阶段，金融创新主要体现在金融中介资产变换职能的四个方面：其一，交易单位分割职能，即金融中介通过发行基于对自身利益要求权的金融商品，将最终贷款人的资金化零为整，或者说将投资项目化整为零，以供最终贷款人零散投资之用，从而大大便利了市场中的交换活动；其二，基于大数法则进行分散投资，大大减少了单个投资所承受的投资风险；其三，借短贷长的资产期间变换职能；其四，流动性变换职能，即金融中介发行高流动性的对自身利益要求权的金融工具，然后转化为低流动性的投资项目。毫无疑义的是银行在银行信用经济中发挥了主要作用，金融体系以非市场中介金融为主。

二、金融创新的成长阶段

20世纪70年代到20世纪末，衍生金融工具的快速发展及欧洲货币市场的出现标志着金融创新的成长。

金融期货与金融期权这两种有代表性的金融衍生工具是金融创新的重要标志。1973年4月，美国芝加哥期权交易所成立，推出了标准化的股票期权合约挂牌交易。1978年，英国的伦敦证券交易所和荷兰的欧洲期权交易所也都引入了股票期权的交易业务。

西方金融市场上出现的互换业务、金融期货、票据发行便利和远期利率协议被称为金融市场上的"四大发明"。

随着生产和资本国际化的发展，跨国公司和跨国银行的活动日益增多，活动范围不断扩大，作为国际货币的美元自然要在美国境外发生大规模的国际运动，于是欧洲美元市场应运而生。

美国联邦储备法案 Q 条款的颁布、美国国际收支逆差的扩大以及石油美元的回流等一系列政府规定和国际金融情况，使欧洲美元市场迅速发展。20 世纪 60 年代中后期，欧洲美元市场的借贷活动超出了美元范围，陆续出现了联邦德国境外的马克、瑞士境外的瑞士法郎、英国境外的英镑等。欧洲货币市场以伦敦为中心向世界各地扩展，最初主要是四个地区：英国、西欧、加拿大和美国，之后进一步扩大，新加坡和其他亚洲国家或地区、巴哈马及拉丁美洲等地也都出现了欧洲货币的交易中心。

可以看出，此阶段中规避风险是金融创新的重要动因。一方面，随着国际金融市场一体化的不断发展，国家之间的经济联系越来越密切，在一国所发生的经济金融动荡和危机不可避免地会波及其他国家，如 1994 年的墨西哥比索危机、1998 年的俄罗斯金融危机等，都对其他国家产生了连带影响。另一方面，由于国际资本流动带来的冲击，国际金融市场的动荡加剧了。在此背景下，金融机构为了防范和化解金融风险，不断要求开发新业务，创新金融工具，使金融创新更加活跃。而风险防范的重点则从利率风险转移到汇率风险、信用风险等。

另外，以规避金融管制为特征的金融创新转变为以金融监管主体主动推动为特征的金融创新。世界各国特别是发达国家的金融改革使金融市场监管主体不再墨守成规，而是积极顺应世界经济金融发展趋势的客观要求，大胆进行金融改革，如英国 1986 年金融"大爆炸"的伦敦金融改革、美国对商业银行和存款机构的放松管制以及日本连续推出的金融自由化改革等。这一系列金融改革既是金融创新的重要组成部分，又对其他方面的金融创新产生了极大的推动作用。所以，金融创新以金融改革推动为特征，金融监管当局由金融创新的被动接受者变成了金融创新的推动力量。

金融非中介化（Disintermediation）是指资金转移过程中金融中介作用的削弱乃至消失的趋势，也就间接金融与直接金融的倾斜逆转。股票市场、债券市场和票据市场的繁荣，投资银行、投资公司、信用卡公司和保险公司的资产相较于存款金融机构资产的压倒性优势，便是金融非中介化的具体体现。在金融非中介化过程中，起到关键作用的是金融管制差别。金融管制差别体现在存款类金融机构和非存款类金融机构的管制措施差异上，前者不仅受到业务范围、分支机构设立的限制，还受法定准备金、最低资本要求、信贷风险分散和存贷款利率的限制，而后者却较少受到管制约束。这些管制措施不仅限制了存款类金融机构的盈利能力，还使相当部分的优质客户进入了直接融资市场，甚至国际市场（欧洲离岸金融市场）。管制措施差异也为那些未受制约和管制的金融机构创造了发展的空间和机会，非存款类金融机构的业务和资产逐步形成了压倒性优势。

三、金融创新的快速发展阶段

信息技术和通信技术的快速发展有力支撑并推动了金融创新。一方面，技术进步刺激了银行结算、清算系统和支付制度的创新，进而促进了金融服务的创新。例如从银行卡、ATM 到数字支付、网络银行等。另一方面，技术进步为复杂的金融创新提供了技术保障，如区块链在金融业的应用。从总体上看，新技术的运用使金融交易快速突破了时间和空间的限制。

第一，关系金融向价格金融转化。关系金融指金融业务的开展主要靠形形色色的关系来驱动和维系，价格在关系金融业中只起到次要作用，价格通常不能决定资金配置。在这样的环境下，借方、机构和贷方间不可能像在价格主导环境中那样频繁而快速地更换交易伙伴，限制了交易范围的扩大和交易费用的降低。价格金融主要指金融业务的开展主要依靠价格优势来驱动和维系，每项金融交易被看作是一个孤立事件，受价格吸引的资金常会转移给另一个金融交易伙伴，在价格主导的环境下，参与者基本上由最优价格或交易引导。20 世纪 80 年代，随着利率的增长，金融创新带来了大量的价格调节工具，出现了许多新的市场机会。金融机构的快速扩张能够吸引更为广泛的资金，建立在过去简单客户关系基础上的金融交易方式不得不让路给更复杂的由价格调节的交易方式。

第二，金融产权关系复杂化。金融产权的复杂化体现在以下几个方面：首先，古典的私有产权模式在金融业中消失，集所有者和经营者于一体的金融机构已不复存在。其次，金融产权的分散化，绝对控股的所有者越来越少，所有者与经营者几乎彻底分离。再次，股权资本性质复杂化，既可能是金融资本，又可能是实业资本。最后，金融机构持股关系复杂化，不同性质的金融机构相互持股。金融产权关系复杂化的核心后果不是产权界定、产权交易问题，而是金融产权收益的配置问题及其配置扭曲（产权残缺）带来的风险增加、效率损失乃至金融崩溃问题。

第三，金融服务网络化。金融网络化有两层不同的含义，首先是指金融业务关系的网络化特征，如支付系统网络、流动性网络和信用网络等。其次指基于互联网技术和设施的金融业务和行为，即网络银行。后者既是一种新的网络技术，又是一种全新的金融服务方式，还包含了前者传统的网络化金融关系，是银行业的革命。随着金融业的网络化，金融业也从传统的劳动密集型可变成本产业向现代的资本密集型固定成本产业转变，资本有机构成大大提高，从业人员减少，但对人力资源的素质要求却大大提高，人力资本的作用和意义大大提升。

第三节　金融创新的发展动因与发展趋势

一、金融创新的发展动因

金融创新在 20 世纪 70 年代大量涌现，结合西方国家的经验，产生金融创新的动因不外乎两个方面的内容，一是创新主体为追求利润而主动进行的创新，即顺应需求的动因；二是创新主体为避免环境的不利影响而被动的创新，即顺应供给的动因。在具体的创新活动中，可分为顺应需求、顺应供给与规避管制的动因三类，其中，规避管制的动因是前两种动因的复合形式。

(一) 顺应需求的动因

顺应需求的动因是指随着经济金融的发展以及环境的变化，经济主体产生了一些新的金融需求，金融部门为满足这些新需求以获取利润而进行的创新。这些新需求包括人们财富增长后对金融投资品的需求、金融市场信息不对称产生的防范道德风险与逆向选择的需求以及利率和汇率的波动所产生的防范风险的需求等。

通过研究美国金融业的发展历史，发现财富的增长是决定金融资产和金融创新需求的主要因素。70年代，通货膨胀、汇率和利率的反复无常波动使投资回报率具有较大的不确定性，激励着人们创造一些能够降低利率风险的新的金融工具。有学者认为，金融创新的主要动因来自于以下几个方面：帮助避税、降低交易成本、降低代理成本、风险重配、增加流动性、帮助躲避监管、改变利率水平和波动率、改变价格水平和波动率、学术工作的需要、会计方面的好处以及促进技术进步等方面。

(二) 顺应供给的动因

顺应供给的动因是指由于新的交易技术、经营模式与管理理念的出现，金融部门对其加以应用以降低成本而进行的金融创新。降低金融部门成本的因素是多方面的，包括新的科学技术和新的交易方式的出现、新的经营模式与管理理念的应用等。

金融创新的支配因素是降低交易成本，金融创新实质上是对科技进步导致的交易成本降低所做的反应，即交易成本的降低是金融创新的主要动因。当计算机和通讯技术的进步等能够大大降低金融交易的成本时，这种以新技术为基础的金融交易使产生了新的管理理念，金融机构可据此设想出可能对公众有吸引力的新金融产品和新金融工具。

(三) 规避管制的动因

规避管制的动因是指由于金融业较其他行业受到过更为严格的管理，当管理法规的某种约束可以合理地或被默认地予以规避，并可以带来收益，金融创新就会发生，政府管理法规就成为这个行业创新的重要推动力量。

金融创新主要是由金融机构为了获取利润而规避政府的管制所引起的。许多形式的政府管制与控制实质上都等于隐含的税收，它阻碍了金融机构从事已有的盈利性活动和利用管制以外的利润机会，因此，金融机构通过创新来逃避政府管制。当金融创新可能危及金融稳定与货币政策时，金融当局会加强管制，新管制又会导致新的创新，两者不断交替，形成一个相互推动的过程。政府为稳定金融体制和防止收入不均而采取的一些措施，如存款保险制度等，也是金融创新。

二、金融创新的发展趋势

(一) 金融工具创新的趋势

金融工具证券化趋势。证券化意指信贷流动从银行贷款转向可买卖的债券工具。换言之，证券化是指融资方式从传统的银行贷款转向资本市场的证券融资。动荡的国际金融环境和激烈的竞争促使银行注重流动性的选择。诱导银行不断创新出更具流动性和弹性的金融工具以及融资技术来替代传统的银行贷款，银行贷款更多地投向流动性高的股票和债券，日益重要的机构投资者，如保险公司、养老基金会等，偏向于证券投资。政府更多地通过发行债券来解决财政资金需求。先进技术的不断应用改变了银行与债券公司以及投资银行的比较优势，改变了金融机构与非金融机构的比较优势，使这些机构都能以较低的成本从事证券交易。

金融工具综合性趋势。从整体来看，金融创新的发展步伐会有所放慢，这是因为自20世纪70年代以来，国际金融体系已经历过利率和汇率的剧烈变化，现有的金融衍生工具已经能够基本满足人们对风险规避和投资的要求。然而，随着金融业的发展和人们需求的日益多样化，还会出现更具综合性的金融衍生工具，即各种金融衍生工具的组合体会受到欢迎。近几年来出现的具有一定综合性的金融衍生工具就是很好的例子。在一些国家，类似于可转换债券以及债券和股权的转换对于企业融资颇具吸引力。融资方不仅可以得到成本上的优惠，而且还具有一定的主动性，企业会通过推出流动性好的企业债券来吸收社会闲置资金。

金融工具收益非对称性趋势。从风险管理的角度来看，金融衍生工具有风险对称和风险非对称的区别。从未来金融创新的发展来看，非对称的金融衍生工具的需求将会有所上升。例如，在市场变化条件下，利用期权交易做出动态反应要比利用对称收益的头寸好得多。近期内，资产掉期作为一种店头市场形式，将成为金融衍生市场的主要内容。与此同时，各种形式的期权具有更大的流动性和对风险收益平衡裁断的功能，可以适应不同的交易需求，因而，也会得到较快的发展。

(二) 金融市场创新的趋势

金融市场一体化趋势。金融一体化意指金融相互依存性的增强，这体现在五个方面：①先进技术的广泛运用促进了金融一体化。②新的金融工具的运用促进了金融一体化，如金融互换使借款人比较容易进入货币市场或资本市场。③证券化趋势促进了金融一体化。证券化使银行不断通过债券市场来融资，使国际信贷市场与国际债券市场的联系不断加强，如迅速增长的浮动利率证券就是作为银行资金的主要来源而发展起来的。④规避型创新促进了金融一体化。规避型创新的发展使融资者能较顺利地绕过各国融资法规的限制进入国际金融市场，使各国金融当局的法规约束能力逐渐弱化。欧洲美元和表外业务的发展就是最为典型的例子。⑤金融自由化促进了金融一体化。近年来，各国政府实施的金融改革和放松管制的金融自由化措施，进一步激发了国际金融市场的创新活动。

金融市场趋同性趋势。与中心交易场所相比较,店头市场的交易量将会日益增加,大多数的店头交易都是为了满足交易者资产管理的需求。在店头市场,金融机构力求降低资本最低限额要求和信用风险,热心推出与交易所类似的金融担保,如多种产品的双边净额结算、抵押安排和长期合约的定期结算。当然,交易所和店头市场各有其特点。交易所的金融衍生工具的特点是流动性较好、合约标准化、价格透明度高和清算所集中。店头市场可以根据客户的特殊要求,灵活提供各种期限和条件的合约。应该说,在流动性和灵活性之间很难做到两全其美,交易所推出的新金融产品要"量体裁衣"难免会损害新产品的流动性,而店头市场所推出的产品过度标准化,就会损害客户的特定需要。相比较而言,投机性的资金将会更多地涌向中心交易所。由于中心交易所都在努力地吸收其他市场的优点,所以,其市场内容存在趋同的倾向,而且交易所之间正在形成新的联盟。

(三) 金融监管创新的趋势

金融监管国际化趋势。一些大的金融机构面临着金融创新所带来的风险,并且金融衍生工具的交易风险会导致一些金融机构破产或兼并。随着金融衍生市场的集中化及风险的放大,对金融衍生市场管理的国际协调显得日益重要。如何防止金融衍生市场对传统稳健经营的银行业产生巨大冲击,国际金融组织正在对此进行国际协调。国际性清算所或中心托管抵押系统可能会随着金融衍生工具的国际交易而出现,因为对信用风险管理方法的选择会产生这方面的需要。在金融衍生市场迅速发展的情况下,中央银行将参与金融衍生市场或增加参与这一市场的频率。

金融监管自由化趋势。严格意义上的金融监管始于1913年,以美国《1913年联邦储备法》的实施和联邦储备体系的建立为标志。进入20世纪70年代后,技术进步和金融支付工具的创新,使相对滞后的部分金融监管措施失去了作用,典型的例子就是禁止对活期存款支付利息管制规定的失效。而凯恩斯主义政策的部分失效,也使自由主义经济思想开始在政治决策领域重新占据主导,开始了放松金融管制的过程。以《吸收存款机构放松管制和货币控制法》为主要标志,美国开始放松对金融机构的市场进入、业务、利率的管制,在全球激起了一波又一波放松金融管制的浪潮。1999年11月的《金融服务现代化法案》的实施,意味着跨区域综合化混业经营模式在美国得到了法律承认。

金融监管标准化趋势。在这一时期,时逢发展中国家的金融深化、国际货币体系的浮动汇率机制形成和国际金融一体化的发展,滞后的金融管制和不健全的金融机构、金融市场和风险控制,导致20世纪最后十年中金融动荡和危机频繁发生。对这些严重的、影响广泛的金融危机的反思,引发了被称为再管制的过程。金融再管制不是对已经废除的管制规则的简单恢复,而是在更大范围采用更统一的资本充足性标准和更精细的风险加权计算方法,对内部控制措施进行强化,使金融监管实现螺旋式的升华。

第四节 金融创新与金融深化

一、金融深化相关理论

(一) 帕特里克的金融理论

1966年1月,帕特里克 (Hugh T. Patrick) 发表了《欠发达国家的金融发展与经济增长》一文,提出了需求带动和供给引导的金融问题。根据金融与经济增长的因果关系不同,帕特里克认为,金融发展可以是被动和相对滞后的,也可以是主动和相对先行的。

如果现代金融机构的创立、它们的金融资产和负债以及有关的金融服务是对实际经济中的投资者和储蓄者的需求做出的反应,这种现象就称为需求带动。它表明,金融是在经济增长并由此产生对金融服务新的和额外的需求时得到发展的,即经济增长带动了金融发展,金融体系的演进是经济发展产生的结果。

需求带动的观点意味着,金融在经济增长过程中是被动和相对滞后的。如果金融机构的创立、它们的金融资产和负债以及有关金融服务是在经济增长对它们产生需求之前主动供给的,那么就是供给引导。供给引导有两项职能,一是将资源从传统的非增长部门转移到现代部门;二是在现代部门中促进和刺激一种企业精神反应,使企业家开阔视野,打开思路。虽不能说供给引导的金融是发动自我持续的经济发展的先决条件,但金融手段为引致经济增长提供了机会,供给引导的作用在经济增长的开端尤为重要。

在实践中,供给引导和需求带动两种现象之间会产生相互作用。在持续的现代经济增长开始以前,供给引导的作用更强,当经济增长的过程出现时,需求带动的金融反应处于支配地位。帕特里克的论述,实际上提出了金融发展的原因及金融在经济发展中的地位和作用问题,是金融深化理论的最初论述,这些思想为后来金融深化理论的发展奠定了基础。

(二) 戈德史密斯的金融结构理论

1969年,戈德史密斯 (R. W. Goldsmith) 出版了名为《金融结构与金融发展》的专著,提出了金融结构理论。他把各种金融现象归纳为三个基本方面,即金融工具、金融机构和金融结构。金融工具是指对其他经济单位的债权凭证和所有权凭证;金融机构即金融中介机构,指资产与负债主要由金融工具组成的企业;金融结构即一国现存的金融工具和金融机构之和。他认为,金融发展是指金融结构的变化,研究金融发展就是研究金融结构的变化过程和趋势,并通过比较分析得出了这样的结论,即世界上只存在一条主要的金融发展道路,在这条道路上,金融结构的变化呈现出一定的规律性。尽管不同国家的起点（起始时间、发展速度）各不相同，但它们很少偏离这条道路，除了战争和通货膨胀之外。

金融结构理论的贡献与启示表现为：确立了衡量一国金融结构与金融发展水平的基本指标。

戈德史密斯创造性地提出了衡量一国金融结构与金融发展水平的基本指标，即金融相关比率（FIR），FIR 为一国某一时期或时点的金融活动总量（FS）与经济活动总量（WS）之比。他认为，FIR 的计算公式适合于任何时期、任何国家的 FIR 值计算，通过这个公式，可以大致衡量和反映一个国家金融发展的一般面貌。金融相关比率的计算公式有一定的科学性，可以根据需要选择。目前，金融相关比率已成为衡量一国金融深化程度的重要指标，使用的是简化了的计算公式：

$$FIR = (M_2 + L + S)/GNP$$

式中，M_2 为金融负债；L、S 分别为银行资产和有价证券，两者之和代表了金融资产；GNP 为国民生产总值。该公式论证了金融发展与经济增长的关系。

戈德史密斯认为，金融上层结构能促进经济增长，改善经济运行。①提高储蓄和投资总水平。金融工具的出现能使储蓄和投资分离成两个相互独立的职能，从而克服特定经济单位资金运行中出现的收支不平衡的矛盾。一方面使一个单位的投资可以大于或小于其储蓄，摆脱自身储蓄能力的限制；另一方面为储蓄者带来增值，使得储蓄不仅是财富的贮藏，还能增加收益。这是针对工商企业、家庭和政府发行的初级金融工具。金融机构发行的次级金融工具也会增加储蓄和投资总量，只要次级发行不是初级发行的简单替代品。可见，金融工具的出现为经济单位进行储蓄和投资提供了一种机制，有利于全社会储蓄和投资总水平的提高。②有效配置资金。金融机构的业务经营在很大程度上是将储蓄更有效地在潜在投资项目之间进行分配，以提高边际收益率。金融机构配置资金是通过对各种资本支出进行融资实现的，如增加那些边际收益率超过平均水平的部门、行业、项目设施和设备的份额，相应地减少其他部门、行业、项目设施和设备的份额，从而促进经济增长。资本支出分配对经济增长所产生的引致增长效应比金融上层结构的业务经营对储蓄和投资总量所产生的效果更有意义。

总之，金融结构越发达，金融工具和金融机构提供的选择机会就越多，人们从事金融活动的欲望就越强烈，储蓄总量的增加速度就越快。在一定的资金总量下，金融活动越活跃，资金的使用效率就越高。因此，金融越发达，金融活动对经济的渗透力越强，经济增长越快。注重金融工具供给和强调金融机制的正常运行是金融结构理论的核心，也是金融自我发展及促进经济增长的关键所在。

(三) 传统的金融深化理论

1973 年，麦金农（R. I. McKinnon）的《经济发展中的货币与资本》和肖（E. S. Shaw）的《经济发展中的金融深化》两本书的出版，标志着以发展中国家为研究对象的金融发展理论真正产生。麦金农和肖对金融和经济发展之间的相互关系及发展中国家的金融发展提出了精辟的见解，他们提出的"金融抑制"（Financial Repression）和"金融深化"（Financial Deepening）理论在经济学界引起了强烈反响，被认为是发展经济学和货币金融理论的重大突破。

根据麦金农和肖的论述，金融抑制是这样一种金融现象，即由于政府过分干预金融市场和实行管制的金融政策，以及未能有效地控制通货膨胀，导致金融市场特别是国内资本市场发生扭曲，利率和汇率不足以反映资本的稀缺程度。简言之，如果政府对它们的国内资本市场收税，那么从金融意义上说，经济就是被"抑制"了。金融抑制现象在发展中国家普遍存在，其表现形式主要有严格的利率管制、高额存款准备金、信贷配给和高估本币汇率等。金融抑制现象的出现不是发展中国家政府的目标和主观愿望，而是其管制和干预金融的客观、必然结果。很少有哪个国家自觉地、故意地抑制金融，但作为错误、僵硬的金融政策的同义语，金融抑制这种金融发展战略只会缩小或压低相对于非金融部门的金融体系的实际规模或实际增长率，阻碍和破坏经济发展。

发展中国家要使其金融和经济不断发展，就应该放弃其所奉行的金融抑制政策，实行金融深化改革。根据肖的解释，金融深化是指政府解除对利息率的控制，使其反映出储蓄的稀缺性，以刺激储蓄，提高投资收益率。

麦金农认为，金融深化包括两方面的内容：一是通过取消高额存款准备金、最高利息限制和命令规定的信贷配给，以保持真实的和比较统一的实际利率；二是通过合适的经济措施来稳定物价水平，其目的是使储蓄者和投资者看到资本的稀缺价格，缩小投资于不同经济部门的盈利率的差距。金融深化的政策措施包括五个方面：提高或放开利率、放宽对金融机构的管制、建立和发展国内统一的资本市场、抑制通货膨胀及进行财政和外贸配套改革。

麦金农和肖的金融抑制模型从四个方面概括了这些主要内容：①储蓄函数与真实的存款利率和真实的产出增长率之间是正相关关系；②投资函数与真实的贷款利率负相关，与真实的增长率正相关；③真实利率低于均衡水平的固定管制的名义利率；④无效率的非价格可贷资金配给。该模型主张，在这些国家采取以高利率政策为特征的金融深化，动员储蓄通过金融中介转向投资，实现低通货膨胀条件下的经济快速发展。麦金农和肖认为，实际利率的提高既能增加资本的形成数量，又能提高资本的形成质量，对经济增长和发展有着双重效果。

基于上述认识，麦金农和肖主张，为使实际利率等于或尽可能接近于均衡利率，发展中国家的政府在金融深化的具体实施过程中，应该彻底废除一切对利率的干预和管制，积极制止通货膨胀，以使名义利率免受物价上涨的影响；应该实行金融自由化，以使实际利率通过市场机制的作用自动地趋于均衡水平，从而保证经济发展以最优的速度进行。

肖和麦金农提出的金融深化理论在理论界产生了广泛的影响。作为最重要和最有影响的金融发展理论，金融深化理论对研究金融发展具有重要启示：

1. 西方主流货币金融理论不适合于发展中国家的金融发展

金融深化理论对凯恩斯主义货币理论的抨击尤为激烈，认为凯恩斯货币理论是建立在发达市场经济前提条件下的，在此基础上提出的通过降低利率以刺激投资从而增加就业、提高国民收入的主张在发展中国家是行不通的。金融深化理论认为，凯恩斯主义忽视了通货膨胀的影响，其认为的通货膨胀是经济发展过程中不可避免，甚至有助于经济发展的结构性通货膨胀论的观点是完全错误的，其根源在于它们未能正确区分名义货币量和实际货币量以及名义利率与实际利率。基于这样的认识，金融深化理论认为，金融体系与实体经济完全可以在物价稳定的环境中同时发展，并相互促进。

2. 正确认清金融业在经济发展中的地位，把金融体制改革作为经济体制改革的重要内容

金融深化理论突破了只就真实变量论经济发展而忽视金融变量的传统观念，较早地突出了金融因素在经济发展中的作用。该理论认为，金融与经济发展息息相关，功能健全的金融能使经济的增长步伐变得更加迅速；反之，扭曲的金融会阻碍经济的发展。该理论主张，发展中国家的经济发展应立足于国内，通过金融深化挖掘内部资金潜力，反对过分、长期依赖国外资金。

（四）金融深化理论的新进展

自从麦金农和肖提出金融深化论后，许多发展中国家采取了金融自由化的金融政策，在促进经济高速增长的同时，也爆发了多次金融危机，这使人们不得不重新审视金融深化理论。斯蒂格利茨等提出了金融约束论，其核心论点是对金融发展水平较为低下的发展中国家而言，金融深化具有极大的社会福利效应。因此，应鼓励银行积极开拓新的市场，尤其是广大的农村地区。

竞争性银行体系会使银行体系产生内在的不稳定性（信息问题导致高昂的交易成本），且银行在开拓新市场方面的相关信息具有公共品性质。不但银行自身没有动力，而且自由竞争也达不到社会的最优结果。因此，政府此时可以发挥积极作用，采取一定的政策为银行体系创造条件，鼓励其积极开拓新的市场进行储蓄动员，从而促进金融深化。

该理论认为，在宏观经济环境稳定、通货膨胀率较低且可预测及金融发展水平低等前提条件下，由存款监管和市场准入限制等组成的一整套金融约束政策有助于促进经济增长。金融约束的本质是政府通过一系列的金融政策在民间部门创造租金机会。这里的租金不是指属于无供给弹性的生产要素的收入，而是指超过竞争性市场所能产生的收益。这种租金在减少信息相关的问题、妨碍完全竞争市场的方面能起到积极的作用，特别是租金能够诱导民间部门增加在纯粹竞争市场中可能供给不足的商品和服务。

具体地说，租金的创造产生了以下几个方面的积极作用：①租金为银行创造了特许权价值，使它们有更强的动力监督贷款企业稳健经营。同时，租金也使银行有动力增加其存款基数，扩大中介范围，将更多的资金融通行为纳入正规的金融渠道，促进金融深化。②政府将租金用于专项银行业务，这样就可以促使银行开展一些在市场条件下不利的业务，如长期贷款。③政府制定贷款利率上限，相当于向生产部门转移一部分租金，这会提高生产企业的股本份额，因为股本的变化可以向金融机构显示自身专有的信息，从而改善银行的贷款决策；同时贷款利率保持在较低水平还可以弱化信贷市场上的逆向选择现象。④政府通过实施定向信贷政策，会在企业中间产生竞赛效应，从而更好地激励企业追求利润的最大化目标。

东南亚金融危机的爆发使他们重新审视了金融约束论，他们认为这一危机从反面证

明了以下理论：①由于银行体系有着众所周知的道德风险行为，对银行的监管始终是政府监管的一个重要方面。在金融自由化之后，政府对银行监管的主要手段是资本充足率要求。然而，资本充足率的要求对银行道德风险的控制作用是模糊的，虽然这一措施因增加了银行经营者的剩余索取权而控制了银行的风险行为，但也增大了银行的经营成本，激励了银行从事风险贷款，并且对银行自由资本充足率进行调整，最终降低了均衡的存款利率。由金融自由化所导致的资本成本的增加和特许权价值的下降使银行没有能力支付较高的存款利息，银行所能支付的存款利率的下降幅度甚至超过了直接的存款利率上限控制的结果。所以，金融自由化并没有真正使利率自由化，甚至还增加了银行体系的风险。②在经济转轨时期，保持较低的存款利率是十分必要的。因为自由化对银行提高自有资本比率的要求不是在短期内就可以达到的，而且银行资本积累的一个主要途径就是将获得的特许权价值资本化。如果在自由化之时既取消银行获取特许权价值的权利，又增加对银行自由资本充足率的要求，银行体系的风险行为势必增多，银行危机出现的可能性就会大大增加，如此便不难理解自由化过程中普遍存在的金融危机现象。由此认为，在转轨时期，政府应施加更严格的监管，并提出了"规制超调"的概念，以强调利率控制等政府干预行为在转轨经济和金融发展过程中的重要性。

二、金融创新与金融深化

（一）金融创新与金融深化的作用机制

金融创新影响金融深化的机制主要体现在以下几个方面：

1. 激励机制

激励机制是金融深化过程中促使金融创新持续发生的动力机制，通过激励机制来激发金融系统对深化的需求。激励机制由四种方式构成：一是竞争压力；二是降低风险；三是规避金融管制；四是收益激励。

创新产品增加了创新者的利润，增强了抵御风险的能力，提高了资产的流动性。这促使其他企业也通过相应的措施来提高自身的竞争力，进而带动金融系统中产品和服务质量的整体提高；同时，金融创新降低了金融市场的系统风险，投资者在低风险市场中往往会采取扩张性的经营策略，以扩大金融市场规模；另外，金融创新使规避金融管制的能力得到提高，金融企业经营活动更加自由，为金融深化奠定了基础。

2. 研发机制

金融创新的研究与开发实际上就是金融创新的技术、人力、资金和信息四种资源的整合过程，通过水平整合与垂直整合完成相应的开发行为。金融创新所创造的金融产品为金融深化的实现提供了工具和手段。创新研发机制是创新产品成功的关键，这种成功体现在两方面：其一是功能满足了新的需求；其二是金融创新带来的利润足以弥补开发成本。新需求的满足使金融系统运行更加有效率，同时使潜在的投资者成为实际投资者，从而吸引更多的投资。金融创新在经济上的收益会通过激励机制推动金融深化的实现以及新的创新行为的产生。

3. 扩散机制

扩散机制指创新行为的转移与推广过程，只有通过扩散机制才能真正促进金融深化。扩散机制有三种方式：一是不同市场的融合；二是新市场的形成；三是金融工具交易量的增加。金融创新的扩散机制使创新产品被广泛采用成为可能。金融创新的扩散通过以下途径实现：其一是引起新型金融市场的出现，进而扩大金融系统的融资能力。例如，欧洲的债券市场就是因为欧洲债券的广泛使用而发展起来的。其二是通过不同类型市场业务的混合来实现金融创新的扩散，从这个角度考虑，我国最近允许部分保险资金投资基金证券，这将会逐渐导致保险与证券业务的混合。其三是通过某项金融资产数量的增加来实现创新的扩散，资产数量的增加使金融市场的筹资能力增强。

4. 调节机制

金融系统出现失衡状态时，金融创新通过调节机制来进行调节。调节机制有两个途径：一是通过影响金融市场的利率、汇率等杠杆来实现对金融运行状态的调节；二是通过影响市场收益和风险状况来调节。金融创新的调节机制使金融系统运行过程中出现的问题能够通过自身解决。大量的金融创新产品是股票、债券等基础资产的衍生物，这种衍生物会对基础资产的市场状态进行自动调节。例如，股票指数期货能够降低股票市场上的风险，这样就会吸引更多的风险厌恶者在股票市场上投资。另外，金融工具品种的增多拓宽了投资者的投资渠道，这会使货币政策的作用效果增强。我国当前货币政策的梗阻现象与可选择的金融品种过少有很大的关系。而且，不同金融工具的风险和收益差异会使利率对金融市场的调节能力增强，从而使金融市场筹集资金的效率提高。

金融创新对金融深化的推动作用是通过以上四个机制实现的，其中，量的深化主要由创新的扩散机制来完成，质的深化则主要由调节机制来实现。由于深化过程需要创新的持续发生，因此，只有激励机制的作用才能减少深化过程的波动。金融创新对金融深化的推动效果由这四个机制的运行状态决定。

(二) 金融创新影响金融深化的制约因素

金融创新影响金融深化的机制会受到以下几个方面的制约：

1. 市场规模

按照发展经济学的观点，在经济从量性区间向质性区间转变的过程中，创新起到了关键作用。这从另一角度说明了创新只有在经济数量达到一定规模时，才会起到质变的作用，因此，质的深化是在量的深化基础上实现的。金融创新也可划分成两类：其一为数量创新，即引起金融资产数量增加的创新；其二为质量创新，即引起市场筹资效率提高的创新。但是创新的顺序应该是优先进行数量创新，再进行质量创新。在金融体系还没有达到一定数量规模时就过分强调金融创新会使金融深化与创新失衡，导致金融体系动荡。

2. 垄断与分业经营

金融市场上的垄断会通过对创新机制的作用而限制创新的产生。因为市场垄断降低了市场的激励作用，使由垄断而获得超额利润的企业缺乏创新动力；另外，垄断市场上金融工具的单一使创新对金融深化的调节机制难以发挥作用，因此，降低了金融创新对金融深化的推动作用。

3. 金融深化对金融创新的反作用

根据麦金农和肖的金融深化理论，金融深化应该具有六个特征：第一，利率的调节作用增强；第二，利率弹性大，金融资产吸引力强；第三，货币化程度稳定提高；第四，对外债和外援的依赖性下降；第五，汇率自由浮动；第六，多层次多类型的金融机构共存与竞争。从这六个特征可以看出，金融深化必然会对金融创新产生促进作用，也就是说，金融深化的程度越高金融创新的水平越高，这主要是因为金融深化会带来金融市场的竞争；另外，金融资产吸引力的增强会拉动对金融工具和金融服务的需求，进而促进金融创新的产生。可以说金融创新与金融深化之间是一种相互影响、相互推动的互动关系。

4. 金融风险

金融创新在促进金融深化的同时，也会带来新的金融风险，这主要体现在以下几方面：①大量的衍生金融工具都具有杠杆效应，因此，很少的资金量就能导致金融市场的波动；②金融创新使金融管制更加困难，因此，金融当局控制金融风险的能力相对下降；③金融创新的扩散机制会导致金融市场的融合，一个市场的波动会引起整个金融体系的动荡；④金融创新使市场上的投机行为增加，加上金融开放程度的加深，使得金融体系容易被国际投机势力所攻击。因此，在进行金融创新的同时，应该提高金融监管能力以及金融宏观调控能力，这也是金融创新政策应该重点研究的内容。

本章小结

金融创新是金融当局或金融机构为了更好地实现金融资产的流动性、安全性和盈利性目标，利用新的观念、新的技术、新的管理方法或组织形式，改变金融体系中基本要素的搭配和组合，推出新的工具、新的机构、新的市场和新的制度，以创造和组合一个新的高效率的资金营运方式或营运体系的过程。金融创新的动因有三种：顺应需求的动因，即创新主体为追求利润而主动进行的创新；顺应供给的动因，即创新主体为避免环境的不利影响而被动的创新；规避管制的动因，它是前两种动因的复合形式。

本章习题

1. 简要回答金融工具创新的趋势。
2. 比较金融创新动因中顺应需求的动因与顺应供给的动因的不同点。
3. 简要介绍戈德史密斯的金融结构理论。
4. 根据麦金农和肖的金融深化理论，其对金融发展的启示有哪些？
5. 金融深化是如何通过扩散机制进行创新行为的转移与推广的？

参考文献

[1] 黄达，张杰. 金融学（第五版）[M]. 北京：中国人民大学出版社，2020.
[2] 李健. 金融学（第三版）[M]. 北京：高等教育出版社，2018.
[3] 蒋先玲. 货币金融学（第二版）[M]. 北京：机械工业出版社，2017.
[4] 彭兴韵. 金融学原理（第六版）[M]. 北京：机械工业出版社，2019.
[5] 朱新荣. 货币金融学（第四版）[M]. 北京：中国金融出版社，2015.
[6] 张红伟. 货币金融学（第二版）[M]. 北京：科学出版社，2019.
[7] 刘舒年. 国际金融（第五版）[M]. 北京：对外经贸大学出版社，2017.
[8] 王爱俭. 国际金融概论（第四版）[M]. 北京：中国金融出版社，2015.
[9] 陈雨露. 国际金融（第四版）[M]. 北京：人民大学出版社，2011.
[10] 易纲，吴有昌. 货币银行学[M]. 上海：格致出版社，上海人民出版社，2014.
[11] 姜波克. 国际金融新编（第六版）[M]. 上海：复旦大学出版社，2018.
[12] 杨长江，姜波克. 国际金融学（第四版）[M]. 北京：高等教育出版社，2014.
[13] 朱青，庄毓敏. 财政金融学教程（第四版）[M]. 北京：中国人民大学出版社，2020.
[14] 李薇. 公司金融[M]. 厦门：厦门大学出版社，2008.
[15] 曹龙骐. 金融学（第六版）[M]. 北京：高等教育出版社，2019.
[16] 王广谦. 中央银行学（第四版）[M]. 北京：高等教育出版社，2017.
[17] 王广谦. 金融中介学（第三版）[M]. 北京：高等教育出版社，2016.
[18] 韩立峰. 增强中央银行货币政策实施的独立性[J]. 合作经济与科技，2008（12）：96-97.
[19] 兹维·博迪，罗伯特·C. 默顿，戴维·L. 克利顿. 金融学（第二版）[M]. 北京：中国人民大学出版社，2018.
[20] 弗雷德里克·S. 米什金. 货币金融学（第十一版）[M]. 北京：中国人民大学出版社，2016.
[21] 斯科特·贝斯利，尤金·F. 布里格姆. 金融学原理（第五版）[M]. 北京：北京大学出版社，2016.
[22] 杰夫·马杜拉. 金融市场与机构（第6版）[M]. 北京：高等教育出版社，2005.
[23] 弗兰克穆·法博兹. 债券市场：分析与战略（第5版）[M]. 北京：北京大

学出版社，2008.

［24］滋维·博迪，亚历克斯·凯恩，艾伦·J. 马库斯．投资学（原书第7版）［M］．陈收，杨艳，译．北京：机械工业出版社，2009.

［25］杰夫·马杜拉．金融市场与金融机构（第10版）［M］．北京：北京大学出版社，2013.

［26］鲁迪格·多恩布什，斯坦利·费希尔，理查德·斯塔兹．宏观经济学（第8版）［M］．北京：中国人民大学出版社，2017.

［27］安东尼·桑德斯，马西娅·米伦·科尼特．金融市场与机构［M］．北京：机械工业出版社，2017.

［28］史蒂芬·A. 罗斯，伦道夫·W. 威斯特菲尔德，杰弗利·F. 杰富．公司理财（原书第11版）［M］．吴佳农，王志强，译．北京：机械工业出版社，2019.

［29］约翰·G. 格利，爱德华·S. 肖．金融理论中的货币［M］．贝多广，译．上海：格致出版社，2019.

［30］弗雷德里克·S. 米什金．货币金融学（第十一版）［M］．北京：中国人民大学出版社，2016.

［31］史蒂文·N. 杜尔劳夫，劳伦斯·E. 布卢姆．新帕尔格雷夫经济学大辞典（第二版）［M］．北京：经济科学出版社，2016.

［32］彼得·S. 罗斯，米尔顿·马奎斯．金融市场学（第10版）［M］．陆军，译．北京：机械工业出版社，2010.